Mit digitalen Extras:
Exklusiv für Buchkäufer!

Ihre digitalen Extras zum Download:

- Online-Marketing-Werkzeuge
- Hyperlinks
- Praxisbeispiele
- Checkliste Anforderungen Online-Shop
- Checkliste Agenturauswahl

D1667056

http://mybook.haufe.de/

Buchcode: BNZ-4789

Erfolgreiches Online-Marketing

Dr. Torsten Schwarz, Danylo Vakhnenko

Erfolgreiches Online-Marketing

5. Auflage

Haufe Group
Freiburg · München · Stuttgart

Bibliografische Information der Deutschen Nationalbibliothek

Die Deutsche Nationalbibliothek verzeichnet diese Publikation in der Deutschen Nationalbibliografie; detaillierte bibliografische Daten sind im Internet über http://dnb.dnb.de/ abrufbar.

Print:	ISBN 978-3-648-14929-4	Bestell-Nr. 10405-0003
ePub:	ISBN 978-3-648-14969-0	Bestell-Nr. 10405-0102
ePDF:	ISBN 978-3-648-14970-6	Bestell-Nr. 10405-0152

Dr. Torsten Schwarz, Danylo Vakhnenko
Erfolgreiches Online-Marketing
5. Auflage, August 2021

© 2021 Haufe-Lexware GmbH & Co. KG, Freiburg
www.haufe.de
info@haufe.de

Bildnachweis (Cover): RED GmbH, Krailling

Produktmanagement: Judith Banse
Lektorat: Juliane Sowah

Inhaltsverzeichnis

Was bringt Ihnen dieses Buch?

Online-Marketing ist erwachsen geworden. Nach Jahren der Spielerei hat sich das Internet als Leitmedium etabliert. Jugendliche verfolgen ihre Lieblingsserien über Streamingdienste wie Netflix, Amazon Prime & Co. statt linearem TV. Mit Freunden wird per Messenger oder in sozialen Medien kommuniziert. Auch Unternehmen gehen mit dem Trend und verlagern ihre Werbebudgets immer mehr in die digitale Welt – im Jahr 2019 wurde weltweit das erste Mal mehr Geld in Online-Werbung gesteckt als in klassische Offline-Kanäle (vgl. https://www.internetworld.at/online-marketing/ausgaben-digital-werbung-ueberholen-erstmals-klassische-werbung-1682865.html). Während Werbebotschaften früher ausschließlich mithilfe von Massenmedien wie Fernsehen oder Zeitung gießkannenartig an eine breite Käuferschicht verteilt wurden, können Unternehmen ihre Aktivitäten heute über digitale Werbekanäle interessenbasiert ausspielen und genau nachvollziehen, was gut bei den Kunden ankommt und was nicht.

Die einzigen, die bisher nur marginal vom Internet profitiert haben, waren regionale Anbieter. Inzwischen ist jedoch auch für den Händler vor Ort das Internet interessant geworden. Neue Möglichkeiten der lokalen Online-Suche läuten das Ende der gedruckten Gelben Seiten ein.

Während die Digitalisierung vor allem hinsichtlich digitaler Backoffice-Lösungen bei Klein- und Kleinstunternehmen zunehmend voranschreitet, bleibt das Digitale Marketing weiterhin häufig auf der Strecke. Eine 1&1 IONOS Umfrage (vgl. https://www.ionos.de/startupguide/produktivitaet/digitalisierung-von-deutschen-kleinunternehmen/) zeigte, dass nur 56 Prozent der meist lokal agierenden Kleinstunternehmen das Internet als Chance für die Gewinnung neuer Kunden sehen. Mit bestehenden Kunden in Kontakt zu bleiben, wurde sogar nur von 42 Prozent der Befragten als Chance wahrgenommen.

Dabei wird jedoch oft vergessen, dass, auch wenn der eigentliche Kauf offline abgewickelt wird, der erste Anlaufpunkt zur Informationsbeschaffung vor dem Kauf häufig das Internet ist. Eine Studie des Softwareherstellers Salesforce (siehe https://www.marketing-boerse.de/news/details/1744-jeder-zweite-sucht-online-und-kauft-stationaer/141666) zeigte, dass 56 Prozent der deutschen Kunden sich vor dem Kauf in einem stationären Geschäft online informieren wollen. Dieses Verhalten wird auch als ROPO-Effekt (Research Online, Purchase Offline) bezeichnet. Darüber hinaus werden laut Google rund 59 Prozent aller Kunden online zum ersten Mal auf ein Produkt aufmerksam.

Diese Zahlen verdeutlichen, dass Unternehmen online präsent sein müssen, um den potenziellen Kunden auf ihr Angebot aufmerksam zu machen oder ihn über die Eigenschaften des Produkts oder der Dienstleistung zu informieren, selbst wenn der Kauf in einem stationären Geschäft stattfindet. Wer nur offline wirbt, stirbt.

Mit Online-Marketing können einige Ziele effizienter erreicht und nachverfolgt werden als auf klassischem Wege. Dazu gehören die Steigerung des Bekanntheitsgrades, die Kundenbindung, aber auch der Verkauf. Dieses Buch beschreibt erstmals dezidiert, welche Instrumente für welche Ziele wichtig sind. Auch wird konkret erläutert, welche Methoden für welchen Budgetrahmen geeignet sind.

Das besondere Konzept dieses Ratgebers erfordert auch Ihre Mitarbeit als Leser: Dieses Buch wird nicht von vorne nach hinten durchgelesen, sondern selektiv. Sie erhalten gezielt nur die Informationen, die für Sie wirklich relevant sind. Lediglich das erste Kapitel ist Pflicht. Dort steht, welche Möglichkeiten das Internet bietet und welche Rahmenbedingungen dabei eine Rolle spielen.

In Kapitel zwei erhalten Sie konkrete Marketing-Pakete für Ihre ganz individuelle Situation. Hier gibt es immer wieder Verweise auf später folgende Details. Diese Details der einzelnen Instrumente sind ausführlich in Kapitel drei erläutert. In Kapitel zwei erfahren Sie somit, welche Bereiche von Kapitel drei für Sie wirklich wichtig sind und welche Sie überlesen können. Dabei spielen zwei Faktoren eine Rolle: erstens, welches Ziel Sie erreichen möchten und zweitens, welches Budget Ihnen zur Verfügung steht. Am besten drucken Sie sich dazu die Datei Online-Marketing-Werkzeuge.pdf aus und legen Sie sich neben das Buch.

Auf der Website zum Buch erhalten Sie folgende Dokumente und Hilfen:

DIGITALE EXTRAS

- **Online-Marketing-Werkzeuge**
  ist eine Übersicht und Bewertung aller Instrumente.
- **Hyperlinks**
  enthält sämtliche im Buch aufgeführten Links bequem zum Anklicken.
- **Praxisbeispiele**
  enthält alle im Buch aufgeführten sowie ergänzende Praxisbeispiele von Unternehmenswebsites ebenfalls direkt zum Anklicken.
- **Checkliste Anforderungen Online-Shop**
- **Checkliste Agenturauswahl**

Den maximalen Nutzen ziehen Sie aus diesem Buch also, wenn Sie einen großen Schreibtisch sowie einen Computer mit einem großen Monitor vor sich haben, auf dem jeweils zwei Fenster gleichzeitig geöffnet sind. Diese Art, ein Buch zu lesen, ist am Anfang vielleicht etwas ungewohnt, dafür aber sehr effizient. Und genau darum geht es auch beim Online-Marketing: durch die geschickte Kombination klassischer Medien mit neuen Formen des Online-Dialogs eine bessere Wirkung zu erzielen.

Worauf kommt es im Online-Marketing an?

Immer mehr Unternehmen beginnen die Chancen des Online-Marketing für sich zu nutzen. Die Ausgaben für Online-Werbung wachsen jedes Jahr zweistellig (siehe https://de.statista.com/statistik/daten/studie/185637/umfrage/prognose-der-entwicklung-der-ausgaben-fuer-online-werbung-weltweit/) – weltweit werden mittlerweile über 300 Milliarden Dollar in digitale Kanäle gepumpt. Laut einer Untersuchung der Nielsen Company erhält das Fernsehen mit 47,9 Prozent des Bruttowerbekuchens immer noch den größten Anteil der Werbebudgets. Auf Platz zwei folgen Zeitschriften (15,2 %) und knapp dahinter das Internet mit 11,8 Prozent.

Wundern Sie sich aber nicht über die vergleichsweise geringeren Bruttoinvestitionen in Online-Werbung. Diese ist im Schnitt nämlich deutlich billiger, als es beispielsweise das Buchen einer TV-Kampagne oder Anzeige in einer auflagenstarken Zeitschrift ist.

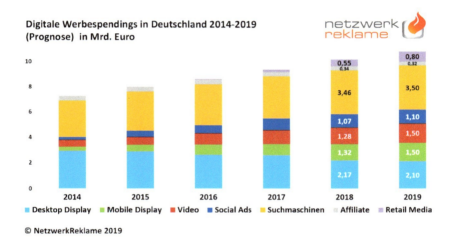

Abb. 0.1: Die Ausgaben für Online-Werbung wachsen jährlich im zweistelligen Prozentbereich (Quelle: https://www.netzwerkreklame.de/werbespendings/)

Die beiden größten Blöcke sind weiterhin Banneranzeigen jeglicher Art (2,1 Mrd. € Desktop, 1,5 Mrd. € mobil) und das Buchen von bezahlten Werbeanzeigen in Suchmaschinen (3,5 Mrd. €). Das größte Wachstum ist hingegen bei Investitionen in Video-Advertising und Retail Media (bspw. Anzeigenschaltung bei Amazon) erkennbar.

Bei diesen Zahlen ist jedoch zu berücksichtigen, dass es sich »nur« um eine Auswahl von einigen Online-Kanälen handelt. Nicht enthalten sind die Ausgaben für E-Mail-Marketing, die Optimierung der organischen Sichtbarkeit in Suchmaschinen, Rubrikenanzeigen (Kleinanzeigen zum Beispiel für Autos oder Immobilien) und für

Verzeichnisdienste (Gelbe Seiten etc.). Rechnet man dann noch die Ausgaben für die eigene Homepage dazu, sind die Ausgaben für Online-Marketing weitaus höher als die von den Werbevermarktern publizierten Zahlen.

Aber nicht nur die Werbeausgaben wachsen. Ungebrochen ist auch das Wachstum der Internetnutzung. Die jährliche Online-Studie von ARD und ZDF (siehe https://www.ard-zdf-onlinestudie.de/onlinenutzung/entwicklung-der-onlinenutzung) zeigt, dass 2020 72 Prozent der Deutschen das Internet täglich nutzen – vor drei Jahren lag dieser Wert noch bei 59 Prozent. Und nicht nur die Nutzerzahlen steigen. Auch die Dauer, wie lange pro Tag gesurft wird, nimmt immer weiter zu: 2018 waren es im Schnitt 100 Minuten am Tag, 2020 sind es schon 120 (siehe https://www.ard-zdf-onlinestudie.de/onlinenutzung/mediales-internet-taegliche-nutzungsdauer/). Mit durchschnittlich 257 Minuten pro Tag ist die Altersgruppe der 14- bis 29-Jährigen mit deutlichem Abstand am internetaffinsten – aber auch über 70-Jährige sind am Tag etwas mehr als 20 Minuten online. Vergleicht man die Nutzungshäufigkeit verschiedener Medien bei Jugendlichen, hat auch hier das Internet klassische Medien wie TV, Zeitungen oder Magazine überholt.

Medienbeschäftigung in der Freizeit 2020

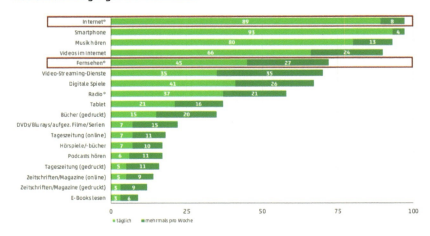

Abb. 0.2: Das Internet wird immer häufiger genutzt, Fernsehen immer seltener (Quelle: JIM Studie 2020: https://www.mpfs.de/fileadmin/files/Studien/JIM/2020/JIM-Studie-2020_Web_final.pdf, S. 16)

Bei vielen Jugendlichen ist das Fernsehen schon wie das Radio zu einem »Nebenbei-Medium« verkommen. Es läuft zwar, genießt aber keine große Aufmerksamkeit, weil die Konzentration beim Computer liegt. In Bezug auf die Mediennutzungszeit hat das Internet in den USA bereits das Fernsehen überholt. In Großbritannien wurde auch bei den Werbeausgaben das TV bereits vom Internet überholt.

Zwar gibt es noch immer einige Internetmuffel, aber der Anteil sinkt kontinuierlich. Über 90 Prozent der Bevölkerung sind inzwischen online. Einzig in der Altersgruppe 70+ liegt der Anteil bei 77 Prozent – der Trend geht hier aber auch hier stetig nach oben. Der Vorwand »Internet lohnt sich nicht, weil die Kunden nicht online sind«, hat also immer weniger Substanz.

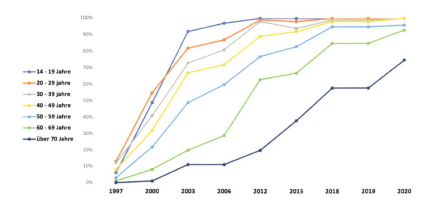

Abb. 0.3: Anteil der Menschen, die gelegentlich das Internet nutzen (Quelle: ARD/ZDF-Onlinestudie 2020: https://www.ard-zdf-onlinestudie.de/ardzdf-onlinestudie/internetnutzung-allgemein/)

Aber was bedeutet diese Entwicklung für Unternehmen, ihre Kundenkommunikation und Vertriebskanäle? Marketingleiter antworten auf die Frage nach dem effizientesten Werbemedium immer häufiger mit »Internet«. Nirgendwo sonst ist das Kosten-Nutzen-Verhältnis so gut. So sind digitale Kanäle wie Webseite oder E-Mail laut einer Umfrage des Beratungsunternehmens TCS (siehe https://www.tcs.com/content/dam/tcs/pdf/perspectives/cmo/TCS_2019_CMO_Study-Initial-Findings_FINAL.pdfx) bei der Gewinnung neuer Kunden, der Stammkundenbindung und dem Support beliebter als die klassischen Offline-Kanäle.

Während nun also Großkonzerne, technologieaffine Start-ups und größere Mittelständler die Entwicklung hin zur digitalen Kommunikation weitestgehend erkannt und Change-Prozesse angestoßen haben, bleiben vor allem viele kleinere Unternehmen diesbezüglich oft noch auf der Strecke. Sei es fehlendes Budget, zu wenige Mitarbeiter (Ressourcen) oder schlicht das fehlende Know-how – die Probleme beim Einsatz von Online-Marketing können vielfältig sein. Meist fängt es aber schon bei einer fehlenden Zielsetzung an, was digitales Marketing überhaupt erreichen soll. Ohne diese initiale Überlegung verlaufen die Maßnahmen im Sande und Budget wird verschwendet.

1 Welches Ziel möchten Sie erreichen und was beeinflusst Sie dabei?

1.1 Welches Ziel haben Sie?

Wer als Unternehmen das Internet nutzt, kann damit viele Ziele erreichen. Wer 1994 eine Webseite ins Netz stellte, wurde in eine Liste aufgenommen und bekam automatisch Tausende neuer Kontakte und damit Kunden. Aber schon wenige Jahre später musste man hart dafür arbeiten, um dieses Ziel zu erreichen. Heute gibt es – neben dem Bekanntwerden – eine ganze Reihe weiterer Ziele, die man mit Online-Marketing erreichen kann, und das zum Teil sehr viel effizienter als mit klassischen Medien. Die Kosten sind nämlich oft deutlich niedriger, wenn Prozesse über das Internet abgewickelt werden. Um effizient zu arbeiten, sollte man die Prozesse allerdings klar auf das Ziel hin ausrichten.

Der römische Philosoph Seneca stellte schon vor zweitausend Jahren fest: »Ignoranti quem portum petat nullus suus ventus est.« – Wenn man nicht weiß, welchen Hafen man ansteuert, ist kein Wind günstig. Wer also kein klares Ziel hat, kann auch »die Winde« der Online-Marketing-Instrumente nicht optimal nutzen.

Folgende Ziele sind die meistgenannten, wenn es um Online-Marketing geht:
* Die Bekanntheit des Unternehmens steigern,
* ein positives Image aufbauen,
* Prozesse effizienter abwickeln,
* Kundenbindung verbessern,
* neue Zielgruppen ansprechen,
* Produkte online verkaufen,
* Dienstleistungen online verkaufen,
* ein Produkt bekannter machen,
* eine Marke etablieren.

Viele dieser Ziele sind miteinander verzahnt und bedingen sich gegenseitig. Wer mehr verkaufen will, muss natürlich an seiner Bekanntheit arbeiten. Wer seine Online-Ziele gut erreicht, baut automatisch auch ein positives Image auf. Trotzdem gibt es eine Reihe von Besonderheiten, auf die in den folgenden Kapiteln eingegangen wird.

1.1.1   Die Bekanntheit des Unternehmens steigern

Die große Stärke des Internets ist seine enorme Reichweite. Im Jahr 1995 fingen einige pfiffige Kuckucksuhrenhersteller im Schwarzwald an, eine Homepage online zu stellen. Darauf waren einfach nur ein paar Bilder von Kuckucksuhren, erläuternder Text und eine E-Mail-Adresse abgebildet. Es folgten Bestellungen aus der ganzen Welt. Somit war eine Kommunikationstechnik erfunden, mit der preiswert weltweit Informationen verteilt werden konnten.

Chronik der HUBERT HERR Kuckucksuhren

Seit Beginn des 19. Jahrhunderts werden HERR Kuckucksuhren hergestellt.
Aus einer kleinen Werkstatt entwickelte sich die Firma nun in der 5. Generation zu einem weltbekannten und führenden Unternehmen von Qualitäts-Kuckucksuhren.
Alles wird am Firmensitz in Triberg/Schwarzwald, BR Deutschland, hergestellt.

Wir sind spezialisiert in der Herstellung der Original Schwarzwälder Kuckucksuhren.
Als einziger Hersteller fertigen wir die Werke, Gehäuse und Schnitzereien. Sämtliche Modelle sind aus echtem Holz hergestellt und garantiert handgeschnitzt.

Chronicle of HUBERT HERR cuckoo-clocks

Since the beginning of the 19th century, HERR cuckoo clocks are being made.
Starting in a small workshop, the company, now in its 5th generation, grew to a worldknown and leading manufacturer of quality cuckoo clocks.

We are specialized in the manufacture of the Original Black-Forest Cuckoo clocks and the only one factory making the movements, cases and carvings. All our clocks are made of solid wood and are guaranteed hand-carved.

All is produced at the company's location in Triberg / Black-Forest, Germany.

8 Tage Tänzer Musik
Kuckucksuhr
8 day musical dancer
cuckoo clock

No. 187/8 RM
48 cm = 19 inch

Abb. 1.1: Kuckucksuhrenhersteller aus dem Schwarzwald erreichen im Jahr 1998 plötzlich Kunden weltweit (https://www.hubertherr.de/)

Heute ist es zwar nicht mehr ganz so einfach, aber noch immer ist es auch für kleinere Unternehmen möglich, eine hohe Reichweite aufzubauen. Das 2004 gestartete Weblog »BILDblog« berichtet über Fehler in Deutschlands größter Tageszeitung. Was als Hobby von zwei freien Journalisten begann, ist inzwischen einer der reichweitenstärksten Blogs in Deutschland.

Abb. 1.2: Beispiel BILDblog: Mit guten Weblogs lässt sich schnell eine hohe Reichweite aufbauen

1.1.2   Positives Image aufbauen

Mit welchem Ziel sind viele Unternehmen 1995 ins Internet gegangen? Nicht, weil dies ein effizienter Weg der Kundenkommunikation ist, sondern weil es zum modernen Image dazugehörte. Und was bestimmte die Auswahl des Webdesigns? Nicht die Frage, ob ein Kunde seine Bestellung bequem online erledigen kann, sondern die Frage, was chic aussah.

Heute ist der Internet-Auftritt ein Pflichtprogramm, und es gehört mehr als nur gutes Design dazu, um damit ein positives Image aufzubauen. Wichtig für ein positives Image ist, dass der Besucher der Homepage das findet, was er erwartet, und zwar möglichst bequem und schnell. Je vielfältiger das Angebot und die möglichen Wünsche der Kunden, desto schwieriger wird diese Aufgabe. »Usability« ist der Fachterminus für die bequeme Nutzbarkeit einer Website. Es geht also nicht darum, »in Schönheit zu sterben«, sondern zu gedeihen, weil der Kunde fix die richtigen Wege findet.

1.1.3   Prozesse effizienter abwickeln

Nur wenige Unternehmen nennen dieses Ziel, wenn es um ihre Internet-Aktivitäten geht. Dabei ist genau das »des Pudels Kern«: Über Internet lässt sich vieles effizienter erledigen. »Effizienz« kann heißen, dass ein Prozess hinreichend funktioniert, dafür aber viel preiswerter abzuwickeln ist als auf anderem Weg. Das betrifft zum Beispiel Billigfliegertickets, Homebanking und die Bereitstellung von PDF-Handbüchern für Kunden, die Ihr gedrucktes Original-Handbuch verloren haben.

»Effizienz« kann aber auch heißen, dass mit vertretbaren Kosten Dinge möglich sind, die früher undenkbar waren. Ein Unternehmen kann ein Beratungsportal aufbauen, wo sich Interessenten über Produkte informieren können, solang sie wollen.

Der Deutsche Alpenverein berät jeden Tag über 200.000 Menschen online. Da geht es um den Bergwetterbericht, empfehlenswerte Touren, die Lawinenvorhersage oder digitale Karten. Alles wird akribisch und liebevoll erklärt. Über 800.000 Beratungsstunden kommen so im Monat zusammen. Um das am Telefon zu leisten, müssten mehrere hundert Mitarbeiter eingestellt und der Mitgliedsbeitrag verdoppelt werden.

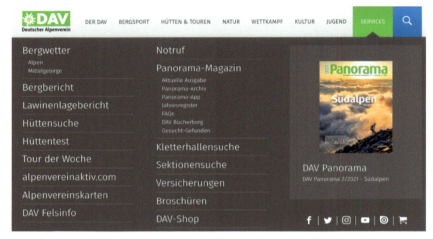

Abb. 1.3: Der Alpenverein liefert vom Bergwetterbericht über empfehlenswerte Touren bis zur Lawinenvorhersage alle Informationen online

1.1.4   Neue Zielgruppen ansprechen

Vor kurzem hatte ich ein Gespräch mit einem Verband, der seinen Mitgliedern schon seit über zehn Jahren nahelegt, wie wichtig das Internet ist. Unter anderem wird dabei immer wieder die Chance hervorgehoben, neue Zielgruppen anzusprechen. Bei dem Gespräch berichtete mir ein begeisterter Mitarbeiter, dass der Verband nach einer intensiven Auswertung der Mitgliederhistorie Folgendes herausfand: Während bisher nur größere Unternehmen Mitglied geworden seien, gibt es seit kurzem verstärkt Zustrom auch von kleineren Firmen. Überproportional viele dieser Neumitglieder wurden über die kürzlich intensivierten Online-Werbemaßnahmen angesprochen. Die Online-Werbung brachte also nachweislich neue Zielgruppen, deren Ansprache bisher vernachlässigt worden war.

Neckermann war einmal ein verschlafener Katalogversender, bei dem die Elternge-
neration ihre Filzpantoffeln bestellte. Die forcierten Online-Aktivitäten katapultierten
den Konzern in eine neue Welt, die deutlich jünger war. Das hippe Online-Image prägte
das Markenbild der jungen Generation, die zunehmend nur via Web ansprechbar ist.
Die Umbenennung in Neckermann.de rettete das Unternehmen trotzdem nicht vor
der Insolvenz.

Abb. 1.4: Neckermann sprach online ganz andere Zielgruppen an als im traditionellen Geschäft

Viele Unternehmen haben ihre althergebrachten klassischen Kommunikationskanäle. Über diese Kanäle werden die Zielgruppen angesprochen, die das Unternehmen
schon immer anvisierte. In dem Moment, wo etwas so Allumfassendes wie das Internet dazukommt, ergibt sich zwangsläufig eine Verschiebung. Es lohnt sich daher
durchaus, einmal zu untersuchen, inwieweit sich die online gewonnenen Neukunden
von den »Offlinern« unterscheiden. Nicht selten werden im Internet wirtschaftlich in-
teressantere Zielgruppen angesprochen.

1.1.5   Physische Produkte online verkaufen

Über 90 Prozent der Internetnutzer informieren sich im Web über Produkte. 29 Prozent
kaufen wöchentlich online ein, 60 Prozent ein- bis zweimal monatlich (siehe https://
de.statista.com/statistik/daten/studie/800752/umfrage/haeufigkeit-des-online-
shoppings-in-deutschland/).

Internetaktivitäten zu privaten Zwecken

in %

	2020	2019
E-Mails versenden und empfangen	90	89
Informationen über Waren und Dienstleistungen suchen	89	89
Lesen von Online-Nachrichten und -Zeitungen	77	72
Informationen zu Gesundheitsthemen suchen	71	68
Telefonieren über Internet oder Videotelefonate	68	59
Musikhören über Internetradio oder Online-Streamingdienste	59	53

■ 2020   ■ 2019

Abb. 1.5: Nutzung von Online-Informationen bei der Produktrecherche

Keine Frage also: Online-Vertrieb ist eine tolle Sache. Warum? Weil alles automatisch geht und die Aufträge quasi von selbst ins Haus geflattert kommen.

Aber ganz so einfach ist es in der Praxis doch nicht. Wenn Sie physische Produkte online verkaufen wollen, gibt es drei Herausforderungen:

- Sie müssen einen zügigen Versand logistisch bewältigen.
- Jeder zehnte Kunde macht von seinem Rückgaberecht Gebrauch.
- Sie müssen eventuell Ihrem Geld hinterherlaufen.

Als der Pharmakologe Dr. Ibrahim Abouleish 1977 in der Wüste Ägyptens die SEKEM-Farm gründete, ging es ihm um eine Zusammenführung traditionellen orientalischen Wissens und moderner Erkenntnisse der biologisch-dynamischen Landwirtschaft. Gesunde Produkte, die den Menschen Wohlbefinden schenken, und eine ganzheitliche Verantwortung für die Lebens- und Arbeitsbedingungen der Menschen in Ägypten waren seine Motive. Heute verkauft die Farm ihre Produkte auch außerhalb Ägyptens. Möglich ist dies unter anderem durch den eigenen Online-Shop.

Abb. 1.6: Sekem verkauft Eigenprodukte aus Ägypten per Online-Shop

1.1.6   Dienstleistungen online verkaufen

Anders als beim Versand physischer Produkte gibt es bei Dienstleistungen keine Retouren. Auch entfällt die lästige Logistik. Es muss also nichts verpackt und verschickt werden. Daher sind Dienstleistungen geradezu prädestiniert, online vertrieben zu werden. Hinzu kommt, dass besonders nach Dienstleistungen oft gezielt online recherchiert wird. Dem Internet kommt also eine wichtige Rolle als Vermittler von Dienstleistungen zu.

Sowohl bei Banken als auch bei Versicherungen ist der Online-Vertrieb heute Standard. Egal, ob Flug oder Bahn: Tickets werden überwiegend über das Internet bestellt. Auch Veranstaltungskarten werden zunehmend online geordert.

Abb. 1.7: HUK24 verkauft Versicherungen direkt online: Kundenfragen werden gleich auf der Startseite beantwortet

1.1.7   Ein Produkt bekannter machen

Nicht nur die Unternehmensseiten allgemein, sondern auch spezielle Produkte können online beworben werden. Oft sind es die Produktmanager, die zusammen mit der Marketingabteilung im Web aktiv sind, um für mehr Aufmerksamkeit zu sorgen. Es gibt nämlich weitaus mehr Möglichkeiten, die eigenen Produkte vorzustellen, als nur die eigene Homepage. Wie wäre es denn zum Beispiel mit einer kurzen Pressemitteilung auf einem der reichweitenstärksten Presseportale?

Abb. 1.8: Der Lackpflegehersteller Clean Company nutzt Online-Pressemitteilungen, um seine Produkte bekannt zu machen

1.1.8 Eine Marke stärken

Früher wurde bei der Einführung neuer Marken oft ausschließlich auf TV, Print und Außenwerbung gesetzt. Heute spielt das Internet für den Markenaufbau eine stärkere Rolle, weil viele Zielgruppen am besten online erreichbar sind. Außerdem bietet das Internet mehr Möglichkeiten der Interaktion. Markenbekanntheit nur über Sichtkontakte zu erreichen, ist weniger nachhaltig als durch Einbeziehung der Zielgruppe. »Involvement« heißt das Zauberwort im World Wide Web. Sei es nun Gewinnspiel, Fotowettbewerb oder ein Model-Casting – über das Internet lassen sich viele Kampagnen erst zu Mitmach-Kampagnen weiterentwickeln.

Abb. 1.9: Bei Nutella konnte man sich die neuesten TV-Spots direkt online ansehen

1.2 Welche Rahmenbedingungen gibt es?

Bevor Sie nun beginnen, Ihre Ziele zu realisieren, gibt es noch ein paar Dinge zu beachten. Nicht jedes Online-Marketing-Instrument ist für jedes Unternehmen gleich gut geeignet. Manches benötigt ein sehr hohes Budget, anderes ist nur mit viel Einsatz von eigener Arbeitszeit realisierbar. Was von einer Agentur erledigt werden sollte und was besser im Hause bleibt, ist Gegenstand eines weiteren Kapitels (Kapitel 4). Hier soll es zunächst einmal darum gehen, wie wichtig Online-Marketing für Sie heute und in Zukunft ist. Außerdem muss man ja nicht gleich mit Kanonen auf Spatzen schießen.

Wenn die Kunden nur Öffnungzeiten und Anfahrtsskizze suchen, sollten Sie sich genau überlegen, wie viel Geld Sie in eine individuell programmierte und künstlerisch gestaltete Website stecken. Schauen Sie sich doch einmal die Homepages der Designagenturen an. Da suchen Sie zum Teil recht lange, wenn Sie einfach schnell die Kontaktdaten brauchen.

Um die Chancen des Online-Marketing richtig einzuschätzen, sollten vorab folgende Fragen beantwortet werden:
- Welches Budget steht zur Verfügung?
  Auch mit wenig Budget kann schon viel erreicht werden, aber eben nicht alles.
- Sind Sie regional aktiv oder in der gesamten Republik unterwegs?
  Die Stärke des Webs ist die überregionale Ansprache, aber auch lokale Angebote werden in Zukunft besser auffindbar sein.
- Haben Sie ein stationäres Geschäft mit Kundenkontakt oder sind Sie ausschließlich online und per Telefon erreichbar?
  Beides ist möglich, aber im Handel sind es meist Multichannel-Angebote, die sich durchsetzen.
- Entscheiden Sie selbst über den Online-Auftritt?
  Wenn Sie selbst entscheiden, steht Ihnen natürlich ein weit größeres Instrumentarium zur Verfügen, als wenn Sie wegen jeder Änderung auf der Homepage erst »betteln gehen« müssen.
- Wo informieren sich Kunden?
  Ist in Ihrem Bereich das Web auch schon zur Infoquelle Nummer Eins geworden, oder hinkt Ihre Branche hinterher?
- Welche Fragen werden am Telefon gestellt?
  Hören Sie gut zu und beantworten Sie die Fragen auch online.
- Haben Sie mit besonders erklärungsbedürftigen Produkten zu tun?
  Dann ist das Web für Sie genau richtig.
- Wie lange dauert die Entscheidung von Interesse bis zum Kauf?
  Je länger es dauert, desto wichtiger ist die Rolle des Webs als Infomedium.
- Haben Sie zeitlich begrenzte Kundenbeziehungen?
  Je länger die Kundenbeziehung, desto mehr können Sie das Web nicht nur als Quelle für Erstinformationen, sondern auch als Kundenbindungsinstrument einsetzen.
- Haben Sie Fans oder normale Kunden?
  Wer Fans hat, braucht sich um gute Inhalte keine Sorgen zu machen, wenn er den Mut hat, ins Web einzusteigen.
- Sind Ihre Kunden eher flippig oder konservativ?
  Im Web sind eher lockere Umgangsformen gefragt. Wer die beherrscht, kann mehr Interaktivität in seine Homepage bringen.
- Bedienen Sie eine Nische oder sind Sie ein Allrounder?
  Das Internet ist ein Eldorado für Nischenanbieter. Wenn Sie Allrounder sind, sprechen Sie über das Web spezielle Zielgruppen auf eigenen Webseiten an.

1.2.1   Welches Budget steht zur Verfügung?

Egal, ob Sie freiberuflicher Grafikdesigner sind oder bei Ikea oder Otto sitzen: Sie nutzen fast die gleichen Online-Instrumente. Das unterscheidet Online- von klassischer Werbung. Ein Grafikdesigner kann keine TV-Werbung oder Printanzeigen schalten und er kann keine teuren Printmailings an hunderttausend Empfänger versenden.

Online jedoch kann er durchaus zehntausendfach abgerufene Videos platzieren, Bannerwerbung über Bannertauschprogramme schalten oder einen großen Abonnentenkreis seines Newsletters aufbauen und mit tollen E-Mailings begeistern. Welche Online-Marketinginstrumente eingesetzt werden, ist also nicht unbedingt von der Unternehmensgröße und vom Budget abhängig.

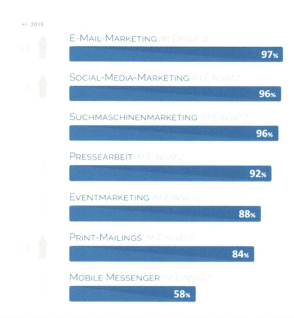

Abb. 1.10: Anteil der Unternehmen, welche die jeweiligen Online-Marketinginstrumente einsetzen (Quelle: absolit-Studie Digital-Marketing-Trends 2020, https://www.absolit.de/studien/trends)

Das Web ist ein Eldorado für pfiffige Menschen, die neue Medien für sich entdeckt haben. Die stärksten Instrumente für Kleinunternehmen sind Blogs, soziale Netzwerke und Suchmaschinen-Optimierung. Der Aufbau eines E-Mail-Verteilers ist ebenso Pflicht wie das regelmäßige Publizieren von Fachinformationen auf relevanten Portalen. Hinter vielen guten Online-Maßnahmen steckt eine aktive Person, die die neuen interaktiven Möglichkeiten von Internet und Social Web begeistert ausprobiert und nutzt. Diese Menschen arbeiten oft mit einem Budget, das die Kosten der Internet-Flatrate nicht groß übersteigt.

Kleinere Unternehmen müssen schon mehr anlegen. Früher wurden Homepages noch vom Neffen des Chefs erstellt. Dann kam die Zeit, als viele Agenturen viel Geld dafür bekommen haben, Websites individuell zu programmieren, die dann niemand besuchte. Heute weiß man, dass die Homepage nur »die halbe Miete« ist und außerdem mit Content-Management-Systemen wesentlich preiswerter produzierbar ist.

Nun ist es die Auffindbarkeit in den Suchmaschinen, die für viele kleinere Firmen im Vordergrund steht. Und wieder stellt sich die Frage, ob es der Neffe vom Chef oder eine Agentur machen soll. Die Antwort lautet wie vor zehn Jahren: Wenn der Junge gut ist, soll er es machen. Wenn nicht, suchen Sie sich eine Agentur. (Mehr dazu in Kapitel 4 Wie arbeiten Sie mit einer Online-Marketing-Agentur zusammen?)

Mittelständische Unternehmen haben Marketingleute, die sich auskennen sollten. Wenn für Sie das Internet strategische Bedeutung hat, Ihre Marketingleute aber »Schlafmützen« sind, versuchen Sie, an einen der wenigen DDA- oder BAW-Absolventen heranzukommen. Dazu geben Sie auf Expertenplattformen wie Xing oder LinkedIn »DDA« (Die Dialog-Akademie) oder »BAW« (Bayerische Akademie für Werbung) in der Rubrik Hochschule ein. Diese Personen haben meist auch solide Online-Marketing-Kenntnisse – erst recht, wenn Sie einen »Fachwirt Online-Marketing« finden.

Und damit sind wir beim Budget: Der wichtigste und größte Posten ist die Arbeitskraft der Mitarbeiter. Und weil das Wissen sich rasant weiterentwickelt, brauchen die Mitarbeiter kontinuierlich Weiterbildung, um nicht »im eigenen Saft« zu schmoren. Wer hier spart, verschleudert sein Budget. (Wo diese Mitarbeiter dann von Agenturen unterstützt werden sollten, steht in Kapitel 4.) Die wichtigsten Aufgaben sind Online-Monitoring, E-Mail-Marketing, Suchmaschinen-Marketing und Online-Pressearbeit.

Unternehmen, die über das Web Geld verdienen, sollten die gerade genannten Themen natürlich auch abdecken. Darüber hinaus gibt es aber ein nach oben offenes Budget für Performance-Marketing. Das sind Suchmaschinenanzeigen, Display-Advertising, Affiliate-Marketing und E-Mail-Marketing mit angemieteten Adressen. Bei all diesen Werbeformen können Sie genau berechnen, wie viel Umsatz und Gewinn Ihnen ein Werbemittel bringt. Wenn dieser Wert höher als die Kosten ist, wären Sie dumm, wenn Sie Ihr Budget begrenzen. Außerdem sollten Sie sich auf die Reise ins Social Web machen. Machen Sie sich selbst ein Bild von den Möglichkeiten der verschiedenen Plattformen. Im Kapitel Social Media (3.3) sind die wichtigsten Social-Media-Portale erläutert.

Großunternehmen haben ein festes Budget und inzwischen auch kompetente Mitarbeiter und Vorgesetzte. Die Geschichte des Reifenherstellers, der in der Anfangszeit des Internet die dringende Bitte der Marketingabteilung ignorierte, den Namen als Domain zu sichern, ist Geschichte. Nachdem das Unternehmen sich zunächst ein – online an den Namen hängte, ist die Domain inzwischen teuer zurückgekauft.

Heute nutzen Großunternehmen ganz selbstverständlich sämtliche Online-Marketing-Instrumente. Nur bei dem Thema soziale Netzwerke kann Vorsicht geboten sein. Die zentrale Kontrolle der Unternehmenskommunikation ist hier nicht mehr gegeben. Hinter einem guten Weblog zum Beispiel steckt aber meist eine Person mit Kanten und Ecken. Beispiele sind Frosta oder Walther (siehe Kapitel 3.1.7 Weblogs). Wie gefährlich Bloggen – das öffentliche Führen eines Internettagebuchs – ist, musste ein Welt-Mitarbeiter erfahren, der über »Bild« bloggte. Wie langweilig Bloggen sein kann, wenn die PR-Abteilung sich darum kümmert, sieht man an zahlreichen Beispielen.

Egal, ob nun großes oder kleines Budget: Wenn möglich, sollten Online-Maßnahmen immer mit Offline-Maßnahmen wie Print- oder TV-Werbung, POS-Aktivitäten, Promotion, Pressearbeit, Außendienstkontakten, Messeauftritten, Eventmarketing oder Guerilla-Aktionen verknüpft sein. Eine gute Werbekampagne nutzt Offline-Kanäle, um Reichweite aufzubauen, und Online-Medien, um Interaktion und Dialog herzustellen.

1.2.2   Wie alt ist Ihre Zielgruppe?

Ob Ihr Internet-Engagement sinnvoll ist oder nicht, ist eine Frage des Alters. Die erste Internet-Seifenblase platzte 1999/2000, weil damals lediglich ein Drittel der Bevölkerung im Internet unterwegs war und weil sich keiner traute, online zu bestellen. Heute sind dreimal so viele Menschen online und das Geschäft beginnt langsam, sich zu lohnen. Aber Vorsicht: Es ist eine statistische Lüge, dass 92 Prozent der Bevölkerung online sind. Viele Fünfzigjährige sind zwar tagsüber im Büro online, haben aber abends keine Lust, schon wieder am Bildschirm zu kleben. Bei jungen Menschen ist es oft umgekehrt: Wenn nicht mindestens ein TV-Screen, ein Computermonitor und das Handydisplay leuchten, fühlen Jugendliche sich unwohl, weil von der Welt abgeschnitten. Internet ist für Jungen das meistgenutzte Medium, weit vor TV, Handy oder gar Büchern.

Abb. 1.11: Computer und Internet sind für Jugendliche wichtiger als Fernsehen, Bücher und Radio

Aber das soll Sie nicht davon abschrecken, das Internet zu nutzen, wenn Sie eine ten-
denziell ältere Zielgruppe haben. Im Gegenteil: Gerade die älteren Zielgruppen bergen
das größte Potenzial, weil hier ein größerer Zuwachs zu erwarten ist. Spezialisierte
Portale wie Feierabend.de bieten gute Chancen, die Zielgruppe 50+ ohne Streuverlust
anzusprechen. Alternativen sind das Deutsche Seniorenportal seniorenportal.de oder
rentner-news.de.

Abb. 1.12: Feierabend.de ist eine erfolgreiche Gemeinschaft von Menschen in den besten Jahren

1.2.3   Regional oder überregional aktiv werden?

Richtig interessant ist das Internet für Sie, wenn Sie überregional aktiv sind. Aber auch
als regionaler Anbieter können Sie es sich heute nicht mehr leisten, das Web zu igno-
rieren. Auch wenn momentan die regionale Suche noch etwas aufwändig ist, so wird
sich das wohl bald ändern.

»Geo-Targeting« heißt das neue Zauberwort: Was näher liegt, hat eine höhere Relevanz. Am Beispiel »Seminare« sieht man deutlich, dass räumliche Kriterien häufiger
abgefragt werden als thematische.

Keywords	Suchvolumen
seminar	550.000
seminare	246.000
seminar berlin	9.900
seminar münchen	8.100
seminar hamburg	6.600
seminar köln	6.600
management seminar	5.400
seminar heidelberg	4.400
seminar stuttgart	4.400
marketing seminar	3.600
projektmanagement seminar	3.600
rhetorik seminar	3.600

Abb. 1.13: Anzahl der monatlichen Suchanfragen: Regionale Stichworte werden häufiger gesucht als
thematische

Während die Möglichkeiten regionalisierter Online-Werbung vor ein paar Jahren noch sehr eingeschränkt waren, lässt sich heute bei allen großen Plattformen wie Google, Facebook und Co. ganz einfach der Standort einer Anzeige einschränken. Somit lassen sich nicht nur User ansprechen, welche spezifisch nach den Keywords »Seminar Köln« suchen, sondern auch alle User aus Köln und Umgebung, welche nur das Wort »Seminar« ohne Ortsbezug googeln.

Versuchen Sie also, so regional wie möglich zu denken. Wenn Sie reiner Onliner sind und sowohl Ihre Produkte als auch Services nur online bereitstellen, ist das natürlich denkbar schwierig. Falls Sie aber überregional mit mehrere Filialen agieren, können Sie für jede einzelne Filiale eine Unterseite anlegen und diese auf das jeweilige Einzugsgebiet optimieren. Wenn ich also nach einem Fernseher suche, wäre es doch wunderbar, wenn mir angezeigt wird, dass dieser in einer Filiale in meiner Nähe nur darauf wartet, von mir abgeholt zu werden.

Anzeige · https://www.giannidifranca.com/ ▾

Blonde Experts - Ihre Farbexperten in München

Balayage, Blonde Expert, Hombre, Baby Lights. Jetzt Termin online buchen. Termin Buchen.
Telefonischer Kontakt. Kategorien: Über Uns, Fotos, Preisliste, Termin Buchen, Kontakt.

Anzeige · https://baufinanzierung.psd-kn.de/ ▾   0721 9182400

PSD Bank Karlsruhe-Neustadt - Mit Käuferzertifikat-Service

Erhöhe deine Chancen beim Immobilienkauf und erstelle dein persönliches Käuferzertifikat.
Kaufberatung · Käuferzertifikat · Umzugsaktion

Anzeige · https://www.shopviu.com/ ▾

Brille Karlsruhe - Kostenlosen Sehtest buchen

Lass dir jetzt deine vier Favoriten direkt nach Hause schicken. Der Versand ist kostenlos.

Abb. 1.14: Textanzeigen in Suchmaschinen erscheinen auf Wunsch nur in einer bestimmten Region

1.2.4   Stationäres Geschäft oder ausschließlich online?

Es macht einen großen Unterschied, ob Sie den ganzen Tag im Geschäft oder unterwegs sind und mit Kunden zu tun haben oder ob Sie im Büro sitzen. Im ersten Fall muss das Internet zwangsläufig nebenbei erledigt werden. Wenn Sie aber sowieso am Schreibtisch sitzen, können die Online-Aktivitäten viel leichter nebenbei erledigt werden.

Ich kenne nur ein Beispiel, wo jemand aus einem Laden mit Publikumsverkehr heraus noch eine große Internet-Fangemeinde bedient: den Shopblogger Björn Harste. Er schreibt über sich und sein Blog: »Ich betreibe selbständig einen SPAR-Supermarkt in

Bremen. Als Vollkaufmann, der täglich mit rund 1000 Kunden, 25 bis 45 Mitarbeitern, 15.000 Artikeln und dutzenden Lieferanten zu tun hat, erlebt man viele ungewöhnliche und unterhaltsame Dinge, von denen ich in diesem Blog berichten möchte.« Mit geschätzten über 100.000 monatlichen Besuchern gehört er mittlerweile mit zu den reichweitenstärksten Blogs rund um das Thema »stationärer Einzelhandel« (siehe https://www.similarweb.com/website/shopblogger.de/#overview).

Abb. 1.15: Der Leiter einer Spar-Filiale aus Bremen bloggt über Anekdoten aus dem Supermarkt

Die enorme Reichweite des Shopbloggers ist nicht das Ergebnis eines großen Online-Marketing-Budgets, sondern auf einen einzigen Faktor zurückzuführen: Die Technik, im Internet gute Inhalte ohne viel Aufwand zu publizieren und bekannt zu machen, ist einfacher geworden. Die wichtigste Voraussetzung dafür sind eben diese guten Inhalte. Der Shopblogger hat streng genommen jedoch nicht viel direkten monetären Nutzen aus seiner Online-Bekanntheit. Zwar hilft ihm die hohe Besucherzahl, auch Kunden in seinen Online-Shop zu führen, jedoch steht der Ertrag hier in keinem Verhältnis zum Ertrag des Ladengeschäfts.

Online-Shop als Ergänzung zum stationären Geschäft
Ganz anders sieht es aus, wenn Sie die Website als Ergänzung zum Ladengeschäft nutzen. Es muss nicht alles perfekt gestylt sein und es kommen auch nicht unbedingt viele Bestellungen, aber: Kunden nutzen heute das Internet zur Recherche und da ist es wichtig, alle Informationen zu allen Produkten dort anzubieten. Auch wenn der eigentliche Kauf im Laden getätigt wird, findet der erste Kontakt zwischen Interessen und Unternehmen immer öfter online statt.

Nach der Erstinformation über das Internet bestellen nämlich die wenigsten Kunden direkt online. Die meisten wollen das Gerät erst in der Hand halten und kommen daher in den Laden. Entsprechend groß stehen auf der Startseite auch Adresse, Telefonnummer und Öffnungszeiten.

Der reine Online-Shop

Wer nur online verkauft, sollte seine Nische sehr genau kennen. Mögliche Strategien auf dem Weg zum Online-Erfolg sind die Konzentration auf eine bestimmte Zielgruppe, ein bestimmtes Thema oder bestimmte Produkte. bett1.de hat sich konzentriert und verkauft ausschließlich online. Der Online-Shop liefert alle wichtigen Produktinformationen, Produktbewertungen und die Möglichkeit, direkt online zu bestellen.

Abb. 1.16: Reiner Online-Vertrieb mit speziellen Produkten bei bett1.de

1.2.5   Entscheiden Sie über den Online-Auftritt?

Die bisher gezeigten Beispiele betrafen kleinere Unternehmen, die selbst über ihre Strategie entscheiden. Was aber, wenn Sie in einem multinationalen Konzern arbeiten? Was ist, wenn die Holding eine bis ins kleinste Detail fixierte CI-Strategie verfolgt, die dem Webdesign die Hände fesselt? In diesen Fällen gibt es nur eine Möglichkeit: warten und reifen. Die Bedeutung des Internets ist hinsichtlich der Markenwahrnehmung, der Kundenkommunikation und des Abverkaufs von Produkten und Dienstleistungen omnipräsent und so vielfältig wie noch nie. Unternehmen müssen es schaffen, sich von dem Einheitsbrei abertausender Webauftritte abzuheben und mit zielgruppenspezifischen Inhalten zu punkten – dieses Ziel zu erreichen erfordert aber auch, der Kreativität von Mitarbeitern oder Regionalniederlassungen mehr Freiraum zu geben.

Tun Sie sich mit anderen Franchisenehmern, Regional- oder Filialleitern zusammen. Sammeln Sie alle Veränderungsvorschläge in schriftlicher, kompakter Form. So ist zumindest dokumentiert, wie eine effizientere Online-Kommunikation mit Kunden und Interessenten aussehen könnte. Irgendwann werden Sie sich dann auf die Schulter klopfen können und nachweisen, dass Sie das bereits vor Jahren angeregt haben. Das Internet gibt es zwar schon lange, viele Unternehmen befinden sich aber dennoch erst ganz am Anfang eines Umdenkprozesses. Unternehmen müssen lernen, Altbekanntes loszulassen und den Mut haben, neue, moderne Wege zu gehen.

Es gibt aber auch Themen, bei denen erhebliche Widerstände herrschen. Der Trend geht weg von einer eigenen IT-Infrastruktur und hin zu Mietlösungen. Was im E-Mail-Marketing schon der Normalfall ist, beginnt sich zögerlich auch bei Online-Shops durchzusetzen: SaaS (»Software as a Service«) beziehungsweise ASP (»Application Service Providing«): Nicht mehr die Software steht im Vordergrund, sondern die Dienstleistung. Dazu gehört, dass Kundendaten außerhalb des Hauses verwaltet werden: ein Sakrileg für die meisten deutschen Unternehmen. Währenddessen zieht die Karawane weiter. In den USA wird das gesamte Customer-Relationship-Management (Kundendatenbanken) eines Unternehmens auf den Servern von Salesforce erledigt. In manchen Unternehmen geschieht Veränderung schneller, in anderen weniger schnell. Zur Not können Sie ja Ihren Arbeitgeber wechseln.

Falls Ihr Online-Marketing-Elan beruflich völlig ausgebremst wird, bleibt auch noch die Privatnutzung. Nicht nur der Shopblogger zeigt, dass man mit vertretbarem Aufwand und viel Kreativität einiges zustande bringen kann. Schauen Sie einmal in die Kommentare seines Weblogs. Es gibt viele engagierte Menschen im World Wide Web, die erkannt haben, wie spannend Online-Marketing sein kann.

1.2.6   Wo informieren sich Kunden?

Bevor Sie loslegen, noch ein paar Fragen: Wo informieren sich Ihre Kunden, bevor sie Kunden werden? Reden sie mit Ihnen persönlich oder rufen sie an? Vertrauen sie auf die Empfehlungen von Bekannten oder schauen sie auch noch ins Internet? Informieren sie sich über Zeitschriften und Bücher? Kommen die Informationen vom Händler oder vom Hersteller? Gibt es Ihr Geschäftsmodell überhaupt her, dass Sie endlose Gespräche mit Kunden führen, die dann doch woanders kaufen? Vielleicht werden auch bald schon in den ersten Elektronikmärkten die Fachverkäufer durch Internet-Terminals ersetzt.

Nutzen Sie Terminals, an denen Sie gemeinsam mit dem Kunden online etwas recherchieren oder konfigurieren? Haben Sie schon einmal per Telefon gemeinsam auf einer Website gesurft? In Zukunft gewinnt der an das Internet angeschlossene PC als Beratungsinstrument an Bedeutung. Online-Produkt-Konfiguratoren werden zum Normalfall (siehe Kapitel 3.1.5 Beratungssysteme).

Eine seit Jahren gültige These lautet: »Was über das Internet abgewickelt werden kann, wird über kurz oder lang auch darüber abgewickelt.« Kritiker halten dem immer wieder entgegen, dass das für ihre Branche nicht zutreffe, weil da ohne persönlichen Kontakt eben nichts läuft. Natürlich und hoffentlich bleibt an sehr vielen Stellen der persönliche Kontakt bestehen. Trotzdem nimmt die Bedeutung der anonymen und unverbindlichen Beratung über das Internet jeden Tag zu. »Googeln« steht als Begriff bereits seit der 23. Auflage im Duden als Synonym für die Internet-Recherche, weshalb ich »Google« in diesem Buch stellvertretend auch für andere Suchmaschinen nutze.

Wie schnell die Bedeutung von Suchmaschinen steigt, sieht man am Begriff »Bestattung«. In der ersten Auflage dieses Buches 2007 stand noch: »Im Moment sind es nur etwa hunderttausend Menschen, die pro Monat nach dem Stichwort ›Bestattung‹ suchen. Aber dieses Stichwort wird angesichts der demografischen Entwicklung enorm an Bedeutung zunehmen.« Heute gibt es jeden Monat knapp 450.000 Suchanfragen nach diesem Begriff. Gerade bei diesem Thema wäre es viel besser, sich mit Menschen auszutauschen, anstatt über Websites zu gehen.

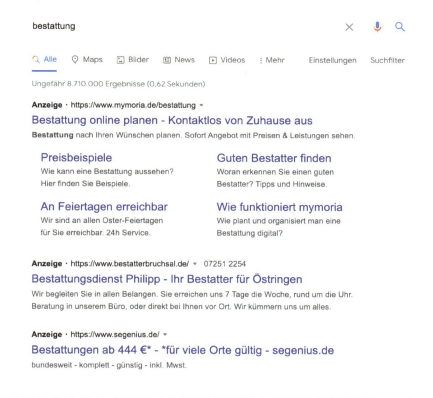

Abb. 1.17: Die Online-Recherche nach Informationen ist heute zum Normalfall geworden

Wichtig für Ihr Online-Engagement ist nun die Antwort auf die Frage, wo Kunden sich informieren. Genau dort sollten Sie dann auch mit Ihrem Online-Angebot präsent sein.
- Gibt es nur die allgemeinen Suchmaschinen oder Spezialsuchmaschinen?
- Gibt es spezialisierte Online-Portale oder Online-Verzeichnisse?

- Welche Informationen stehen in Wikipedia?
- Gibt es Informationsangebote von Verlagen?
- Wie aktiv sind Verbände und Vereine?
- Gibt es Angebote der öffentlichen Verwaltung?
- Welche Informationen stellen Hersteller und welche stellt der Handel bereit?
- Gibt es im Internet Foren zu dem Thema?
- Gibt es Fans und private Homepages zu dem Thema?
- Gibt es Spezialseiten oder -gruppen in sozialen Netzwerken?

Selbst im Business-to-Business werden Empfehlungen zunehmend durch Internet-Recherchen ergänzt. Die Nutzung von Suchmaschinen ist bei der Anbietersuche die am häufigsten genannte Antwort.

Abb. 1.18: Suchmaschinen spielen auch bei der Anbietersuche die größte Rolle (Quelle: absolit Consulting, 335 befragte Unternehmen)

1.2.7   Welche Fragen werden am Telefon gestellt?

Bevor Sie nun beginnen, umfangreiche Informationen ins Internet zu stellen, ein paar weitere Fragen: Was wird eigentlich bei Ihnen am Telefon gefragt? Oder welche Fragen werden den Verkäufern im Laden gestellt? Wann könnte der Außendienst einfach mal antworten: »Dazu haben wir auf der Homepage ein ganzes Infopaket mit Checklisten und Tipps für Sie bereitgestellt«?

Sammeln Sie systematisch alle Fragen von Kunden und beantworten Sie alle diese Fragen, indem Sie ein ganzes Wissensportal dazu aufbauen. Gute E-Mail-Management-Software baut nicht nur einen Wissenspool auf, sondern hilft gleich auch noch bei der telefonischen und E-Mail-Beantwortung von Fragen. Manche Unternehmen setzen intern ein Wiki ein, um ihr Wissen zu verwalten. »Wiki« ist eine Software, auf der auch Wikipedia aufbaut: Jeder kann sein Wissen einstellen und bequem Fehler korrigieren oder Ergänzungen an Einträgen vornehmen.

Die Fragen des Kunden zu kennen, ist für das Marketing eigentlich Pflicht. Im Online-Marketing gewinnt es eine neue Bedeutung, weil diese Fragen übersichtlich auf der Homepage beantwortet werden können.

1.2.8   Besonderheiten erklärungsbedürftiger Produkte

Sagen Sie mir bitte nicht, dass man erklärungsbedürftige Produkte nicht über das Internet verkaufen kann. Man kann, wenn man nur die Möglichkeiten ausschöpft. Früher galt diese Ausrede vielleicht, heute bleibt Ihnen gar nichts anderes mehr übrig, als den Wissensbedarf Ihrer Interessenten auch online zu befriedigen. Sonst wandern diese nämlich so lange im Web herum, bis sie eine Antwort auf ihre Fragen gefunden haben, aber eben leider nicht bei Ihnen.

Über 90 Prozent der Internetnutzer recherchieren online nach Produktinformationen. Dass die meisten dann anschließend das Produkt im Geschäft kaufen, steht auf einem anderen Blatt. Natürlich sind Suchanfragen nach Fernsehern (2,2 Mio. Suchanfragen pro Monat), Fahrrädern (3,1 Mio. Suchanfragen pro Monat) oder Monitoren (1,2 Mio. Suchanfragen pro Monat) häufiger als Hausbau (0,25 Mio. Suchanfragen pro Monat). Dafür kann man an Solaranlagen (0,17 Mio. Suchanfragen pro Monat) oder Lebensversicherungen (0,25 Mio. Suchanfragen pro Monat) auch mehr verdienen.

Gleichgültig, was Sie verkaufen, versuchen Sie, in den Suchmaschinen präsent zu sein. Wer heute sucht, kann morgen schon bei Ihnen anrufen, weil er Ihre Online-Informationen vertrauenswürdig findet. Das gilt ganz besonders für erklärungsbedürftige Produkte.

1.2.9   Wie lange dauert die Entscheidung von Interesse bis zum Kauf?

Ein weiteres Vorurteil lautet: Das Internet lohnt sich nur für Produkte, die man sofort bestellen kann. Das stimmt nicht. Gerade wenn die Informationsphase vor dem Produktkauf sehr lang ist, werden alle Informationsquellen genutzt. Brauchte es vor 15 Jahren im Schnitt noch zwei Berührungspunkte mit dem Unternehmen oder der Marke, bis ein Kunde sich für einen Kauf entschied, sind es inzwischen dreimal so viel (siehe https://www.horizont.net/marketing/nachrichten/purchase-journey-der-deutsche-braucht-sechs-touchpoints-bis-zum-kauf-172577). Meist geschieht die Erstinformation heute über das Internet. Dann werden Händler abgeklappert, Freunde gefragt und Vergleichsportale gescannt. Das bedeutet: Wenn Sie informations- oder beratungsintensive Produkte verkaufen, ist es wünschenswert, schon ganz am Anfang dabei zu sein. Und der Anfang ist, wie gesagt, oft eine Recherche in einer Suchmaschine.

1.2.10   Zeitlich begrenzte Kundenbeziehungen

Wenn Sie ein Haus bauen, eine Lebensversicherung abschließen oder ein Auto kaufen, haben Sie meist eine kurze, aber intensive Beziehung zum Anbieter. Wenn es jedoch um Ihre Frisur, Ihre Gesundheit oder Mode geht, sind das Themen, mit denen Sie ständig zu tun haben. Im einen Fall ist die Website im Wesentlichen für Neukunden gemacht, im anderen muss es einen Grund für den regelmäßigen Besuch geben. Bei kurzfristigen Beziehungen nutzen Sie E-Mail-Marketing, indem Sie vor und nach dem Kauf eine spezielle Abfolge von E-Mails bereithalten. Im Fall regelmäßigen Kundenkontakts kann man zu einem Kundenportal oder speziellen Inhalten für Nutzer des Produkts greifen.

Wenn jemand in der Familie zum Pflegefall wird, muss kurzfristig ein Pflegedienst gesucht werden. Wenn der Ehemann fremdgeht wird eine Detektei eingeschaltet. In beiden Fällen ist kaum Zeit, lange zu vergleichen. Dann ist die Seriosität der Website ein wichtiges Auswahlkriterium.

1.2.11   Fans oder klassische Kunden?

Noch ein wichtiger Punkt, wenn es um die Chancen einer Online-Community geht: Wie treu sind Ihre Kunden? Sind sie wie die Harley-Davidson-Fahrer, die sich das Unternehmenslogo sogar eintätowieren? Wenn Sie eine eingeschworene Fangemeinde haben, baut diese vielleicht selbst eine Website auf. Oder Sie schaffen auf Ihrer eigenen Homepage Entfaltungsraum. Jetzt werden Sie vielleicht lachen und sagen: »Unsere Kunden sind da eher zurückhaltend.« Ist das wirklich so? Gibt es nicht auch bei Ihnen einige Kunden, die das, was Sie machen, so richtig gut finden? Suchen Sie diese Kunden und umwerben Sie sie. Anerkennen Sie die Leistung, die manche Kunden für Ihr Unternehmen bringen.

Es wird heute viel über »Word-of-Mouth-Marketing« (Mund-zu-Mund-Propaganda), über »Seeding-Hubs« (Websites als Meinungsvervielfältiger) sowie über Multiplikatoren philosophiert. Dabei wäre es oft am einfachsten, sich einmal bei den eigenen Kunden umzuschauen. Die Bahn hat viele Kritiker. Vergessen wird aber, dass es auch viele Bahnfans gibt. Werden diese in die Unternehmenskommunikation eingebunden? Oder stehen sie nur mit dem Fotoapparat neben der Strecke?

Die Bahn hat inzwischen sehr erfolgreich ein Community-Portal ins Leben gerufen, welches Fans und Kritiker vereinen soll – unter community.bahn.de können sowohl Tipps und Erfahrungen geteilt als auch Fragen gestellt und Kritik geäußert werden. Eine einfachere Art, mehreren tausend Menschen »zuzuhören«, gibt es wohl kaum.

Abb. 1.19: Nur wenige Unternehmen haben so viele Fotos ihrer Produkte im Internet wie die Bahn

Flippig oder konservativ?

Gerade waren die Fans das Thema, nun ist es der Umgang mit diesen. Wer es noch nicht einmal schafft, mit seinen Kunden in zielgruppengerechtem Deutsch zu reden (wenn ein Frittenbudenwirt etwa einlädt: »Darf ich Sie auf unser gastronomisches Angebot aufmerksam machen?«), wird mit Fans auch so seine Probleme haben. In manchen Unternehmen gibt es für alles – auch für einen kundenfreundlichen Umgang – eine Dienstvorschrift. Diese Unternehmen sind hier nicht angesprochen.

Wer es schafft, als Unternehmen authentisch, das heißt dem Unternehmensimage, den Produkten oder Dienstleistungen und der Zielgruppe angemessen, beim Kunden anzukommen, dem bietet das Web große Chancen. Die informelle Kommunikation nimmt zu und gewinnt einen viel größeren Einfluss als die von der PR-Abteilung gesteuerte offizielle Propaganda. Menschen wie der Apple-Gründer, Steve Jobs, oder Unternehmen wie Google nutzen alle Möglichkeiten der Kommunikation über das Web.

1.2.12   Nische oder Allrounder?

Die letzte Frage, die Sie sich stellen sollten, bevor Sie im Internet durchstarten, ist: Wie spezialisiert sind Sie? Der PC- und Medienjournalist Chris Anderson hat den Begriff »Longtail« geprägt. Darunter versteht man, dass sich speziell im Internet solche Geschäftsmodelle lohnen, die sich nicht auf wenige Bestseller fokussieren, sondern sich die Masse an weniger nachgefragten Produkten zunutze machen. Die niedrigen Kommunikationskosten im Internet machen auch den Longtail, »den langen Schwanz«, der wenig verkauften Produkte wirtschaftlich interessant.

Auf Amazon und Alibaba werden millionenfach Unikate verkauft. Hier ist Ihre Chance: Wenn Sie Nischenprodukte anbieten, eröffnet Ihnen das Internet die Chance, auch für diese Produkte den Markt effizient anzusprechen.

Abb. 1.20: Auf schilder-versand.com können Schilder aller Art geshoppt werden

1.2.13   B2B oder B2C?

Richtet sich Ihr Angebot an gewerbliche Nutzer oder wenden Sie sich direkt an Verbraucher? Der große Vorteil einer Website sind die geringen Kosten pro Besucher. Diese Regel gilt jedoch nur, wenn auch wirklich viele Besucher kommen. Bei vielen B2B-Angeboten (»Business to Business«) jedoch sind die Besucherzahlen eher niedrig. Die Website dient eher dem Image, oder sie ist wichtig, weil sie ein kleines Mosaiksteinchen auf dem Weg zu wirklich wertvollen Kunden ist. Die Höhe des zu erwarteten Auftrages rechtfertigt ein aufwendiges Internetangebot.

Während also bei B2C-Angeboten durchaus auch einmal eine einfach gestaltete Homepage ausreichend ist, weil das Gesamtbudget für Kommunikationsmaßnahmen knapp ist, sollte im B2B-Bereich auf hochwertige Gestaltung geachtet werden. Wer einen Großauftrag zu vergeben hat, erwartet einen professionellen Geschäftspartner. Die Website wird somit zu einer Visitenkarte des Unternehmens.

2 Welches Online-Marketing-Paket für welches Ziel?

ZUSAMMENFASSUNG

Dieses Kapitel beschreibt, wie Sie am besten vorgehen, wenn Sie ein konkretes Ziel durch Online-Marketing erreichen möchten. Dabei wird jeweils unterschieden, welches Budget Ihnen zur Verfügung steht. Hier geht es sowohl um das Zeit- als auch um das monetäre Budget.

Viel Zeit – kein Budget

Auch als Privatperson ohne Budget können Sie das Internet nutzen. In diesem Unterkapitel werden alle Möglichkeiten beschrieben, kostenlos sein Ziel zu erreichen. Dafür gehe ich jedoch davon aus, dass Sie umso mehr Zeit und viel Spaß an der Sache mitbringen. Hier wird eine Reihe von Dingen beschrieben, die für ein Unternehmen aus Gründen der anfallenden Arbeitskosten nicht rentabel wären. Wenn Sie aber Spaß daran haben und das Ganze als Ihr Hobby betreiben, kann es durchaus sein, dass aus dem Hobby eines Tages ein Beruf wird. Diese Methoden sind für kleine Unternehmen oft nur bedingt einsetzbar, weil es an der Zeit fehlt, sich damit auseinanderzusetzen.

Keine Zeit – wenig Budget

Unter dieser Überschrift werden Methoden beschrieben, die speziell für kleinere Unternehmen geeignet sind. Darunter verstehe ich Unternehmen, in denen viele Dinge von der Geschäftsführung selbst in die Hand genommen werden. Dazu zählt dann meistens auch Marketing und Werbung und damit eben auch das Internet. Entsprechend stelle ich Ihnen die wichtigsten Dinge vor, die Sie effizient erledigen können. Außerdem erläutere ich einige Wege, auf denen man auch mit geringem Budget viel erreichen kann oder die man sich einfach leisten sollte.

Mitarbeiter und Budget vorhanden

Hierunter fallen Unternehmen, die ein festes Budget für Marketing haben und feststellen, dass auch Online-Marketing inzwischen ein fester Budgetposten ist. Hier gibt es Mitarbeiter, deren Job es ist, sich auch um Online-Marketing zu kümmern. Die Motivation dazu ist zum Teil sehr hoch. In diesen Fällen lesen Sie bitte auch kurz das Kapitel »Viel Zeit – kein Budget«. Oft ist das Thema Internet jedoch noch ziemlich neu und man ist froh, wenn die Homepage einigermaßen aktuell ist. Für viele Aufgaben wird eine Agentur eingesetzt, und das ist meistens auch gut so. Trotzdem sollten Sie einiges selbst wissen, um die richtigen Entscheidungen zu treffen. (Auf spezielle Aspekte der Agenturauswahl wird in Kapitel 4.2 eingegangen.)

Die Pakete

Die Basis dieses Ansatzes ist das Unternehmensbekanntheits-Paket. Eines der Ziele der meisten Homepages ist es, möglichst viele Menschen möglichst kostengünstig anzusprechen. Damit soll gleichzeitig auch die Bekanntheit gesteigert werden. Für das Online-Shop-Paket ist es natürlich Voraussetzung, dass der Online-Shop und seine Produkte auch bekannt sind. Daher werden diese Aspekte beim Online-Shop-Paket nicht noch einmal explizit erwähnt.

Das Kundenbindungs-Paket enthält alle wesentlichen Informationen, die Sie benötigen, wenn Ihr Schwerpunkt auf der Bindung schon vorhandener Kunden liegt. Für diese können Sie online eine Reihe von Services anbieten. Das spart Kosten und macht Kunden oft zufriedener.

Das Online-Shop-Paket beschreibt alles, was Sie benötigen, um online Ihre Produkte zu verkaufen. Am Ende wird auch auf die Unterschiede zwischen physischen Produkten und Dienstleistungen eingegangen.

Das Produktbekanntheits-Paket unterscheidet sich vom Unternehmensbekanntheits-Paket in einem Aspekt: Es richtet sich an Produktmanager, die eben nur für ihr Produkt, nicht aber für das ganze Unternehmen im Internet verantwortlich sind. Wenn Sie als Produktmanager einigermaßen vertraut mit dem Internet sind, gibt es pfiffige Möglichkeiten, das Produkt bekannt zu machen, ohne immer bei der Marketingabteilung betteln gehen zu müssen.

Das Marken-Paket beschreibt die Möglichkeiten, die das Internet bietet, um eine Marke zu stärken. Dazu bedarf es heute weit mehr als nur der klassischen Werbung.

2.1   Unternehmensbekanntheits-Paket

Wer glaubt, dass allein durch die Präsenz im Internet die Bekanntheit eines Unternehmens gesteigert wird, der träumt. Während es im realen Leben zumindest so etwas wie Laufkundschaft gibt, fällt selbst das im Internet weg. Wer heute eine perfekt gestaltete Webseite mit eigener Domain ins Internet stellt, bekommt keinen einzigen Besucher. Das ist ungefähr so, als ob Sie mitten in der Sahara einen Getränkestand aufbauen. Die Idee ist gut, aber reich werden Sie damit nicht, weil keine Kunden kommen.

Umgekehrt ist es für ein reales Ladengeschäft nicht einfach, Laufkunden zu bekommen, wenn das Geld nicht für eine 1a-Lage reicht. Im Internet dagegen gibt es eine Reihe von preiswerten Maßnahmen, potenzielle Neukunden anzusprechen. Und wenn die Bekanntheit erst da ist, ist der Mausklick kein Problem mehr. Klicken Sie einfach auf tinyurl.com/5ccl5b und schon landen Sie mitten in der Sahara an einem gottverlassenen Getränkestand. So einfach kann man online seinen Bekanntheitsgrad erhöhen.

Ganz so simpel ist es dann aber leider doch nicht. Viele Internet-Geschäftsmodelle sind kurz nach der Jahrtausendwende geplatzt, weil die Werbeausgaben zu hoch waren. Diese Unternehmen bauten alle auf den Grundsatz, dass gute Angebote sich online schon irgendwie herumsprechen werden. Das ist jedoch ein Trugschluss. Auch im realen Leben wird ein gutes Restaurant in der Startphase nicht allein durch Mundpropaganda ausgebucht. Und im Internet wird zwar viel über die gigantischen Möglichkeiten des »Viral Marketing« philosophiert, die Realität sieht aber leider anders aus. Einige wenige schaffen es in der Tat, aber die große Masse muss ganz normal Werbung für sich treiben. Das kann sowohl online wie auch offline geschehen. In diesem Kapitel werden die Möglichkeiten beschrieben, die das Internet bietet.

Die folgende Liste soll Ihnen als Orientierungshilfe dienen, welche Werkzeuge es für das Bekanntmachen Ihres Unternehmens gibt, welche Möglichkeiten sie bieten und wie wichtig sie sind. Mithilfe dieser Liste finden Sie »Ihr Werkzeug« auch schnell in diesem Buch.

Übersicht Werkzeuge »Unternehmen bekannt machen«
• Kann-Werkzeug •• Muss-Werkzeug

Kategorie	Werkzeug	Möglichkeit des Werkzeugs	Kann/Muss
Die Homepage	Domain-Marketing	Eigene Domain	••
		Mehrere Domains	•
	Hosting	Webspace mieten	••
	Webdesign	Content	••
		Usability	•
		Barrierefreiheit	•
		Suchmaschinen-Optimierung	••
	Weblogs	Blog mieten	•
		Blog selbst hosten	•
		Blogroll	••
	Multimedia	Podcast	•
		Video	•
		RSS-Feed anbieten	•
Klassische Online-Werbung	Suchmaschinen-Marketing	Suchworte finden	••
		Onpage-Optimierung	••
		Offpage-Optimierung	••
		Suchmaschinen-Anzeigen	•

Kategorie	Werkzeug	Möglichkeit des Werkzeugs	Kann/Muss
Klassische Online-Werbung	Online-Werbung	Banner schalten	•
		Bannertauschprogramme	•
		Textanzeigen im Kontext	••
		Affiliate-Marketing	•
	E-Mail-Marketing	Verteiler aufbauen	••
		E-Mailings und Newsletter	•
		Werbemails an Fremdadressen	•
Social Web	Online-PR	Marktbeobachtung	••
		Presseverteiler	••
		Pressebereich	•
		Presseportale	•
	Social Media	Social Media Monitoring	••
		Eigene Seiten erstellen	••
		Fachportale	••
		Communitys und Foren	•
		Wikipedia	•
		Blogs kommentieren	•
		Social Bookmarking	••
		Videoportale	•
		Fotoportale	•
	Portale	Online-Verzeichnisse	••
		Fachverzeichnisse	••
		Regionale Portale	••

Pflichtprogramm für alle

Um einmal ganz banal anzufangen: Eine Homepage ist natürlich die Grundvoraussetzung für Online-Marketing, ebenso die eigene Internetadresse. Auch ein einprägsames Logo ist für die Wiedererkennung wichtig. Ebenfalls ratsam ist ein Claim. Das ist ein Satz, der kurz beschreibt, was Sie tun und was Sie besser machen als andere. Fahrrad-xxl.de wirbt beispielsweise mit dem Satz: »Deutschlands größte Rad-Auswahl«. Damit Sie gefunden werden, sollten Ihre Inhalte so gestaltet sein, dass sie auch von Suchmaschinen gelesen und damit indiziert werden können. Damit es auch etwas für die Suchmaschinen zu lesen gibt, sollten Sie sich ein Konzept überlegen, welche

Inhalte Sie ins Netz stellen wollen und können. Nach Möglichkeit sollte das so viel »Unique Content« wie möglich enthalten. Das sind eigene Inhalte, die in dieser Form nirgendwo anders im Netz veröffentlicht sind.

Viel Zeit – kein Budget

Um es gleich zu sagen: So ganz ohne Budget sollten Sie nie arbeiten, weil Sie sich ansonsten für andere abrackern. Der Grund: Alles, was Sie tun, kommt Ihrem guten Namen zugute. Daher sollten Sie auch einen solchen haben und registrieren. Das Mindeste, was Sie sich leisten sollten, ist ein eigener Domainname. Für nur einen Euro im Monat erhalten Sie Ihre eigene .de-, .com- oder .net-Domain bei United Domains. Diese können Sie dann beliebig auf andere Angebote weiterleiten (siehe Kapitel 3.1.1.1 Domain-Weiterleitung).

Wenn also jemand www.IhrName.de eingibt, landet er automatisch da, wo Sie ihn haben wollen. Das kann auch Ihre Facebook-Seite oder Ihr Xing-Profil sein. Der Trick dabei: Sie starten zum Beispiel mit einem Gratis-Blog der Adresse ihrefirma.blog.de. Dann registrieren Sie die Domain ihrefirma.de und leiten auf das Blog um (siehe Kapitel 3.1.1.1 Domain-Weiterleitung). Fortan kommunizieren Sie NUR die Adresse www.ihrefirma.de. Wenn Sie später groß, reich und berühmt sind, läuft das alles unter Ihrem eigenen Server. Sie müssen sich dann nicht ärgern, dass Sie in Ihren Jugendjahren auf Domains anderer Anbieter verlinkt haben.

Ihre Homepage können Sie bei einem der vielen Anbieter von kostenlosem Webspace unterbringen (»hosten«). Auf kostenlos.de finden Sie genug davon. Als Branchenprimus hat sich WordPress etabliert. Gut gefällt mir der Editor von Jimdo.com. Er ist einfach zu bedienen und sofort hat man seine erste Website fertig. Genauso einfach lassen sich die Inhalte ergänzen und ändern. Einfach einloggen, auf die entsprechenden Texte klicken und schon öffnet sich ein Texteditor.

Als Nächstes kommt das gesamte Social-Web-Paket dran. Wenn Sie die Abende öfter vor dem Fernseher verbringen, haben Sie genug Zeit, sich hier aktiv zu betätigen. Wenn Sie eher der Typ sind, der mit Freunden unterwegs ist, sollten Sie sich auf das Notwendige beschränken und lieber von unterwegs twittern (SMS-ähnliche Textnachrichten in einem Twitter-Netzwerk), xingen und flickern (Flickr ist eine Fotoplattform). Zumindest auf Facebook sollten Sie jedoch ab und zu etwas von sich geben. Die eigene Unternehmensseite ist hier Pflicht – auch wenn Sie nur wenig schreiben.

Was Sie auch machen können: Nutzen Sie das Social Web, um Inhalte (siehe Kapitel 3.1.3.2 RSS-Inhalte einbauen) in Ihre Seite einzubauen: Sie können Videos in YouTube hochladen und darauf verlinken. Das Gleiche gilt für Dia-Serien in Flickr und Ihren Facebook- und Twitter-Feed. Natürlich gibt es auch noch weitere wichtige Video- und Fotoportale. Wichtig bei all diesen Aktivitäten: Schreiben Sie immer noch einen Text dazu, der die für Sie wichtigen Suchworte enthält.

Ebenfalls wichtig sind Foren, in denen diskutiert wird. Schreiben Sie mit und beteiligen Sie sich an den Gesprächen, die Online laufen. Ebenfalls zum Social Web gehören Social-Bookmark-Portale.

Viele Online-Verzeichnisse erlauben es Ihnen, sich gratis einzutragen. Nutzen Sie diese Chance. Ebenso macht es Sinn, Presseportale zu nutzen, wenn Sie sich die Mühe machen, gute Pressemitteilungen zu schreiben.

Keine Zeit – wenig Budget
Wenn Sie den ganzen Tag im Laden stehen, haben Sie abends auch nicht mehr viel Lust, Online-Marketing zu betreiben. Falls doch, lesen Sie das vorangegangene Kapitel. Wenn nicht, lesen Sie hier weiter. Es kommt bei Ihnen darauf an, möglichst effizient die wichtigsten Dinge zu tun. Es muss ja nicht immer eine teure Agentur sein, die alles macht.

Versuchen Sie alles, was Sie an interessanten Inhalten haben, möglichst effizient auf der Homepage unterzubringen. Jeder Text und jede Website ist Futter für die Suchmaschinen. Und diese sind es, die Ihnen neue Besucher bringen. Achten Sie darauf, dass Ihre Webseiten beziehungsweise das System, auf dem sie laufen, Suchmaschinen-optimiert ist (mehr dazu im Kapitel 3.2 Klassische Online-Werbung). Wenn Sie ein Blog einrichten wollen, tun Sie es auf der eigenen Seite unter der eigenen Domain. Das hilft den Suchmaschinen. Außerdem ist es ein bequemer Weg, Kunden fix über Aktuelles zu informieren. Bei manchen Systemen können Sie aktuelle Meldungen sogar per E-Mail senden, und das wird automatisch eingebaut.

Das Thema »Suchmaschinen« ist für Sie wichtig. Investieren Sie neben der Onpage-Optimierung zumindest einige Gedanken auch an die Offpage-Optimierung: Wer könnte einen Hyperlink zu Ihnen setzen (siehe Kapitel 3.2.1.3 Offpage-Optimierung)?

Suchmaschinen-Anzeigen (Keyword-Advertising) sollten Sie nur regional oder bei speziellen Suchbegriffen (siehe Kapitel 3.2.1.4 Suchmaschinen-Anzeigen) schalten und immer genau die Erfolgsquote messen. Sonst werfen Sie schnell Geld zum Fenster heraus. Online-Pressearbeit können Sie machen, müssen Sie aber nicht. Die meisten Journalisten informieren sich heute via Internet.

Mit normalem Budget
Sie sind verantwortlich für das Marketing in Ihrem Unternehmen und betrachten Online-Marketing als ein notwendiges Übel, das zu Ihren vielen Aufgaben jetzt auch noch dazu gekommen ist?

Die gute Nachricht: Online-Marketing ist effizient. Das bedeutet: viel Wirkung mit wenig Aufwand. Oder gehören Sie bereits zu denjenigen, die festgestellt haben, dass immer mehr interessante Neukunden heute via Internet kommen? Es lohnt sich durchaus, das eigene Angebot im Internet etwas mehr publik zu machen.

Ein paar Dinge sollten Sie beim Domainnamen beachten. Die Homepage muss gemeinsam mit der Agentur auf Vordermann gebracht werden. Dazu gehört aktueller Content, ein Redaktionsplan, Suchmaschinen-Optimierung der Seiten und natürlich ein vernünftiges Content-Management-System. Das muss nicht unbedingt teure Lizenzgebühren kosten. Wenn Ihre Agentur fit ist, kennt sie Alternativen.

Ob Sie bloggen oder nicht, entscheidet einzig und allein die Frage, ob es in Ihrer Firma einen verkannten Autor gibt, der authentisch und spritzig schreibt. Und der Chef muss dazu stehen, wenn es mal aus Versehen etwas unter die Gürtellinie geht. Mehr dazu später in Kapitel 3.1.7, Weblogs. Beim Suchmaschinen-Marketing gilt bei Ihnen das Komplettprogramm (also Kapitel 3.2.1.1 bis Kapitel 3.2.1.4). Wenn Ihre Agentur das nicht kann, gehen Sie zu Spezialisten. Die Online-Pressearbeit sollten Sie selbst in die Hand nehmen oder, besser noch, an eine spezialisierte Agentur übergeben. Nutzen Sie Facebook und Twitter, um Ihre Kampagnen auch ins Social Web zu bringen. Aber unterschätzen Sie den Aufwand nicht, wenn Sie dort regelmäßig Inhalte publizieren.

2.2   Kundenbindungs-Paket

Das Internet ist ein wunderbares Medium, über das Kunden und Interessenten effizient betreut und beraten werden können. Der Vorteil aus Unternehmenssicht: Es ist preiswert und die geleistete Beratungszeit ist deutlich länger als die für die Programmierung zu bezahlende Arbeitszeit. Aber auch aus Kundensicht hat es Vorteile: Er kann sich ganz in Ruhe informieren, ohne dass jemand darauf wartet, dass er zu einer Entscheidung kommt.

Die folgende Liste soll Ihnen als Orientierungshilfe darüber dienen, welche Werkzeuge es für die Kundenbindung gibt, welche Möglichkeiten sie bieten und wie wichtig sie sind. Mithilfe dieser Liste finden Sie »Ihr Werkzeug« auch schnell in diesem Buch.

Übersicht Werkzeuge »Kundenbindung«
• Kann-Werkzeug •• Muss-Werkzeug

Kategorie	Werkzeug	Möglichkeit des Werkzeugs	Kann/Muss
Die Home-page	Domain-Marketing	Domain-Weiterleitung	•
		Eigene Domain	••
	Hosting	Webspace mieten	•
		Eigener Server	••

Kategorie	Werkzeug	Möglichkeit des Werkzeugs	Kann/Muss
Die Home-page	Webdesign	Content	•
		Usability	••
		Barrierefreiheit	•
	Beratungssysteme	FAQ-System	••
		E-Mail-Response-Management	•
		Chat und Telefonrückruf	•
		Wiki	•
		Produktvergleich	•
	Community	Log-in-Bereich	••
		Forum	••
		Chat	•
		Kommentare	•
	Weblogs	Blog selbst hosten	•
	Multimedia	Podcast	•
		Video	•
		RSS-Feed anbieten	•
Klassische Online-Wer-bung	E-Mail-Marketing	Verteiler aufbauen	••
		E-Mailings und Newsletter	••
Social Web	Online-PR	Marktbeobachtung	•
	Social Media	Social Media Monitoring	••
		Eigene Seiten erstellen	••

In Online-Produkt-Konfiguratoren verbringen manche Menschen Tage. Immer wieder wird das liebevoll zusammengestellte Auto oder der Computer noch einmal variiert (siehe Kapitel 3.1.5 Beratungssysteme). In Ruhe kann man so lange testen, bis man doch die etwas teurere und bessere Variante wählt. Ein gutes Beratungsportal, auf dem Interessenten alle Antworten zu ihren Fragen finden, ist »die halbe Miete«. Damit erreichen Sie nämlich Kundenbindung. Und dies sollte das Ziel aller Unternehmens-Websites sein.

Neben dem Beratungsprozess lassen sich aber auch viele kleinere Dinge automati-sieren. Fast alles kann man heute online erledigen: Tickets buchen, Geld überweisen oder Anträge ausfüllen. Behörden entdecken die Möglichkeiten des Internets, sodass der Gang »auf das Amt« entfällt. Zunehmend nutzen auch Ärzte das Internet, um Termine zu vereinbaren. Ebenso kann per E-Mail oder SMS am Tag zuvor automatisch eine Terminerinnerung ausgesandt werden.

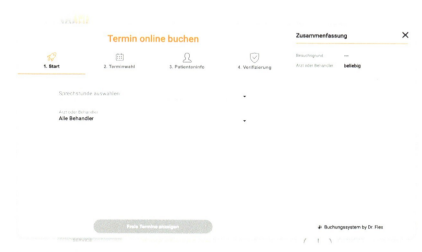

Abb. 2.1: Zahnarzt vereinbart Termine online

Etwas anders liegt der Fall bei dem Unternehmen Compo. Hier wendet sich ein Hersteller per Internet direkt an seine Endkunden. Es gibt Beratung zum richtigen Düngen und zum Pflanzenschutz. Auch Tipps zur Verschönerung des eigenen Rasens fehlen nicht. Auf der Startseite sind ein Fotowettbewerb und ein Tipp, wie Oleander gepflegt wird.

Abb. 2.2: Kundenbindung bei Compo: Gartentipps, Fotowettbewerb und Rasenberatung

Wenn Sie grob berechnen wollen, wie viel Beratungsleistung Sie monatlich online erbringen, multiplizieren Sie die Anzahl der Unique Visitors Ihrer Webseite mit der durchschnittlichen Verweildauer. Beide Zahlen bekommen Sie bei jeder guten Webanalyse-Software angezeigt (Details siehe Kapitel 3.1.5 Beratungssysteme).

Natürlich können Sie auch Ihre Kunden zu Wort kommen lassen, dazu gleich mehr. Noch effizienter wird ein Unternehmen nämlich, wenn es nicht nur den Abruf der Informationen auf der Homepage dem Kunden überlässt. Auch die Erstellung der Inhalte kann an die Besucher der Website delegiert werden. Die einen nennen das nutzergenerierte Inhalte, die anderen »Aal-Prinzip« (Andere arbeiten lassen). In jedem Fall ist es für Kunden informativer, zu hören, was andere Kunden meinen, als inhaltsleere Sprüche mancher Marketingabteilung zu ertragen. Sie sollten daher auf Ihrer Homepage einen sachlichen und ehrlichen Sprachstil pflegen.

Kleines Unternehmen
Der Aufbau einer Website mit dem erklärten Ziel, Kunden zu binden, ist aufwändig. Viel Arbeit steckt in den umfangreichen Inhalten und den Beratungsfunktionen. Kleinere Unternehmen können lediglich damit punkten, dass der Besucher alle Informationen findet, die er sucht. Eine ordentliche Navigation und Suchfunktion sind wichtig.

Der Aufbau eines FAQ-Systems ist sinnvoll, weil damit die wichtigsten Kundenfragen online beantwortet werden. Das gilt besonders auch für Unternehmen, die eigentlich nur wenig Zeit in die Homepage stecken. Warum? Weil Sie im Kontakt mit Kunden sehr viel effizienter sind, wenn Sie öfter mal auf die ausführlichen Informationen verweisen können, die Sie online bereitgestellt haben. Außerdem zwingt es Sie, Ihr Unternehmen einmal mit den Augen des Kunden zu betrachten.

Forum und Online-Chat sollten Sie nur einsetzen, wenn Sie auch die Zeit zur Pflege haben. Im Social Web fragt niemand, ob Sie Lust oder Zeit haben: Wenn dort nach Ihnen gefragt wird, sollten Sie auch da sein. Wer für seine Kunden etwas Gutes tun will, sollte also auch hier ansprechbar sein. Auch ist es besser, wenn Fragen und Kommentare auf Ihrer eigenen Facebook-Seite stehen als irgendwo anders in Facebook, wo Sie keinen Zugriff darauf haben.

Ein Blog können Sie betreiben, wenn es Ihre Zeit erlaubt. Dort können aktuelle Kundenfragen bequem beantwortet werden. Besonders, wenn es darauf ankommt, Kunden schnell zu informieren, kann ein Blog praktisch sein. Podcast und Video können Sie ebenfalls anbieten, wenn es Ihre Zeit erlaubt. Oft kann man mit einem Video mehr erklären als in tausend Worten. Ihre Kunden danken es Ihnen.

E-Mail-Marketing ist Pflichtprogramm bei der elektronischen Kundenbindung. Selbst wenn Sie heute noch keine Informationen per E-Mail versenden, sollten Sie zumindest schon einen Verteiler aufbauen.

Mittleres Unternehmen

Es ist um ein Vielfaches effizienter, schon vorhandene Kunden an das Unternehmen zu binden, als ständig neue gewinnen zu müssen. Das Internet ist eines der effizienten Kundenbindungs-Instrumente, die es gibt. Investieren Sie ruhig etwas in Ihre Homepage – die Kunden danken es Ihnen.

Immer mehr Kunden greifen heute nicht mehr zum Telefonhörer, sondern schauen zunächst einmal kurz auf die Homepage. Wenn Sie pfiffig sind, haben Sie dort bereits Antworten auf die meistgestellten Fragen parat. Natürlich können Sie auch sagen: »Uns ist es viel lieber, wenn die Kunden anrufen, dann können wir meist noch etwas zusätzlich verkaufen.« Aber wollen Kunden das auch? Klar: Guter Telefonservice und eine 0800er-Nummer zur Hotline ist wichtig für die Kundenbindung. Aber auch guter Online-Service ist Pflicht.

Das fängt beim Domainnamen an: Reservieren Sie gleich noch die Tippfehler dazu. Die meisten Kunden tippen den Unternehmensnamen so ein, wie sie ihn für richtig halten. Schauen Sie sich allein einmal an, wie viele Fehler bei Wörtern passieren, die im Duden stehen, wie zum Beispiel »Detektei« (siehe Kapitel 3.2.1.1 Suchworte finden). Ebenfalls nutzerfreundlich ist es, wenn Sie Ihre Homepage so lange optimieren, bis die meistgestellten Kundenfragen bequem mit wenigen Mausklicks beantwortet werden. Berücksichtigen Sie dabei auch den »DAU« (Dümmster anzunehmender User). Das ist der Nutzer, der irgendwie alles falsch macht. Wichtig sind umfangreiche Inhalte. Wer sich im Web informiert, erwartet eine große Informationstiefe. Entsprechend sollte auch ein FAQ-System nicht fehlen.

Auch per E-Mail sollten Sie Antworten geben können, die dem Qualitätsniveau Ihres Unternehmens entsprechen. Denken Sie über die Anschaffung eines professionellen E-Mail-Response-Management-Systems nach. Im Social Web sollten Sie mit professionellen Tools beobachten, was und wie über Sie geredet wird. Auch sollten Sie über Facebook und Twitter als Unternehmen ansprechbar sein und auf Anfragen reagieren.

Ansonsten gilt wie für kleinere Unternehmen: Bauen Sie auf jeden Fall einen E-Mail-Verteiler auf, auch wenn Ihnen bisher das Thema E-Mail-Marketing als zu komplex erscheint. Über kurz oder lang kommen Sie nicht darum herum. Das effizienteste Online-Kundenbindungsinstrument heißt zweifelsohne E-Mail. Nichts ist so gut geeignet, die Kontaktfrequenz zum Kunden mit vertretbaren Kosten zu erhöhen.

2.3   Online-Shop-Paket

Überlegen Sie es sich gut, bevor Sie anfangen, online zu verkaufen. Es macht einen großen Unterschied, ob Sie über den Ladentisch oder per Internet verkaufen. Im einen Fall haben Sie Ihr Geld und der Kunden die Ware. Online dagegen weiß der Kunde nicht, ob er Ihnen und den von Ihnen angebotenen Zahlungssystemen trauen kann. Und Sie wissen nicht, ob Sie Ihr Geld bekommen oder behalten werden.

Dann ist da noch die Abwicklung: Logistische Probleme müssen gelöst werden. Anschließend schickt der Kunden die Ware zurück, weil er als erfahrener Versandkäufer gleich in drei Läden bestellt hat und zwei Produkte wieder retourniert. Ihr Problem ist ganz einfach: Es gibt erfahrene Versandhändler, die dieses Geschäft seit den fünfziger Jahren kennen. Versuchen Sie, an dieses Erfahrungswissen heranzukommen, bevor Sie sich blauäugig ins Versandgeschäft stürzen.

Allerdings sollten Sie die folgenden Fakten motivieren: Das Einzige, was im Handel noch wächst, ist der Online-Handel. Und der wächst zweistellig. Die zweite Sache: Ein Online-Shop wirkt auch dann verkaufsfördernd, wenn Sie überwiegend im Laden über die Theke verkaufen. Und drittens: Wenn Sie günstig sind, haben Kunden in vielen Fällen durchaus Verständnis dafür, wenn Sie nur per Vorkasse oder Nachnahme liefern.

Die Lösung liegt bei vielen Unternehmen im Multichannel-Vertrieb: Online-Bestellung wird angeboten, weil sie als Service vom Kunden gewünscht wird. Dabei ist Online-Vertrieb nichts anderes als Versandhandel. Sie müssen entscheiden, ob Sie das wollen. Oder auch nicht: Es kann sein, dass Ihre Kunden vehement den Service einfordern, dass sie ihre Produkte bequem nach Haus geliefert bekommen.

Es kann sein, dass Ihre Kunden längst so bequem geworden sind, dass sie sich lieber online auf Ihrer Homepage informieren, als Sie in Ihrer Filiale zu besuchen. Immer mehr Unternehmen beugen sich den Wünschen ihrer Kunden und werden zu Multichannel-Anbietern:

- Wer will, kann in die Filiale kommen – dort gibt es auch Infoterminals, falls gerade kein Verkäufer frei ist. An einem solchen Terminal kann man auch eine Lieferung nach Hause beauftragen.
- Es gibt ein Kundenbindungsprogramm mit Rabattkarte. So kann den Kunden auch ein Katalog nach Hause geschickt werden.
- Per Mailing, Katalog und Minikatalog wird der Kontakt zu interessanten Kunden intensiviert. Die Kontaktfrequenz wird erhöht und Zusatzkäufe werden initiiert.
- Der Online-Shop ist gleichzeitig auch Beratungsportal und TV-Sender. Er inspiriert und bringt den Kunden auf neue Ideen.
- Der E-Mail-Newsletter bringt Spezialangebote und erhöht die Kontaktfrequenz.

Der größte Teil des Umsatzes im Online-Handel wird von Versandhändlern erwirtschaftet, die On- und Offline-Handel kombinieren. Das stärkste Wachstum jedoch legen die reinen Online-Händler vor. Durch eine starke Spezialisierung auf bestimmte

Marktsegmente können diese meist kleineren Händler trotz starker Preiskonkurrenz immer noch wirtschaftlich arbeiten.

Das Zusammenführen von Kunden und Händlern übernehmen die Suchfunktionen der Internetplattformen. Problematisch für diese Händler ist lediglich die unter Versandhandelskunden verbreitete »Unsitte«, das Rückgaberecht dazu zu nutzen, Waren zu bestellen, die mit hoher Wahrscheinlichkeit wieder zurückgeschickt werden.

Als Online-Händler haben Sie drei Möglichkeiten:
*   Laden mit Online-Shop,
*   Produkte nur online verkaufen.
*   Großes Multichannel-Angebot.

Mit dem eigenen Laden fängt es meistens an. Da sammeln Sie Erfahrung mit dem Markt und mit Kunden. Das ist wichtig. Dann bieten Sie Ihren Kunden zusätzlich die Bestellmöglichkeit per Internet. Und irgendwann merken Sie, dass Sie ganz neue Zielgruppen ansprechen. Auch kommen Ihre Kunden plötzlich aus dem gesamten deutschsprachigen Raum, weil alle die Informationen auf Ihrer Homepage so gut finden. Irgendwann beginnt das Online-Geschäft das Offline-Geschäft zu überholen.

Dann haben Sie zwei Möglichkeiten: sich ausschließlich auf Online-Handel zu konzentrieren oder parallel dazu auch Ihre Offline-Präsenz zu erweitern und zunächst in der Region noch weitere Ladengeschäfte zu eröffnen.

Die folgende Liste soll Ihnen als Orientierungshilfe darüber dienen, welche Werkzeuge es für Online-Shops gibt, welche Möglichkeiten sie bieten und wie wichtig sie sind. Mithilfe dieser Liste finden Sie »Ihr Werkzeug« auch schnell in diesem Buch.

2.3.1   Laden mit Online-Shop

Nicht jedes Geschäft muss jetzt einen Online-Shop aufbauen. Sinn macht das nur dann, wenn Sie im Kundengespräch herausgefunden haben, dass manche Kunden sich durchaus auch eine Online-Bestellmöglichkeit wünschen. Am Anfang machen Sie das noch einfach per E-Mail. Lachen Sie nicht. Auch manche Online-Shops sind nicht viel mehr als ein Formular, das eine E-Mail an Sie heraussendet.

Nach einer Weile packt Sie der Ehrgeiz und Sie wollen mehr. Gehen Sie zu Ihrem Provider und schauen Sie, was er anbietet (Provider sind auch nur reine Online-Shops). Vielleicht sind Sie auch bei OXID-eSales oder einem anderen der Provider-unabhängigen Anbieter von Mietshops gelandet. Dann richten Sie Ihren Shop ein (siehe Kapitel 3.1.4.1 Shop mieten). Dabei stellen Sie vermutlich fest, wie hilfreich ein Forum für die Kundenbindung ist: Die besten Antworten auf Ihre Fragen bekommen Sie nicht vom Unternehmen, sondern von dessen Kunden. Lernen Sie daraus!

Wenn Ihr einfacher Shop fertig ist, freuen sich Ihre Kunden, schauen sich auch fleißig darin um und klicken sich stundenlang durch die Produkte. Nur eines tun sie nicht: kaufen. Das geschieht dann doch ganz klassisch im Laden. Aber das ausgedruckte Datenblatt aus dem Online-Shop ist dabei. Viel Verkaufsberatung geschieht heute zwischen 19 und 21 Uhr von Zuhause aus. Das ist bequem und funktioniert prima. Im Laden wird noch mal gefragt, ob die Auswahl richtig war, und dann wird gekauft. Ist auch besser so: Da weiß man, dass man, wenn etwas kaputt ist, hingehen kann.

Wichtig für Ihre Strategie ist (das geht nicht mit allen Produkten): Je spezialisierter Sie sind, desto mehr macht ein Online-Shop parallel zum Laden Sinn, weil es wenig glaubwürdig ist, dass Sie genauso gut sind wie die Generalisten Tchibo, Otto oder Neckermann. Überzeugen können Sie nur, wenn Sie Experte werden. Genau da liegen nämlich die Schwächen der Großen.

Übersicht Werkzeuge »Online-Shop«

• Kann-Werkzeug •• Muss-Werkzeug

Kategorie	Werkzeug	Möglichkeit des Werkzeugs	Kann/Muss
Die Home-page	Domain-Marketing	Domain-Weiterleitung	•
		Eigene Domain	••
	Webdesign	Content	•
		Usability	••
		Barrierefreiheit	•
		Suchmaschinen-Optimierung	••
		Landingpages	••
	Online-Shop	Shop mieten	•
		Open-Source-Shop	••
		Professionelles Shopsystem	••
	Beratungssysteme	FAQ-System	•
		E-Mail-Response-Management	•
		Chat und Telefonrückruf	•

Kategorie	Werkzeug	Möglichkeit des Werkzeugs	Kann/Muss
Die Homepage		Produktvergleich	••
		Produktkonfigurator	•
	Community	Log-in-Bereich	••
		Chat	•
		Kommentare	••
	Multimedia	Video	•
Klassische Online-Werbung	Online-Werbung	Banner schalten	•
		Affiliate-Marketing	••
	E-Mail-Marketing	Verteiler aufbauen	••
		E-Mailings und Newsletter	•
		Werbemails an Fremdadressen	••
Social Web	Online-PR	Marktbeobachtung	•
		Pressebereich	•
	Social Media	Social Media Monitoring	••
		Eigene Seiten erstellen	•
		Videoportale	•
		Fotoportale	•
	Portale	Online-Verzeichnisse	•
		Shopping-Portale	••
		Fachverzeichnisse	•

Ein Weg dorthin ist die Spezialisierung auf bestimmte Produkte. Eine andere mögliche Strategie auf dem Weg zum Online-Erfolg ist die Konzentration auf eine bestimmte Zielgruppe oder ein bestimmtes Thema.

Einen Schritt weiter ist da schon Pinokids. Die »Regenklamotten« für Kinder werden bundesweit auch online geordert. Daneben gibt es jedoch noch einen Laden in Stuttgart. Und ganz wichtig: Das Unternehmen versteckt sich nicht hinter seiner Homepage und einer nervigen Telefonanlage (»Wählen Sie die 1, wenn Sie …«), sondern bietet das an, was am wichtigsten ist: Beratung. Ganz groß steht auf der Shop-Startseite die Aufforderung, doch persönlich anzurufen.

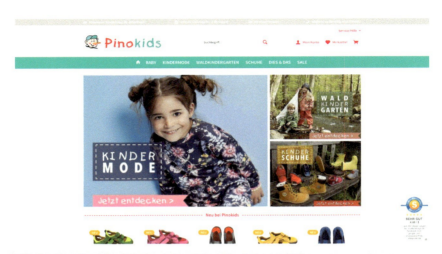

Abb. 2.3: Pinokids verkauft Kindermode online und im Ladengeschäft.

2.3.2   Produkte nur online verkaufen

Wenn Sie parallel zum Ladengeschäft noch einen Online-Shop betreiben, kann es passieren, dass dieser erfolgreicher ist als das Ladengeschäft. Gründe dafür können sein:
- Sie bieten einen prima Service.
- Sie sind auch am Telefon für Kunden erreichbar.
- Sie beraten kompetent und ausführlich.
- Sie haben viele positive Bewertungen im Internet gesammelt. Auf sämtlichen Shopping-Portalen gibt es inzwischen Händlerbewertungen (siehe Kapitel 3.3.6.7 Shopping-Portale). Ein Hauptgrund für die Internetnutzung ist heute sogar explizit die Möglichkeit, dass man hier nicht nur Produkt-, sondern eben auch Händlerbewertungen findet.

Irgendwann kommt dann vielleicht der Punkt, an dem Sie sich fragen, warum Sie überhaupt noch offline verkaufen. Diesen Weg sind viele erfolgreiche Online-Shops gegangen.

Der zweite Weg geht über eCommerce-Plattformen wie eBay oder Amazon. Hier müssen Sie sich nicht um die technische Infrastruktur eines klassischen Online-Shops kümmern, sondern müssen nur Ihre bestehende Produktpalette hochladen und mit einer Beschreibung und Bildern versehen – dafür kassieren Sie aber auch nicht 100 Prozent des Umsatzes, sondern müssen einen Teil an die jeweilige Plattform abgeben.

Es gibt drei Strategien zum Erfolg reiner Online-Shops:

- Nischen-Strategie: Spezialisierung auf bestimmte Produkte oder Zielgruppen – je enger die Nische, desto besser,
- Aldi-Strategie: Verkauf von einigen wenigen gut gehenden Produkten,
- Longtail-Strategie: Riesiger Online-Katalog mit einer Vielzahl aller erdenklichen Produkte.

Wenn jedoch der Online-Vertrieb das einzige Standbein ist, müssen alle Register gezogen werden. Der Shop ist professionell gestaltet und die Tiefe der Produktinformation größer als bei einem stationären Händler. »Content« bedeutet, dass der Kunde alle Informationen erhält, die er vor dem Kauf eines Produkts benötigt. Dazu gehören vergrößerte Fotos, 3-D-Ansicht und eventuell noch die Kommentare und Bewertungen anderer Käufer. Die Shopping-Software sollte in jedem Fall Suchmaschinen-optimiert sein (siehe Kapitel 3.2.1.2 Onpage-Optimierung).

Zusätzlich tragen Sie Ihren Shop in allen Shop-Verzeichnissen ein (siehe Kapitel 3.3.6.7 Shopping-Portale). Die Produkte werden nicht nur bei eBay oder Amazon, sondern auch auf diversen anderen Shopping-Portalen angeboten. Die Lieferzeiten sind extrem kurz und der Kunde wird permanent über den Status seiner Bestellung auf dem Laufenden gehalten. Entsprechend positiv fallen natürlich die Verkäuferbewertungen aus. Diese wiederum sind die Basis für das Vertrauen, das ein Käufer haben muss, der bei einem unbekannten Anbieter einkauft.

Nischen-Strategie: Spezialisierung auf bestimmte Produkte
Wenn Sie in der Nische arbeiten, sind Sie derzeit noch vor Konkurrenz geschützt. Es wird akzeptiert, wenn Ihre Produktinformationen nicht ganz so ausführlich sind und der Versand nicht ganz so schnell geht. Wichtig: Machen Sie keine falschen Versprechungen und wecken Sie keine Hoffnungen, die Sie nicht erfüllen können. Arbeiten Sie kontinuierlich an der Verbesserung von Angebot, Detailinformation und Abwicklung.

Aldi-Strategie: Einige wenige gut gehende Produkte
Wenn Sie gut beraten wollen, kann es sinnvoll sein, nur die Produkte anzubieten, von denen Sie selbst überzeugt sind und die oft verkauft werden. Dafür riskieren Sie, dass Kunden, die etwas anderes suchen, zur Konkurrenz abwandern. Vorteil dieser Strategie ist, dass Sie bessere Beratung anbieten können. Wenn die Produkte zuverlässig sind, bauen Sie sich einen Stamm zufriedener Kunden auf, die sich auch beim nächsten Produkt auf Ihr Urteil verlassen und bei Ihnen kaufen.

Abb. 2.4: Dealcat.de verkauft Topseller ausschließlich online

Dealcat.de geht den Weg, nur ein überschaubares Spektrum gut gehender Produkte zu verkaufen, die auch persönlich getestet wurden. So kann auch eine telefonische Beratung und besserer Kundenservice angeboten werden. Trotzdem geschieht der gesamte Vertrieb online, wenn man von einigen wenigen telefonischen Bestellungen absieht. Der Geschäftsführer kennt seine Produkte und kann diese wegen ihrer Qualität empfehlen. Im Fokus sind MP3-Player, Kopfhörer und GPS-Empfänger. Auch drei Radarwarner sind im Angebot.

Longtail-Strategie: Vielzahl verschiedener Produkte

Dies ist die typische Amazon-Strategie: Unzählige Produkte sind im Katalog, die pro Jahr nur wenige Male verkauft werden. Im klassischen Offline-Handel ist diese Strategie eher suboptimal: Die Ladenfläche ist begrenzt und der Platz, welcher zur Verfügung steht, sollte mit möglichst verkaufsstarken Produkten gefüllt werden – der Produktumschlag ist hoch und die Lagerkosten somit geringer. In der Online-Welt sieht dies aber anders aus: Die »Ladenfläche« Ihres Shops ist schier endlos. Sie könnten Interessenten aus der ganzen Welt ansprechen und mit einer differenzierten SEO-Strategie mehrere Nischen abdecken. Ein Lager brauchen Sie in der Regel natürlich dennoch, aber dafür haben Sie keine hohen Mietkosten oder eine Beschränkung hinsichtlich des Standorts der Kunden. Wichtig ist nur, dass Sie die Kompetenz bei den angebotenen Produktgruppen nicht verlieren und somit eine hohe Servicequalität aufrechterhalten.

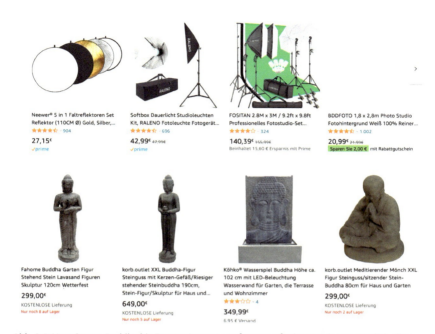

Abb. 2.5: Vom Garten-Buddha bis Fotoequipment – auf Amazon finden Kunden so ziemlich alles, wonach sie suchen

2.3.3   Großer Multichannel-Anbieter

Wenn bei Ihnen sowohl das Ladengeschäft »brummt« als auch der Online-Vertrieb boomt, sollten Sie ausbauen. Und zwar sowohl online wie offline. Eröffnen Sie weitere Filialen in der Region – und dann in der ganzen Republik. Den Online-Versand bieten Sie als Service. Je größer Ihr Unternehmen wird, umso öfter entstehen Synergien in beide Richtungen. Es gibt schon gute Gründe dafür, dass alle Filialnetzbetreiber auch ihr Online-Engagement verstärken, sowohl zur Umsatzsteigerung als auch zur Kundenbindung.

Unternehmen, die Multichannel-fähig sind, haben zwei Vorteile. Erstens verkaufen sie mehr, und zweitens sprechen sie Zielgruppen an, die überproportional mehr Umsatz bringen. Douglas, Weltbild, Tchibo oder Conrad sind Beispiele für Unternehmen, die schon seit langem erfolgreich auf eine Kombination von Vertriebskanälen setzen. Für diese Unternehmen sind alle drei Aspekte wichtig: Das Unternehmen auch online bekannt zu machen, Kunden zu binden und natürlich im Online-Shop zusätzlich Produkte zu verkaufen.

BEISPIEL: GLOBETROTTER SETZT AUF MULTICHANNEL

Der Freizeit-Spezialist Globetrotter setzt gezielt die Stärken der jeweiligen Kanäle ein. Die Filialen sind dazu da, Dinge zu tun, die eben nur dort gehen: In der Kältekammer kann der Kunde spüren, ob der Anorak warmhält, oder unter der Sturmdusche probieren, ob die Regenjacke dicht ist. Er kann aber auch im Indoor-Becken ein Kajak ausprobieren.

Online dagegen gibt es Detailinformationen zu allem, was gefragt ist. Produkte können bewertet und kommentiert werden. Es gibt einen umfangreichen Beratungsbereich zu Produkten, Marken und Materialien, darüber hinaus viele Funktionen wie Forum, Gebrauchtmarkt und Reisepartnervermittlung. Auch das iPad wird als Vertriebskanal genutzt.

Abb. 2.6: Globetrotter ist stark im Multichannel-Vertrieb. Online gibt es Beratung, Kommentare und Foren

2.4   Produktbekanntheits-Paket

Sie fragen sich vielleicht, wo der Unterschied ist, ob ich ein Unternehmen oder seine Produkte bekannt mache. Bei kleinen Unternehmen macht das keinen großen Unterschied, wohl aber bei großen. Als Produktmanager haben Sie nur sehr geringe Einflussmöglichkeiten auf die Internetaktivitäten Ihres Unternehmens. An dieser Stelle folgen Tipps, was Sie selbst unternehmen können und um was Sie bei der Marketingabteilung bitten sollten.

Ihr Marketing sorgt für gute Rahmenbedingungen. Dies sind: Auffindbarkeit Ihres Produkts auf der Homepage und in Suchmaschinen. Eventuell haben Sie für Ihre Produkte auch eigene Domainnamen. Aber Vorsicht: Das sieht zwar gut aus, kann aber bei Suchmaschinen kontraproduktiv wirken. Aus deren Sicht ist das dann eventuell eine kleine, unbedeutende Website. Sie profitieren also nicht von der guten Suchmaschinenpositionierung Ihres Unternehmens.

Auf das Webdesign haben Sie meist wenig Einfluss. Einmal wird ein Text erstellt, und das war es dann. Jede spätere Änderung oder Ergänzung ist aufwändig. Sie können jedoch darum bitten, auf Ihren Produktseiten einen RSS-Feed (siehe Kapitel 3.1.3.2 RSS-Inhalte einbauen) einzubauen. Über diesen liefern Sie dann regelmäßige News zum Produkt. Diese News generieren Sie auf eine recht simple Methode: Sie führen ein Blog. Das Einrichten ist ein Kinderspiel (siehe auch Kapitel 3.1.7.1 Blog mieten) – aber woher die News nehmen? Berichten Sie doch einfach, was die Presse über Ihr Produkt sagt. Wie das ganz einfach automatisch geht, steht im Kapitel Marktbeobachtung (in Kapitel 3.3.1). Auch dieses Thema ist für Sie ein absolutes Pflichtprogramm: Sie brauchen unbedingt einen automatischen Benachrichtigungsdienst, der »anschlägt«, sobald jemand über Ihr Produkt lästert – oder es lobt. Und wenn niemand über Ihr Produkt redet oder berichtet? Dann lassen Sie doch einfach Ihre Kunden zu Wort kommen und schreiben es in Ihren Blog.

Doch noch einmal zurück zur Homepage: Bitten Sie darum, in Erwägung zu ziehen, ob ein Wiki, ein Produktvergleichssystem oder gar ein Produktkonfigurator entwickelt werden könnte (siehe Kapitel 3.1.5 Beratungssysteme). Kunden wollen oft auch einfach nur wissen, welches Produkt zu ihren Wünschen passt. Das Einzige, was Sie in Bezug auf Werbung vielleicht in die Hand nehmen können, sind Kooperationen, um Links auf Ihr Produkt zu schalten. Auch können Sie Textanzeigen buchen. Sie wissen als Produktmanager am besten, nach welchen Stichworten Ihre Zielgruppe sucht.

Wenn Ihr Unternehmen Podcasts, Videos oder Online-Pressemeldungen anbietet, sehen Sie nach, ob Ihr Produkt da auch adäquat vertreten ist. Natürlich können Sie auch eine Pressemeldung über Ihren Presseverteiler absetzen. Und wenn in Ihrer PR-Agentur »Schnarchnasen« sitzen, legen Sie selbst Hand an: Publizieren Sie Ihre Pressemitteilung gleich noch auf einer Handvoll Online-Presseportalen (in Kapitel 3.3.1 Presseportale). Das geht fix und wirkt. Notieren Sie sich die Log-in-Daten gut, dann geht es beim zweiten Mal ganz schnell.

Selbst, wenn Sie es nicht schaffen, einen RSS-Feed auf Ihren Produktseiten zu platzieren, sollten Sie trotzdem ein Blog einrichten. Zumindest dann, wenn Sie eine überschaubare Anzahl von Produkten haben. Der Vorteil: Sie kommen über die Kommentarfunktion mit Kunden direkt ins Gespräch. Das Blog müssen Sie nicht unbedingt bei sich selbst hosten, sondern können die Technik auch bequem mieten. Auch E-Mailings sind sinnvoll: Suchen Sie aus dem Gesamtverteiler die Adressen heraus, für die Ihr Produkt relevant ist, und versenden Sie Produktinformationen. Einen eigenen Verteiler sollten Sie nicht aufbauen, das ist zentrale Aufgabe der Marketingabteilung. Was Sie allerdings tun können: Werbemails an angemietete Adressen verschicken oder auch Anzeigen in spezifischen Newslettern publizieren.

Soziale Medien bieten eine Reihe bequemer Möglichkeiten, die eigenen Produkte bekannt zu machen. Eine eigene Produktseite einzurichten ist technisch kein Problem.

Unterschätzen Sie jedoch den Aufwand für das Bereitstellen interessanter Inhalte nicht. Auch kommen die Fans nicht von selbst. Hier ist aktive Werbung nötig. Vor allem aber sollten Sie neben der Eigenwerbung den Dialog nicht vergessen. Nutzerfragen sollten beantwortet und Kommentare eventuell gelobt oder kommentiert werden. Das sollte mit Sympathie und Zurückhaltung geschehen. Wer keine Erfahrung im Umgang mit sozialen Medien hat, sollte sich vorab kundig machen oder die Finger davon lassen. Kommunikation mit dem Holzhammer funktioniert dort nicht. Nutzen Sie auch die Möglichkeit, aktiv nach Kommentaren zu suchen.

Suchen Sie auch auf Bloggerei.de oder Googles News-Suchmaschine nach Ihrem Produktnamen. Wenn es positives Feedback gibt, bedanken Sie sich mit einem Kommentar. Wenn es (berechtigte) Kritik gibt, nehmen Sie diese ernst und erklären Sie Ihre Position sachlich.

Das Gleiche können Sie in Foren, auf Videoportalen und eigentlich auf allen Plattformen machen. Aber es ist wie im echten Leben: Wenn Sie die Gepflogenheiten nicht kennen, halten Sie sich erst mal dezent im Hintergrund und beobachten Sie die anderen. Und dann steigen Sie vielleicht auch ins Microblogging und Livestreaming (siehe Abschnitt über Twitter in Kapitel 3.3.4) ein: Ihr Produkt wird zum »Botschafter«. Es ist authentisch und es ist Teil des Lebens der Zielgruppe.

Die folgende Liste soll Ihnen als Orientierungshilfe darüber dienen, welche Werkzeuge es für die Steigerung der Produktbekanntheit gibt, welche Möglichkeiten sie bieten und wie wichtig sie sind. Mithilfe dieser Liste finden Sie »Ihr Werkzeug« auch schnell in diesem Buch.

Übersicht Werkzeuge »Produkt bekannt machen«
• Kann-Werkzeug •• Muss-Werkzeug

Kategorie	Werkzeug	Möglichkeit des Werkzeugs	Kann/Muss
Die Home-page	Domain-Marketing	Domain-Weiterleitung	•
		Eigene Domain	••
		Mehrere Domains	•
	Webdesign	RSS-Inhalte einbauen	•
		Landingpages	•
	Beratungssysteme	Wiki	•
		Produktvergleich	•
		Produktkonfigurator	•

Kategorie	Werkzeug	Möglichkeit des Werkzeugs	Kann/Muss
Die Home-page	Weblogs	Blog mieten	•
		Blog selbst hosten	•
Klassische Online- Wer-bung	Suchmaschinen-Marketing	Suchmaschinen-Anzeigen	••
	E-Mail-Marketing	E-Mailings und Newsletter	••
		Werbemails an Fremdadressen	••
Social Web	Online-PR	Marktbeobachtung	••
		Presseportale	••
	Social Media	Social Media Monitoring	••
		Eigene Seiten erstellen	••
		Communitys und Foren	•
		Videoportale	••
		Fotoportale	••
	Portale	Shopping-Portale	•

2.5   Marken-Paket

Wenn Sie statt für viele Produkte für eine einzige Marke verantwortlich sind, ist die Situation anders. Um eine Marke bekannt zu machen, gelten ähnliche Regeln, wie wenn Sie ein Unternehmen einführen – nur etwas anders. Das fängt schon beim Domainnamen an. Marken machen Markenwerbung. Dabei kann es sinnvoll sein, für eine spezifische Werbekampagne auch eine besondere Domain zu nutzen. Die Suchmaschinen-Optimierung über viel Content spielt (siehe Kapitel 3.2.1.2 Onpage-Optimierung) eine untergeordnete Rolle. Daher ist es auch kein Problem, mit vielen verschiedenen Domains zu spielen. Natürlich sind die wichtigsten Informationen immer auch unter dem Markennamen (mit einem .de, .at oder .ch dahinter) zu finden. Ihre Applikationen sollten auf einem eigenen Server bzw. auf dem Server der Agentur laufen. Da haben Sie mehr Freiheit, um technische Spielereien (siehe Kapitel 3.1.2.3 Eigener Server) für Kampagnen zu nutzen. Also zum Beispiel schnell einmal ein Gewinnspiel aufzusetzen, bei dem die User eigene Bilder hochladen können.

Neben einer 0800er-Telefonnummer kann zunehmend auch das Internet für die Kommunikation mit dem Endverbraucher eine Rolle spielen. E-Mail-Response-Management und Chat sollten also in Erwägung gezogen werden. Der Aufbau einer Community (siehe Kapitel 3.1.6 Community) mit allem, was dazugehört, ist natürlich das größte Ziel einer Marke. Manchen gelingt es – vielen nicht.

Jägermeister geht einen etwas anderen Weg im Webdesign – und nutzt alle Möglichkeiten der Community-Funktionen.

Frosta hat mit seinem Blog sehr erfolgreich eine Community aufgebaut, viele andere Marken arbeiten noch daran.

Multimediale Inhalte sind natürlich Pflicht. Entweder wird der aktuelle Werbespot gezeigt oder es läuft Musik im Hintergrund. In jedem Fall »ist etwas los« auf einer guten Markenwebsite.

Suchwortanzeigen sind wichtig, wenn eine Kampagne läuft. Menschen suchen nach allem, was im Zusammenhang mit der Kampagne steht. Und zwar in Suchmaschinen. Also schalten Sie für alle Stichworte, die Ihnen einfallen, eine Textanzeige (siehe Kapitel 3.2.1.4 Suchmaschinen-Anzeigen). So stehen Sie mit Ihrer Kampagne immer oben.

Abb. 2.7: Red Bull nutzt verschiedene Community-Funktionen: Blogs, Kommentare, Video, Chat, Termine, Spiele und Fotos

Banneranzeigen gehören ebenfalls zum Pflichtprogramm einer crossmedialen Kampagne (und welche Marke kann es sich heute noch leisten, nicht crossmedial zu werben?). Ob Sie E-Mails einsetzen, hängt von der Kampagne ab. Wenn der Dialog zu den Kampagnenzielen gehört, sollte auch ein E-Mail-Rückkanal eingeplant werden. Aber unterschätzen Sie dabei nicht den Aufwand eines professionellen E-Mail-Response-Managements (siehe Kapitel 3.1.5.2 E-Mail-Response-Management). Generell sollten Sie aber auch als Marke den direkten Dialog mit Interessenten per E-Mail aufbauen und pflegen.

Viele Markenkampagnen werden heute ins Social Web verlängert. Facebook, Instagram und Co. bieten vielfältige Möglichkeiten der Interaktion mit der Zielgruppe. Vor allem aber können interessante Kampagnen direkt an Freunde weiterempfohlen werden. Und diese empfehlen es dann wiederum weiter. So entsteht eine Lawine von Einträgen, ohne dass der Initiator noch viel dazu tun muss. Das funktioniert, aber auch wirklich nur dann, wenn die Kampagne interessant und empfehlenswert ist.

Video- und Bildportale sind da einfacher: Sie stellen Ihr entsprechendes Material online zur Verfügung. Wenn die Spots witzig sind, werden sie begeistert weitergereicht. Es gibt viele Videos, die heute ausschließlich für YouTube & Co. gedreht werden und auch nur dort zu sehen sind.

Die folgende Liste soll Ihnen als Orientierungshilfe dienen, welche Werkzeuge es für das Bekanntmachen von Marken gibt, welche Möglichkeiten sie bieten und wie wichtig sie sind. Mithilfe dieser Liste finden Sie »Ihr Werkzeug« auch schnell in diesem Buch.

Übersicht Werkzeuge »Marke bekannt machen«

• Kann-Werkzeug •• Muss-Werkzeug

Kategorie	Werkzeug	Möglichkeit des Werkzeugs	Kann/Muss
Die Home-page	Domain-Marketing	Eigene Domain	•
		Mehrere Domains	••
	Hosting	Eigener Server	•
	Webdesign	RSS-Inhalte einbauen	•
		Landingpages	•
	Beratungssysteme	E-Mail-Response-Management	•
		Chat und Telefonrückruf	•
	Community	Log-in-Bereich	•
		Forum	•
		Chat	•
		Kommentare	•
	Weblogs	Blog selbst hosten	•
	Multimedia	Podcast	•
		Video	••
		RSS-Feed anbieten	•

Kategorie	Werkzeug	Möglichkeit des Werkzeugs	Kann/Muss
Klassische Online-Werbung	Suchmaschinen-Marketing	Suchmaschinen-Anzeigen	•
	Online-Werbung	Banner schalten	••
	E-Mail-Marketing	Verteiler aufbauen	••
		E-Mailings und Newsletter	•
		Werbemails an Fremdadressen	•
Social Web	Online-PR	Marktbeobachtung	••
	Social Media	Social Media Monitoring	••
		Eigene Seiten erstellen	••
		Videoportale	•
		Fotoportale	•
	Portale	Fachverzeichnisse	•

3 Welche Online-Marketing-Werkzeuge brauchen Sie für die Umsetzung?

3.1 Die Homepage

3.1.1 Domain-Marketing

Die eigene Domain ist die gute Adresse im Internet. Dabei gibt es einiges zu beachten. Wählen Sie einen Namen, der noch nicht belegt ist, der Ihrem ähnelt und der eventuell das wichtigste Suchwort mit im Namen hat.

Wenn Sie Reifen verkaufen, ist reifen-fuchs.de eine gute Adresse. Das Suchwort »Reifen« kommt als alleinstehendes Wort vor. Wenn Ihre Adresse seit Jahren schon reifenfuchs.de lautet, dann behalten Sie diese bei.

Abb. 3.1: United-domains verwaltet .de-Domains: Wer ist Domaininhaber und welche Domain ist noch frei?

Falls Sie noch keinen Domainnamen haben, können Sie diesen bei jedem Provider registrieren. Oft sind in diesen Paketen gleich mehrere Domains enthalten. Möglicherweise macht das auch alles Ihre Agentur für Sie. Wichtig ist nur, dass Sie selbst als Domaininhaber und als administrativer Ansprechpartner eingetragen sind.

Bevor Sie eine Domain registrieren, schauen Sie bitte nach, ob der Name schon von anderen verwendet wird. Dazu suchen Sie nicht nur in Google, sondern gleich in einer Metasuchmaschine wie MetaGer. Diese durchsucht gleichzeitig sehr viele verschiedene Suchmaschinen. Auch eine Recherche beim Patentamt kann nützlich sein. Vielleicht ist die Wortmarke ja schon reserviert?

Abb. 3.2: Eine kurze Markenrecherche bei register.dpma.de/ kann viel Ärger ersparen

3.1.1.1   Domain-Weiterleitung

Normalerweise haben Sie Domain und Homepage bei einem Anbieter. Wenn Sie aber nur ein kleines Unternehmen sind oder nur für ein spezielles Projekt eine Domain benötigen, können Sie auch mit einer Domain-Weiterleitung arbeiten. Interessant ist das zum Beispiel, wenn Sie nur eine Unterseite auf einem anderen Server haben.

Ein Beispiel: Sie haben noch gar keine Homepage, es gibt aber schon etwas über Sie im Internet: https://branchenbuch.meinestadt.de/worms/company/1871308. Das ist natürlich eine etwas umständliche Adresse. Daher registrieren Sie sich den Namen Friseursalon-Heinemann.de. Vorher schauen Sie noch bei Denic.de nach, ob die Adresse noch frei ist. Dann gehen Sie zu einem Domainverwalter wie United-Domains und registrieren dort die Domain. Das kostet Sie nur einen Euro im Monat. Der Vorteil: Sie können beliebig weiterleiten. Wenn Ihnen der Eintrag in den Gelben Seiten besser gefällt als der in Meine-Stadt.de, dann tragen Sie einfach diese Adresse als Weiterleitung ein.

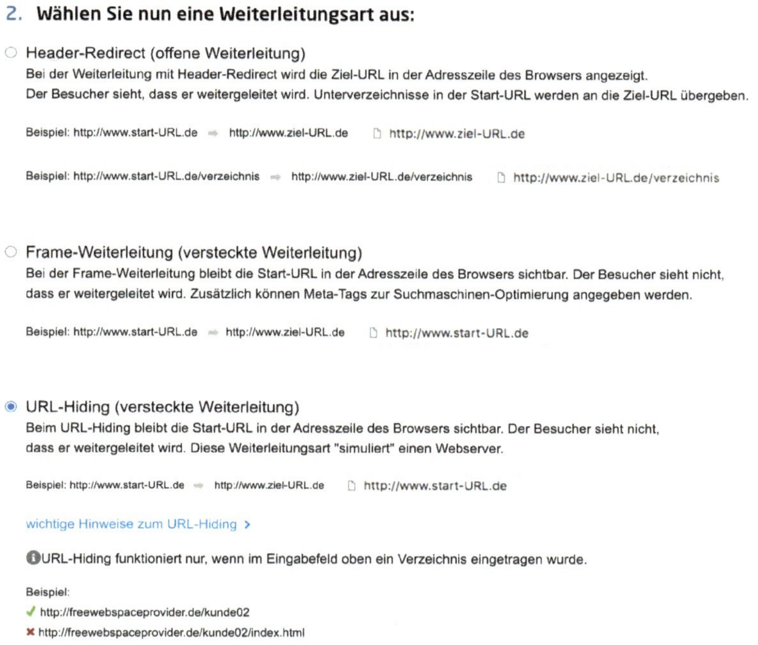

2. Wählen Sie nun eine Weiterleitungsart aus:

○ Header-Redirect (offene Weiterleitung)
Bei der Weiterleitung mit Header-Redirect wird die Ziel-URL in der Adresszeile des Browsers angezeigt.
Der Besucher sieht, dass er weitergeleitet wird. Unterverzeichnisse in der Start-URL werden an die Ziel-URL übergeben.

Beispiel: http://www.start-URL.de ⇒ http://www.ziel-URL.de   ⬜ http://www.ziel-URL.de

Beispiel: http://www.start-URL.de/verzeichnis ⇒ http://www.ziel-URL.de/verzeichnis   ⬜ http://www.ziel-URL.de/verzeichnis

○ Frame-Weiterleitung (versteckte Weiterleitung)
Bei der Frame-Weiterleitung bleibt die Start-URL in der Adresszeile des Browsers sichtbar. Der Besucher sieht nicht,
dass er weitergeleitet wird. Zusätzlich können Meta-Tags zur Suchmaschinen-Optimierung angegeben werden.

Beispiel: http://www.start-URL.de ⇒ http://www.ziel-URL.de   ⬜ http://www.start-URL.de

◉ URL-Hiding (versteckte Weiterleitung)
Beim URL-Hiding bleibt die Start-URL in der Adresszeile des Browsers sichtbar. Der Besucher sieht nicht,
dass er weitergeleitet wird. Diese Weiterleitungsart "simuliert" einen Webserver.

Beispiel: http://www.start-URL.de ⇒ http://www.ziel-URL.de   ⬜ http://www.start-URL.de

wichtige Hinweise zum URL-Hiding ›

ⓘ URL-Hiding funktioniert nur, wenn im Eingabefeld oben ein Verzeichnis eingetragen wurde.

Beispiel:
✓ http://freewebspaceprovider.de/kunde02
✗ http://freewebspaceprovider.de/kunde02/index.html

Abb. 3.3: Wenn Sie keine eigene Homepage haben, leisten Sie sich zumindest einen Domainnamen und leiten diesen auf eine beliebige Seite weiter

Das Gleiche können Sie tun, wenn Sie für ein Projekt oder ein Produkt zunächst einmal noch gar keine eigene Homepage einrichten wollen, sondern mit einem gemieteten Blog beginnen.

3.1.1.2   Eigene Domain

Der Normalfall wird jedoch sein, dass Sie bereits eine Adresse reserviert haben. Bitte konzentrieren Sie sich auch weiterhin auf diese Adresse. Je länger Sie die Adresse bereits nutzen, desto besser. Ein wichtiges Kriterium für das Ranking (mehr dazu in Kapitel 3.2.1.2 Onpage-Optimierung) bei Suchmaschinen ist nämlich das Alter der Domain. Mit einem frischen Domainnamen landen Sie erst einmal für einige Monate in der »Sandbox«. Das heißt, dass Ihre Seite in den Suchmaschinen schlicht und einfach nicht gefunden wird oder in den Trefferlisten sehr weit unten steht. Wie alt Ihre Domain ist, erfahren Sie bei Archive.org. Dort können Sie übrigens auch nachsehen, wie die Website früher aussah.

INTERNET ARCHIVE

WayBackMachine

Enter Web Address: http://www.heise.de   All   Take Me Back   Adv. Search Compare Archive

Search Results for Jan 01, 1996 - Jan 24, 2008

1996	1997	1998	1999	2000	2001	2002
1 pages	1 pages	3 pages	11 pages	40 pages	228 pages	22 pages
Dec 22, 1996 *	Dec 12, 1997 *	Feb 03, 1998 *	Jan 25, 1999 *	Feb 29, 2000 *	Jan 07, 2001 *	Mar 28, 2002 *
		Dec 12, 1998 *	Jan 25, 1999 *	Feb 29, 2000 *	Jan 18, 2001 *	Mar 31, 2002 *
		Dec 12, 1998 *	Feb 03, 1999 *	Mar 02, 2000 *	Jan 18, 2001 *	May 23, 2002 *
			Feb 03, 1999 *	Mar 02, 2000 *	Jan 30, 2001 *	May 26, 2002 *
			Feb 08, 1999 *	Mar 03, 2000 *	Mar 01, 2001 *	May 27, 2002 *
			Feb 25, 1999 *	Mar 04, 2000 *	Mar 01, 2001 *	May 29, 2002 *
Searched for http://www.heise.de			Apr 17, 1999 *	Apr 08, 2000 *	Mar 01, 2001 *	Jun 01, 2002 *
			Apr 21, 1999 *	May 10, 2000 *	Mar 01, 2001 *	Jun 02, 2002 *
			Apr 30, 1999 *	May 11, 2000 *	Mar 01, 2001 *	Jun 03, 2002 *
			Oct 13, 1999 *	May 11, 2000 *	Mar 01, 2001 *	Jul 20, 2002 *
			Nov 03, 1999 *	May 11, 2000 *	Mar 01, 2001 *	Jul 21, 2002 *
				May 11, 2000 *	Mar 01, 2001 *	Aug 02, 2002 *

Abb. 3.4: Bei archive.org sehen Sie, wie die Heise-Homepage vor zwölf Jahren aussah

3.1.1.3   Mehrere Domains

Wenn Sie mehrere Domains haben, bündeln Sie die Inhalte auf einer Hauptdomain. Arbeiten Sie lieber mit Subdomains. Also statt der drei Adressen Reifenfuchs.de, Fuchs-Sommerreifen.de und Racingcars.de lieber eine Hauptdomain Reifenfuchs und zwei Subdomains Sommer.Reifenfuchs.de und Racing.Reifenfuchs.de. Das ist besser, weil dann für die Suchmaschinen die Domain reifenfuchs.de die gebündelte Reputation all Ihrer Aktivitäten abbekommt. Ansonsten verteilt sich Ihr guter Ruf auf viele kleine Einzeldomains.

Die Webangebote dahinter können wie bisher auf völlig verschiedenen Servern mit eigenen IP-Adressen laufen. Der Vorteil: Für die Suchmaschinen und für viele Rankings gewinnt Ihre Hauptdomain an Stärke. Außerdem entfällt das Problem, dass gleiche Inhalte auf zwei Domains gleichzeitig auftauchen. So etwas mag Google nämlich nicht. Wenn Sie in einem Anfall von Kaufrausch ganz viele Domains gekauft haben, schalten Sie einen sogenannten 301er-Redirect-Umzugshinweis (»Moved Permanently«) auf Ihre Hauptdomain. Auch das stärkt Ihre Position bei den Suchmaschinen. Prüfen können Sie so etwas unter https://techseo.de/statuscodes/.

Unter ipnr.rehbein.net können Sie auch gleich noch sehen, unter welcher IP-Adresse Ihre Domain läuft und bei welchem Provider sie gehostet ist. Dazu klicken Sie einfach auf die IP-Adresse drauf. Hier sehen Sie auch, wie schnell Ihr Server ist. Es ist manchmal sehr aufschlussreich, solch eine Analyse auch mit den Webseiten der Mitbewerber durchzuführen. So erfahren Sie, welche Systeme auf welchen Maschinen wie gut laufen.

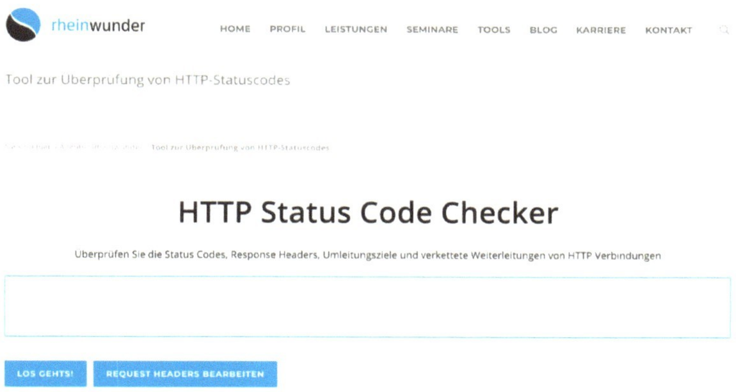

Abb. 3.5: Rheinwunder zeigt, ob Zusatzdomains suchmaschinenfreundlich mit »301– Moved Permanently« weitergeleitet werden (https://rheinwunder.com/http-statuscode-checker/)

Nun noch die Frage nach der Top-Level-Domain .de, .com und .net. Alle kosten einen Euro im Monat, aber nicht alle machen Sinn. Wenn Ihre de-Wunschadresse nicht mehr frei ist, sollten Sie besser noch etwas dranhängen: Meier24.de oder Meier-Online.de.

Wenn Sie noch in anderen Ländern unterwegs sind, wählen Sie die Landes-Top-Level-Domain, wenn Sie dort eine eigene Filiale haben und viel Außen- und Printwerbung machen. Ansonsten können Sie statt meier.fr, Meier.sk und maier.pl auch eine einzige internationale Domain verwenden. Die Länder nehmen Sie dann als Subdomain: de.meier.com, fr.meier.com und pl.meier.com.

Noch ein kleiner Trick, um mehr Kunden zu gewinnen: Reservieren Sie nicht nur Ihren Namen, sondern auch dessen Tippfehler (siehe Kapitel 3.2.1.1 Suchworte finden). Probieren Sie einmal, in Ihrem Browser Goggle.de oder Googel.de einzugeben. Nie kommt eine Fehlermeldung, Sie landen immer korrekt bei Google.de.

Wie viele Menschen nachlässig mit der Rechtschreibung umgehen, erfahren Sie im Kapitel Suchworte finden. Bei Umlaut-Domain sollten Sie aufpassen: Nicht immer funktioniert alles wirklich problemlos. Wenn Sie das Pech haben, einen Umlaut im Namen zu haben, leiten Sie die Umlaut-Domain weiter auf die umlautfreie Hauptdomain (Müller – Mueller).

3.1.2   Hosting

3.1.2.1   Homepage-Baukasten

Für fünf Euro im Monat bekommen Sie bereits eine einfache Homepage. Wenn Ihnen das zu viel ist, bleibt nur die Gratishomepage. Diese finanziert sich, indem Werbung von anderen Unternehmen dort angezeigt wird oder keine eigene Domain ausgewählt werden kann. Sie finden eine ganze Reihe solcher Anbieter, wenn Sie einfach bei Portalen wie Kostenlos.de suchen oder in Suchmaschinen den Suchbegriff »Gratis-Homepage« eingeben.

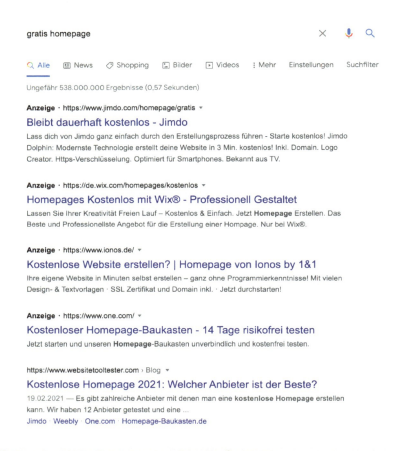

Abb. 3.6: Anbieter kostenloser Homepages gibt es zuhauf im Internet

Zu den bekanntesten Baukastensystemen zählen Jimdo und Wix. Darüber hinaus bieten viele Webhosting-Anbieter wie Ionos oder Strato eigene Baukastensysteme an, welche in der Domain inklusive sind. Auch für WordPress gibt es etliche sogenannte PageBuilder, welche installiert werden können, um sich per Drag and Drop eine Webseite zusammenzubasteln.

Achten Sie auf eine einfache Bedienbarkeit. Das gilt besonders, wenn Sie sich eher nebenbei mit Ihrer Homepage beschäftigen. Wenn es nur wenige Handgriffe braucht, um eine Seite einzurichten, kann das ein wichtiger Vorteil sein. Auch das Ändern von Inhalten sollte einfach und intuitiv erfolgen. Achten Sie auch darauf, dass die Webseite mit Ihnen mitwachsen kann:

- Wie groß sind die Upgrade-Kosten für weitere Funktionspakete?
- Wie gut sind die Ladezeiten der Webseite?
- Wie umfangreich sind die SEO-Funktionen des Baukastens?
- Gibt es verschiedene Designvorlagen und inwieweit können diese individualisiert werden?
- Gibt es die Möglichkeit, ein Shopsystem oder einen Blog einzubinden?

3.1.2.2   Webspace mieten

Wenn es um Ihre Firma geht, sollten Sie auch professionelles Hosting haben. Es gibt unzählige Komponenten, die Sie heute inklusive erhalten, wenn Sie mit einem Provider einen Hosting-Vertrag schließen. Die wichtigsten Dinge bekommen Sie heute schon für weniger als zwanzig Euro im Monat. Dazu gehören mehrere Domainnamen auch unter verschiedenen Top-Level-Domains. Das heißt, dass Sie neben Ihrer .de-Domain gleich auch noch .com, .at, .eu, .biz und .info als Endung reservieren. Wozu das gut sein soll, müssen Sie selbst entscheiden. Ich sehe darin keinen gesteigerten Nutzen. Meine eigene Domain absolit.com leiste ich mir aus reiner Nostalgie. Wichtig ist, dass Sie sich später auf eine Domain konzentrieren. Das erhöht Ihre Effektivität beim Suchmaschinen-Marketing. Auch erhalten Sie noch einige Subdomains. Das ist der Name vor dem Domainnamen, wo normalerweise ein »www« steht. Auch das brauchen Sie normalerweise nicht.

Ebenfalls inklusive sind meist mehrere hundert E-Mail-Adressen sowie – und das ist wichtig – ein Konfigurationsprogramm. Das heißt, dass Sie selbst blitzschnell neue E-Mail-Adressen von Mitarbeitern anlegen oder auch weiterleiten können. Genauso einfach ist es, einen Autoresponder zu schalten. Das ist zum Beispiel eine automatische Urlaubsmeldung, in der steht, ob und wann die eingegangene E-Mail bearbeitet wird. Ebenfalls inkludiert ist ein Webmailer. Das ist die Möglichkeit, von unterwegs per Browser von einem beliebigen Rechner aus auf die eigenen E-Mails zugreifen zu können.

Das Datenvolumen ist heute meist ausreichend, ebenso der monatliche Traffic, den Sie frei haben. Knapp kann es nur werden, wenn Sie Video- oder Audio-Dateien selbst hosten. Aber da muss schon viel Besucherverkehr auf Ihrer Seite sein, damit das zum Problem wird. Oft ist ein Homepage-Baukasten oder ein HTML-Bearbeitungsprogramm dabei. Bei manchen Providern gibt es noch Blogs, Fotoalben oder spezielle Content-Module dazu. Wichtig ist, dass Sie ungehindert Dateien auf Ihren Server verschieben können. Oft haben Sie auch noch die Möglichkeit, eigene MySQL-Datenbanken anzulegen. Das ist zum Beispiel wichtig, wenn Sie mit WordPress Ihr eigenes Blog einrichten möchten (siehe Kapitel 3.1.7.2 Blog selbst hosten).

Abb. 3.7: Online wird die Homepage bequem verwaltet. So können zum Beispiel schnell neue E-Mail-Adressen eingerichtet werden

3.1.2.3   Eigener Server

Ein eigener Server ist dann sinnvoll, wenn viele eigene Applikationen darauf laufen sollen. So können Sie bequem Ihr eigenes Content-Management-System installieren und konfigurieren. Oder Sie richten sich ein E-Mail-Response-Management-System ein. Oder ein eigenes Weblog, einen Produktkonfigurator, eine Videoplattform, ein Bildarchiv oder eine eigene Community. Heute ist es längst nicht mehr so, dass Sie dazu einen eigenen Raum mit hohen Serverschränken, dicken Kabeln, lauter Klimaanlage und doppelter Stromversorgung brauchen. Stattdessen mieten Sie sich in einem professionellen Rechenzentrum ein, das Ihnen eine viel höhere Ausfallsicherheit garantieren kann.

In einem solchen Rechenzentrum können Sie entweder alles selbst machen oder alles machen lassen. Die erste Variante heißt »Managed Server«. Das ist ein Server, der durch den Provider administriert wird. Das ist bequemer, aber auch etwas teurer. Hier brauchen Sie sich keine Sorgen um Sicherheitseinstellungen, Konfiguration und Betrieb zu machen. Dies übernimmt der Provider für Sie. Dafür haben Sie weniger eigene Möglichkeiten. Die Stichworte bei einer Anbietersuche in Google sind »dedizierter Server« und »managed server«.

Die zweite Variante ist der eigene Server. Damit können Sie machen, was Sie wollen. Ein vollständig selbstadministrierter Server macht mehr Arbeit, spart dabei aber deutlich Kosten. In der Praxis sieht es meist so aus, dass Ihre Techniker zuhause das Maschinchen einrichten und konfigurieren. Dieser Server ist so groß wie ein normaler Rechner und kommt wie eine Schublade in einen Serverschrank. Dieser heißt »Rack« und steht in einem gekühlten Raum, in den Sie nur nach einer dreifachen Sicherheitskontrolle und mit Antistatikschuhen reinkommen. Oft gehört Ihnen auch das gesamte Rack. Das Stichwort bei einer Anbieterrecherche heißt »Colocation«.

3.1.3   Webdesign

3.1.3.1   Content

Das A und O guter Webseiten sind gute Inhalte. In einem Shop wollen Käufer so viele Informationen zu einem Produkt wie möglich. Auf einer reinen Image-Seite werden Informationen zum Unternehmen oder zu relevanten Themen gesucht. Um diese Inhalte zu verwalten, gibt es drei Möglichkeiten:

* Sie lernen die Dokumentensprachen HTML, CSS und JavaScript und programmieren Seite um Seite Ihren Webauftritt. Alternativ können Sie auch einen Webeditor wie Visual Code Studio, Dreamweaver oder Sublime Text verwenden.
* Sie nutzen das, was Ihnen Ihr Provider als »Homepage-Baukasten« vor die Nase setzt.
* Sie machen das, was die meisten Profis heute tun: Sie nutzen ein Content-Management-System. Das bedeutet, dass Sie neue Seiten recht leicht erstellen können, ohne Programmierkenntnisse zu besitzen. Und das Wichtigste: Es kann dabei nichts »kaputtgehen«. Es gibt also keine toten Links oder defekte Tabellen.

WordPress, Drupal und Typo3 sind die verbreitetsten Open-Source-Systeme. Der Vorteil von Open-Source-Systemen ist, dass sie nichts kosten. Der Nachteil ist, dass es u. U. viel, viel Arbeitszeit kostet, bis die Systeme endlich so laufen, wie Sie das erwarten. Bei Lizenzsoftware dagegen haben Sie vollen Support. CMS gibt es von vielen Anbietern, wie zum Beispiel WordPress, Shopify, Joomla! oder Squarespace.

Unterschieden wird zwischen Web Content Management und Enterprise Content Management. Der erste Begriff bezieht sich nur auf die Publikation von Inhalten im Web. Der zweite Begriff beinhaltet die Organisation sämtlicher Dokumente eines Unternehmens. Web-Content-Management-Systeme (CMS) verwalten Inhalte, Produktkataloge, Presseinformationen und News. Wichtig ist, dass man diese Inhalte beliebig wiederverwenden kann. Ein gutes CMS ist außerdem optimiert für Suchmaschinen. Diese haben nämlich ganz besondere Ansprüche an die Präsentation der Inhalte.

CMS	Marktanteil
WordPress	64,2 %
Shopify	5,2 %
Joomla!	3,5 %
Squarespace	2,5 %
Drupal	2,4 %
Wix	2,4 %
Bitrix	1,7 %
Blogger	1,6 %
Magento	1,2 %

Abb. 3.8: Die meistgenutzten Content-Management-Systeme im Überblick (Quelle: IONOS, https://www.ionos.de/digitalguide/hosting/cms/cms-vergleich/)

3.1.3.2 RSS-Inhalte einbauen

Die Homepage ist die Visitenkarte des Unternehmens. Trotzdem findet man dort mitunter veraltete Inhalte. Oft fehlt im Tagesgeschäft schlicht und einfach die Zeit und Disziplin zur regelmäßigen Pflege. Dabei gibt es eine Reihe erprobter Strategien, um immer aktuell zu sein. So verschwinden veraltete Inhalte sofort, und tagesaktuelle Neuigkeiten werden ohne Zeitaufwand automatisch integriert. Der Trick dabei ist, dass Sie mit einem Content-Management-System arbeiten, das Ihnen erlaubt, ein Enddatum einzustellen. Nach diesem Zeitpunkt ist der Beitrag veraltet und wird nicht mehr angezeigt. Wichtig ist, dass die einzelnen Bereiche einer Webpräsenz unter Aktualitätsaspekten gegliedert sein sollten. So achten Sie zum Beispiel darauf, dass aktuelle Termine nur auf einer Webseite stehen, die Sie dann auch regelmäßig pflegen. Alle anderen Webseiten sind pflegefrei, das heißt, es sind keine zeitkritischen oder aktuellen Informationen drauf.

Es gibt aber einen Trick, wie man auch ohne Content-Management-System tagesaktuell sein kann. Der Trick heißt RSS. Das bedeutet »Really Simple Syndication«. Das ist die bequeme Wiederverwendung von Inhalten im Web. Natürlich müssen Sie vorher die Besitzer dieser Inhalte um Erlaubnis fragen.

Auf vielen Webseiten finden Sie das RSS-Symbol (siehe Abbildung 3.9). Dahinter steht ein System, das wie ein Newsticker Informationen aussendet. Einen solchen Ticker können Sie abonnieren und – wenn Sie die Erlaubnis haben – bei sich einbauen. Auf dem Portal E-Mail Marketing Forum können Sie sich selbst ein Profil anlegen und dann Ihre eigenen Termine, Pressemeldungen oder Fachartikel als RSS-Feed anbieten. Genauso können Sie auch Inhalte des E-Mail Marketing Forums bei sich auf der Homepage einbauen (https://www.email-marketing-forum.de/static/rss). Das sind zum Beispiel:

- alle Marketing-Termine des heutigen Tages,
- alle Marketing-News des heutigen Tages,
- aktuelle Stellenausschreibungen aus dem Bereich Marketing,
- aktuelle Mitschnitte von Vorträgen.

Der Trick daran: Sie müssen nichts tun und haben trotzdem jeden Tag tagesaktuelle Inhalte auf Ihrer Homepage. Wenn Sie Filialleiter sind, können Sie die Zentrale fragen, ob sie schon einen RSS-Feed anbietet. Sie können bei Ihrem Verband anfragen usw.

Für den Einbau eines RSS-Feeds gibt es zwei Möglichkeiten:
1. Ihr Content-Management-System kann das per Knopfdruck.
2. Sie bauen ein paar Programmzeilen in Ihren Quellcode ein.

Wie Sie Punkt 2 realisieren, zeige ich Ihnen. Auf der Seite http://absolit.de/rss ist ein Beispiel, wie das in der Praxis aussieht: Dort finden Sie tagesaktuell meine Vortrags- und Seminartermine. Realisiert ist die Seite mit einem System von feed2js.org. Dort wird die Adresse des Feeds eingetragen und das System produziert Ihnen den Java-Script-Code, den Sie in Ihre HTML-Seite eintragen. Auf der Seite www.gorss.de sowie www.email-marketing-forum.de/static/rss finden Sie RSS-Feeds.

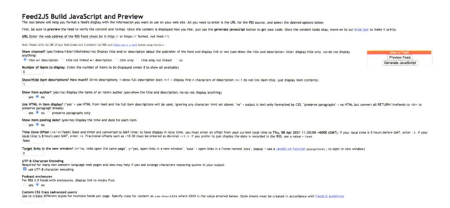

Abb. 3.9: Mit Feed2JS lässt sich jeder beliebige RSS-Feed in die eigene Homepage einbauen

3.1.3.3   Usability

Das A und O guter Webseiten ist, dass Nutzer finden, was sie suchen. Kennen Sie das Gefühl, am Parkscheinautomaten zu stehen und nicht zu wissen, wie Sie einen Schein bekommen? In Bruchsal am Bahnhof steht so einer. Ich vergesse regelmäßig den Trick, um per Kreditkarte zu zahlen. Das mag daran liegen, dass ich ein »DAU« bin. Aber ich habe andere Menschen beobachtet: Auch die standen überdurchschnittlich lange mit Fragezeichen im Gesicht vor dem Kasten. Genauso ist es auch mit einer Homepage: Der Nutzer weiß meist genau, was er will, er muss nur dorthin geführt werden. Die Startseite ist wie ein Pförtner, der einem sagt, wo es langgeht. Achten Sie auf folgende Tipps:

Keep it simple
Oft sieht man Agenturwebseiten, welche mit Scroll-Animationen, Bewegungseffekten und groß gestalteten Statements überladen sind. Das sieht zwar super aus, der Informationsgehalt ist aber meist sehr gering. Natürlich muss die Webseite der Corporate Identity entsprechen und bei einer Agentur auch deren Kreativität widerspiegeln – aber wenn man erst durch zehn Seiten scrollen muss, um eine Übersicht der Leistungen oder der bisherigen Projekte einsehen zu können, ist das nicht wirklich benutzerfreundlich. Achten Sie darauf, dass die wichtigsten Fragen, welche ein User haben könnte, direkt einsehbar sind.

Mobile Optimierung
Der Anteil an mobilen Webzugriffen steigt weiterhin stetig. Daher wird es immer relevanter, auch auf mobilen Endgeräten eine solide Nutzererfahrung zu liefern. Das grundlegende Problem: Auf Smartphones hat man weniger Platz, daher muss bei Inhalten oft und viel gescrollt werden. Überlegen Sie sich daher also, ob wirklich alle Elemente einer Landingpage relevant sind und dem Nutzer einen Mehrwert bieten. Ist dies nicht der Fall, können Sie diese auf mobilen Endgeräten ausblenden. Lassen Sie den User bitte auch nicht bei jedem Textblock reinzoomen müssen. Suchen Sie sich entweder eine Textgröße aus, welche sowohl für mobile Geräte als auch für den Desktop passt oder vergrößern Sie den Text bei der Darstellung auf mobilen Endgeräten.

Einheitliches und wiedererkennbares Design
Achten Sie bitte darauf, dass Sie sich auf ein Design-Template festlegen, sodass die Webseite aussieht wie aus einem Guss. Somit können User lernen, wo sie was auf Ihrer Webseite finden. Sieht jede Unter- oder Produktseite gänzlich anders aus, muss man sich jedes Mal aufs Neue orientieren.

Abb. 3.10: Standardaufbau einer Homepage

Entsprechend wichtig ist die Lesbarkeit des Inhaltsverzeichnisses. Dieses sollte niemals mit JavaScript erstellt werden, weil dann die Links von Suchmaschinen nicht weiterverfolgt werden können. (Zur Erläuterung: JavaScript ist eine objektbasierte Scriptsprache, mit der über HTML hinaus Funktionen für Webseiten programmiert werden können.) Sie müssen nicht selbst JavaScript kennen. Aber Sie sollten wissen, dass Ihre Agentur einen großen Fehler macht, wenn sie Ihr Inhaltsverzeichnis in JavaScript programmiert. Sie selbst sehen keinen Unterschied, aber die Suchmaschinen kommen über die Startseite nicht hinaus.

> LESETIPPS
>
> nngroup.com: **Jakob Nielsens Website**
> Diese Website ist Pflichtprogramm für alle, die sich mit Usability beschäftigen. Gehen Sie direkt auf die Alertbox und lesen Sie die beiden vorangestellten Beiträge »Usability 101« und »Top Ten Mistakes«: https://www.nngroup.com/articles/.

Aber nicht nur die Technik, sondern auch allzu Menschliches steuert uns: Das Unterbewusstsein hat uns stärker im Griff, als wir glauben – auch auf einer Webseite. Menschen machen sich in fünfzig Millisekunden ein erstes Bild einer Website. Und da wirken überladene Seiten oft abstoßend. Wenn verschiedene Firmenabteilungen unbedingt auf der Startseite vertreten sein wollen, steigert das nicht die Übersichtlichkeit. Oft weiß man auch nicht, was überhaupt angeklickt werden kann, weil die Hyperlinks nicht deutlich genug markiert sind. Es gibt viele Bücher zu dem Thema – das von Mario Fischer ist besonders zu empfehlen. Er beschreibt prägnant die wichtigsten Regeln:

- Dinge, die zusammengehören, auch optisch zusammengruppieren,
- es den Besuchern möglichst einfach machen,
- Bedeutung der Navigation und ihrer Begriffe nicht unterschätzen,
- Navigation kritisch unter dem »Ich-war-noch-nie-hier«-Blick betrachten,
- schreiben und formulieren Sie knapp und auf den Punkt.

3.1.3.4   Weitere Verbesserungen der Usability

Eine Technik ist gerade auf Ihrem Siegeszug durch das World Wide Web: AJAX (Asynchronous JavaScript and XML) erspart das umständliche Nachladen einer kompletten Website, wenn eigentlich nur eine kleine Funktion sich ändert. AJAX-Seiten sind schneller, weil oft keine Serverabfrage mehr nötig ist. Der Nutzer kann viel rascher Texte bearbeiten, Suchergebnisse live filtern, Objekte auf der Seite verschieben oder Formulare vom Programm ausfüllen lassen. Inhaltliche Veränderungen können bewirkt werden, ohne einen Link oder Button anzuklicken. Eine Fehlermeldung kann sofort und direkt neben dem entsprechenden Eingabefeld angezeigt werden. Oder ein Formular liefert eine Liste der »erlaubten« Feldinhalte zurück. Interessant sind auch Schieberegler, mit denen etwas verändert werden kann. Beispielsweise lassen sich mit Schiebereglern Musikangebote auf den persönlichen Geschmack hin ausrichten.

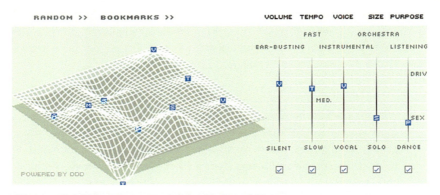

Abb. 3.11: Mit Schiebereglern zu persönlichen Musikempfehlungen

Genauso lassen sich Schieberegler auch für die Produktauswahl in Online-Shops einsetzen. Das geht schneller und ist bequemer: Sie schieben den Regler und schon erscheinen in der Liste die passenden Produkte. Besonders der Einsatz von AJAX im Warenkorb und beim Check-out in einem Online-Shop ist von Vorteil – wir alle kennen mindestens einen Shop, in dem bei einer Mengenänderung eines Produkts mit einem Klick auf »aktualisieren« bestätigt werden muss.

Abb. 3.12: Schieberegler bei der Produktauswahl in einem Online-Shop

3.1.3.5 Suche optimieren

Wer eine Webseite besucht, will meist etwas Bestimmtes. Dazu wird die Suchfunktion benutzt. Natürlich ist auch die Navigation über den Katalog wichtig, aber bequemer ist für viele Besucher das Suchfenster. Immer weniger Menschen beherrschen jedoch die Rechtschreibung perfekt. Von daher sollte jede Suchfunktion fehlertolerant sein.

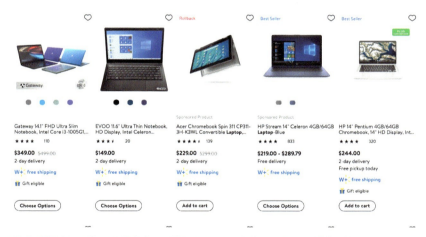

Abb. 3.13: Walmart.com: Positiv-Beispiel für die Suche nach einem Laptop-Computer

Auch sollte etwa ein Notebook-Computer dann gefunden werden, wenn »Laptop« eingegeben wird. Vorbildlich ist es, wenn dann noch nach dem Preis, dem Alter oder anderen Kriterien sortiert werden kann. Fotos sind ebenfalls hilfreich. Generell sollten Bilder einfach per Mausklick vergrößert werden können. Auch eine Klassifikation der Suchergebnisse nach Rubriken (Laptop-Zubehör, Laptop-Bücher) oder nach Markennamen kann sinnvoll sein.

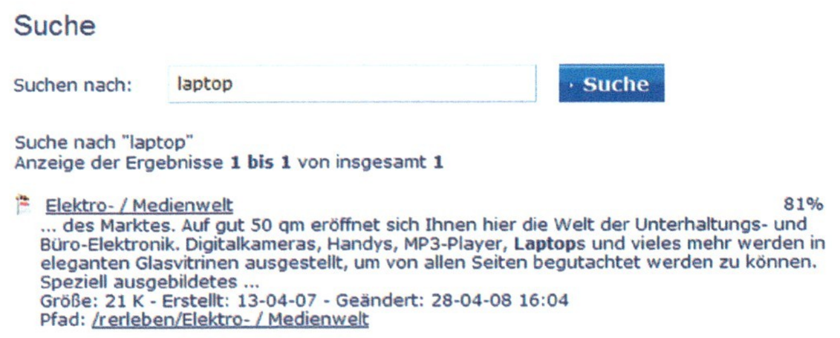

Suche

Suchen nach: laptop   › Suche

Suche nach "laptop"
Anzeige der Ergebnisse **1 bis 1** von insgesamt **1**

⌐ Elektro- / Medienwelt   81%
... des Marktes. Auf gut 50 qm eröffnet sich Ihnen hier die Welt der Unterhaltungs- und
Büro-Elektronik. Digitalkameras, Handys, MP3-Player, **Laptops** und vieles mehr werden in
eleganten Glasvitrinen ausgestellt, um von allen Seiten begutachtet werden zu können.
Speziell ausgebildetes ...
Größe: 21 K - Erstellt: 13-04-07 - Geändert: 28-04-08 16:04
Pfad: /rerleben/Elektro- / Medienwelt

Abb. 3.14: Beispiel eines suboptimalen Suchergebnisses bei einem Einzelhändler

3.1.3.6   Landingpages

Ein Spezialthema im Webdesign sind sogenannte Landingpages, auch Sprungseiten
genannt. Dort »landet« man, nachdem man eine Anzeige oder einen Hyperlink im
Newsletter angeklickt hat. Hier gilt weniger das Gesetz der angenehmen Nutzbarkeit
(Usability) als vielmehr das zielgerichtete Führen. Auf diesen Seiten darf der Besucher
durch nichts abgelenkt werden.

Für jede Kampagne sollte eine spezielle Landingpage angefertigt werden. Dabei ist es
wichtig, nie einfach auf die Startseite zu verlinken. Die Landingpage soll das konkrete
Informationsbedürfnis der Person befriedigen, welche mit den Anzeigen- oder Newsletter-Informationen »angefüttert« wurde. Die Handlungsaufforderung sollten Sie klar
positionieren: Die wichtigste Komponente der Landingpage ist ein nicht zu übersehender, sofort ins Auge fallender Knopf mit der Handlungsaufforderung »bestellen«,
»reservieren« oder »anfordern«.

Detailinformationen sind ausdrücklich erwünscht. Bevor sich jemand entscheidet,
braucht er Informationen. Bieten Sie die wichtigsten Informationen auf der Landingpage selbst. Ausführliche Detailinformationen bieten Sie über einen Hyperlink an. Bilder sagen oft mehr. Visualisieren Sie das Produkt oder das Thema, um das es geht.
Bieten Sie im Zweifelsfall gleich noch einen Link zur einer Bildergalerie, einer Vergrö-
ßerungs- oder einer Drehfunktion an.

Erschlagen Sie den Betrachter allerdings bitte nicht sofort mit allen Einzelheiten.
Detailinformationen können Sie wunderbar über einen Hyperlink abrufbar machen.
Übersichtlich und einfach sollten Webseiten gestaltet sein. Bei speziellen Landingpages können Sie auch die Standard-Navigation reduzieren, um den Nutzer nicht abzulenken.

Abb. 3.15: Landingpage mit einfacher Handlungsaufforderung und ohne ablenkende Navigationselemente

Liefern Sie gute Gründe, warum jemand bestellen oder buchen soll. Überlegen Sie, welche Vorbehalte ausgeräumt werden müssen. Was ist der USP des Produkts? Passen Sie Ausdrucksweise, Wortwahl und Farbgestaltung der Landingpage an die E-Mail an, in der zum Besuch dieser Seite aufgerufen wurde. Auch Sprache und Inhalte sollten passen. Mehr noch als sonst im Online-Marketing gilt es, Varianten zu testen. Aber Vorsicht: Immer nur eine Sache variieren bei einem A/B-Split-Test. Bei einem A/B-Test werden zwei Varianten einer Sache miteinander verglichen: Gleich viele Empfänger erhalten je eine Variante und dann wird gemessen, welche Version mehr Käufer oder Reagierer bringt.

10 TRICKS FÜR KLICKSTARKE LANDINGPAGES

Bei keinem anderen Direktmarketinginstrument ist es so leicht zu reagieren wie im Internet. Nichts ist leichter als ein Klick. Aber wie kommt es zum Kaufen, Buchen oder Reservieren? Oft kann man es dem Leser noch leichter machen. Erfahren Sie, wie Sie Ihre Landingpage optimieren. Diese »Landeseite« ist die Webseite, auf der Interessenten »landen«, nachdem sie in der E-Mail oder in einer Online-Anzeige auf einen Hyperlink geklickt haben.

Spezielle Landingpage anfertigen

Nie einfach auf die Startseite verlinken. Im Zweifelsfall eine spezielle Landingpage anfertigen. Diese soll das konkrete Informationsbedürfnis der Person befriedigen, welche mit den Newsletter-Informationen »angefüttert« wurde.

Handlungsaufforderung klar positionieren

Die wichtigste Komponente der Landingpage ist ein nicht zu übersehender, sofort ins Auge fallender Knopf mit der Handlungsaufforderung »bestellen«, »reservieren« oder »anfordern«.

Detailinformationen bieten

Bevor sich jemand entscheidet, braucht er Informationen. Bieten Sie die wichtigsten Informationen auf der Landingpage selbst. Ausführliche Detailinformationen bieten Sie über einen Hyperlink an.

Bilder sagen mehr

Visualisieren Sie das Produkt oder das Thema, um das es geht. Bieten Sie im Zweifelsfall gleich noch einen Link zur einer Bildergalerie, einer Vergrößerungs- oder einer Drehfunktion.

Nicht überfrachten

Erschlagen Sie den Betrachter nicht mit allen Details. Detailinformationen können Sie wunderbar über einen Hyperlink abrufbar machen. Übersichtlich und einfach sollten Webseiten gestaltet sein. Bei speziellen Landingpages können Sie auch die Standard- Navigation reduzieren, um den Nutzer nicht abzulenken.

Tonalität anpassen

Passen Sie Ausdrucksweise, Wortwahl und Farbgestaltung der Landingpage an die E-Mail an, in der zum Besuch dieser Seite aufgerufen wurde. Auch Sprache und Inhalte sollten passen.

Nennen Sie Argumente

Liefern Sie gute Gründe, warum jemand bestellen oder buchen soll. Überlegen Sie, welche Vorbehalte ausgeräumt werden müssen. Was ist der USP des Produkts?

Vertrauensbeweise

Entkräften Sie Misstrauen. Geben Sie Garantien. Gibt es Gütesiegel, Zertifikate oder Referenzen? Was sagen zufriedene Kunden? Sind die Bezahlung sicher und die Daten geschützt?

Dynamische Landingpages

Professionelle E-Mail-Marketing-Software erlaubt es, die Landeseiten individuell zu gestalten: Formulare sind bereits ausgefüllt und der Kunde wird mit Namen angesprochen. Auch können ältere Menschen andere Hintergrundbilder eingeblendet bekommen als Jugendliche.

Testen, testen, testen

Mehr noch als sonst im Online-Marketing gilt es, Varianten zu testen. Aber Vorsicht: Immer nur EINE Sache variieren bei einem A/B-Split-Test.

Abb. 3.16: Im Browser lassen sich verschiedene Textgrößen einstellen

Besser jedoch ist es, wenn sich auf der Website selbst bequem die Einstellungen ändern lassen. Das ist insbesondere dann relevant, wenn die Zielgruppe über fünfundvierzig Jahre alt ist. In diesem Alter beginnt die Altersweitsichtigkeit, die dazu führt, dass kleine Schriften schwerer lesbar sind. Die Seniorencommunity Feierabend.de macht exemplarisch vor, wie man auf der Website selbst mit Plus- und Minuszeichen die Schriftgröße variieren kann.

Wichtig sind barrierefreie Websites jedoch nicht nur für Menschen mit eingeschränkten körperlichen Fähigkeiten. Auch durchtrainierte und scharf sehende Geschäftsleute werden dankbar sein. Sie sind oft unterwegs mit einem Smartphone im Netz oder nutzen als Hotelgäste mit Volumentarif das Web. Da ist jedes zusätzliche Kilobyte zu viel.

Abb. 3.17: Die Schriftgröße kann mit eigenen Tasten geregelt werden

Wenn Sie Ihre Website kundenfreundlich gestalten wollen, ist es wichtig, Ursachen von Barrieren zu erkennen und unnötige Hindernisse zu vermeiden beziehungsweise Abhilfe zu schaffen. Das World Wide Web Consortium (W3C.org) hat Webstandards erarbeitet, die die einheitliche Programmierung von Webseiten beschreiben. Das W3C ist eine internationale Gruppe mit Vertretern aus Unternehmen, Regierungen und gemeinnützigen Organisationen, die gemeinsam die Standards des Internets festlegen. An diese Standards sollte man sich halten. Besonders wichtig ist die Lesbarkeit natürlich bei zentralen Elementen wie Logo, Überschriften, Navigationspunkten oder hervorgehobenen Links.

Jeder zehnte Mann ist rot-grün-blind. Das heißt, dass jemand keinen Unterschied zwischen rot und grün erkennen kann. Wenn Sie also rote Schrift auf grünem Grund haben, erscheint das für jemanden, der rot-grün-blind ist, nur als graue Fläche. Oder wenn Sie in einem grünen Text die Hyperlinks rot markieren, wird er keinen Unterschied sehen können. Auch auf so etwas sollte geachtet werden. Die Navigation soll Besuchern helfen, dorthin zu kommen, wo sie hinwollen.

Die meisten Besucher einer Website besuchen diese nicht aus Vergnügen, sondern verfolgen ein bestimmtes Ziel. Zum Beispiel will jemand Informationen zu einem Produkt oder er will ein Produkt bestellen. Vielleicht sucht er aber auch einfach nur die Kontaktdaten potenzieller Ansprechpartner. Ärgerlich ist es auch, wenn manche PDFs den Rechner des Empfängers zum Absturz bringen oder so groß sind, dass Sie mehrere Minuten zum Download benötigen. Manchmal sind downloadbare Dateien nicht richtig programmiert.

Das heißt, dass die Datei vom Rechner nicht gelesen werden kann. In solchen Fällen kann es passieren, dass der Rechner abstürzt. Das bedeutet konkret: Nichts geht mehr und Sie müssen Ihren Rechner neu starten. Das ist sehr ärgerlich für den Nutzer. Und für Ihr Unternehmen ist es rufschädigend. Testen Sie also alle Funktionen Ihres Webauftritts mit verschiedenen Browsertypen, Endgeräten und auf verschiedenen Rechnern.

Manchmal sind es auch die Content-Management-Systeme, die Probleme produzieren, seien Sie daher vorsichtig bei der Auswahl. Verbreitete CMS wie Typo3, Joomla!, Plone, Papoo WordPress, Webedition und andere können standardkonforme, attraktive und hochgradig zugängliche Webauftritte generieren. Hier finden Sie Informationen zu den Standards:

- WCAG 1.0 – Web Content Accessibility Guidelines: https://www.w3.org/TR/WCAG10/
- BITV – Barrierefreie-Informationstechnik-Verordnung: https://www.gesetze-im-internet.de/bitv_2_0/BJNR184300011.html

3.1.4 Online-Shop

Viele Unternehmen gehen dazu über, ihren Katalog ins Web zu stellen. Das muss nicht unbedingt gleich ein vollumfängliches Shopsystem mit Warenkorb- und Bezahlfunktion sein. Für den Anfang ist es schon mal hilfreich eine Art Online-Katalog anzufertigen, in welchem Kunden sich über Ihre Produkte oder Dienstleistungen informieren können. Denn: Immer mehr Menschen gehen auf der Suche nach Produktinformationen ins Internet. Dort werden dann Detailinformationen zu Produkten erwartet: Breite, Höhe, Tiefe sowie ein Produktfoto. Und das Foto sollte vergrößerbar sein. Am besten gibt es gleich noch mehrere Ansichten und ein Video davon.

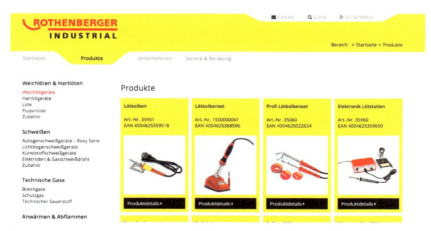

Abb. 3.18: Rothenberger Industrial hat seinen Katalog online

Der nächste Schritt ist gar nicht so schwierig: die Produkte in einem Online-Shop zu präsentieren, in dem auch bestellt werden kann. Am Anfang werden es noch nicht viele Bestellungen sein, die eintrudeln. Aber der Kaufimpuls bei einem Online-Katalog ist erfahrungsgemäß stärker. Auch wenn dann im Laden gekauft wird statt im Online-Shop. Bei vielen Multichannel-Händlern ist es so: Zwar wird der Online-Shop rege genutzt, aber nur, um sich zu informieren. Gekauft wird dann im Laden.

Ganz anders bei ServerShop24.de. Hier werden die Rechner ausschließlich online verkauft. Das Erfolgsgeheimnis: exzellente telefonische Beratung und Erreichbarkeit sowie extrem schnelle Lieferzeiten. Das schlägt sich dann auch in den diversen Bewertungen nieder, die es im Internet gibt. Wer sich so seinen guten Ruf aufbaut, profitiert vom E-Commerce.

Abb. 3.19: Der gute Ruf eines Online-Shops zeigt sich in positiven Kundenbewertungen

Neben gutem Service ist natürlich die Gestaltung des Online-Shops zentraler Erfolgsfaktor für den Online-Handel. Viele Besucher stöbern erst einmal unverbindlich durch einen Shop. Manche wissen aber auch ganz genau, was sie suchen. Die meisten Nutzer schreiben den Produktnamen – oder das, was sie dafürhalten – in das Suchfenster. Das wird häufiger gemacht, als über die normale Produktnavigation zu gehen. Oft wird auch die Produktkategorie ins Suchfenster eingegeben. Gerne wird auch nach Sonderangeboten oder nach bekannten Marken gesucht. Nützliche Zusatzinformationen zu Produkten werden ebenfalls angeklickt.

Sobald sich jedoch ein Besucher zum Kauf entschlossen hat, muss alles getan werden, um einen Abbruch der Bestellung zu verhindern. Solche Bestellabbrüche führen bundesweit gesehen zu Milliardenverlusten.

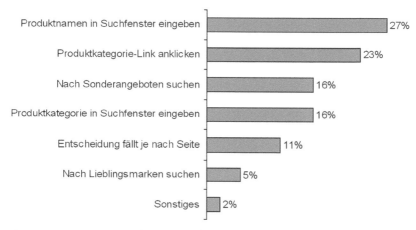

Abb. 3.20: Was Besucher im Online-Shop machen (Quelle: Marketing-Sherpa)

Wichtige Regel

Lenken Sie Kunden nicht mit irrelevanten Informationen vom Kauf ab. Beim Bestellvorgang soll ein Käufer das Gefühl der absoluten Kontrolle haben. Lange Lieferzeiten sind übrigens genauso wie das Fehlen des bevorzugten Bezahlsystems häufigster Grund für einen Bestellabbruch. Versuchen Sie also so transparent wie nur möglich zu sein und beantworten diese Fragen:

- Sind Preise als netto oder brutto angegeben?
- Gibt es Versandkosten?
- Wie lange sind die Lieferzeiten?
- Wie gestalten sich die Rückgabebedingungen?
- Welche Zahlungsmöglichkeiten gibt es und werden Transaktionsgebühren fällig?
- Gibt es eine Garantie und wenn ja, wie lange?

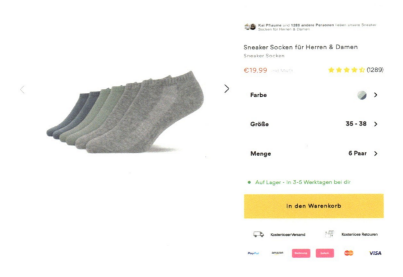

Abb. 3.21: Snocks stellt schon bei der Produktauswahl maximale Transparenz her

Um nun selbst einen Shop aufzubauen, sind neben gutem Service und Webdesign zunächst einmal die technischen Voraussetzungen zu schaffen. Mehrere Modelle stehen zur Auswahl. Der Shop kann gemietet oder eine Softwarelizenz kann erworben werden. Alternativ können Sie auch mit einer Open-Source-Lösung arbeiten. Eine weitere Möglichkeit ist der Betrieb über einen Dienstleister. Das kann durchaus die eigene Agentur sein, die den Shop auch gestaltet und pflegt.

Der Vorteil am Mietshop ist, dass es schnell geht und sich die technischen Probleme bei einem erfahrenen Anbieter in Grenzen halten. Wer einen Online-Shop auf dem eigenen Server installiert, weiß, wie zeitaufwendig das sein kann.

3.1.4.1   Shop mieten

Der einfachste Weg ist das Anmieten eines Online-Shops. Alle großen Provider bieten sie zur Miete an. Der Zeitaufwand für die Installation sollte jedoch nicht unterschätzt werden. Abgerechnet wird entweder auf Provisionsbasis, oder es wird eine feste Miete bezahlt. Diese liegt zwischen zwanzig und einhundert Euro pro Monat. Bei komplexeren Anforderungen kann aber schnell auch mehr fällig werden.

Abb. 3.22: Waterdrop nutzt Shopify, um ihre Produkte online zu verkaufen

Es gibt verschiedenste Anbieter von solchen Baukastensystemen, welche sich in ihrem Funktionsumfang, Designmöglichkeiten und möglichen Schnittstellen unterscheiden. Zu den bekanntesten gehören Shopify, WooCommerce in Verbindung mit WordPress sowie Wix eCommerce. Behalten Sie bei der Auswahl Ihres Systems folgende Fragen im Hinterkopf:

- Wie viel Budget steht zur Verfügung? (Setup- und monatliche Kosten beachten)
- Gibt es zusätzliche Marketing-Funktionen? (individuelle Gutscheine, Kundenkontos etc.)
- Werden besondere Funktionen benötigt? (mehrsprachige Seiten, dynamische Inhalte etc.)
- Wie stark kann das Design individuell angepasst werden?
- Brauchen Sie Programmierkenntnisse, um Änderungen vorzunehmen?
- Welche Zahlungsdienstleister können angebunden werden?
- Welche SEO-Möglichkeiten werden geboten und wie schnell lädt die Seite?
- Wie viele Produkte und Kategorien wollen Sie anbieten?
- Wie anfällig sind die Server für Ausfälle?
- Welche Schnittstellen sind vorhanden und sind diese mit Mehrkosten verbunden?
- Welche Analysefunktionen haben Sie?

3.1.4.2   Open-Source-Shop

Wem die Möglichkeiten eines Mietshops zu begrenzt sind, installiert seinen eigenen Shop. Dabei wird unterschieden zwischen kostenpflichtiger Lizenz-Software und Open-Source-Produkten. Bei Lizenzsoftware kann man sich am Telefon helfen lassen, bei Open-Source ist man auf sich gestellt. osCommerce ist der Klassiker der Open-

Source-Shops. XT:commerce ist eine für den europäischen Binnenmarkt angepass-te osCommerce-Variante. Im Ecombase-Forum gibt es Download-Links zu weiteren Shopsystemen.

Eines der inzwischen ebenfalls weit verbreiteten Systeme ist der Magento-Shop. Er enthält von Haus aus eine ganze Reihe von Modulen.

Fitstore24 ist ein Unternehmen, das einen XT:commerce-Shop einsetzt. Das Unternehmen aus Nußdorf bietet seinem internationalen Kundenstamm damit eine bequeme Bestellmöglichkeit. Verkauft wird alles, was das Radsport- und Fitnessherz begehrt.

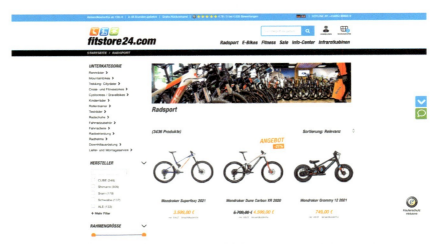

Abb. 3.23: Fitstore24 bedient seine internationalen Kunden per Online-Shop

3.1.4.3 Professionelles Shopsystem

Die Alternative zum Open-Source-Shop ist ein Lizenz-Shop. Dieser kann entweder beim Anbieter gehostet sein oder auf dem eigenen Server. Der Vorteil gegenüber Open-Source: Es gibt Ansprechpartner, die einem weiterhelfen. Und das ist ganz wichtig.

Der Online-Shop von Azul Café wurde mit der Shop-Software von ePages realisiert. Ähnliche Funktionalitäten bieten auch Hersteller wie Intershop und OXID eSales an.

Abb. 3.24: Simpler Online-Shop für Kaffeefans

DIGITALE EXTRAS

Checkliste Anforderungen – Online-Shop	
Welche Shop-Funktionen sind Ihnen wichtig?	☐
Ist die Software plattformübergreifend oder nur auf bestimmten Plattformen lauffähig?	☐
Gibt es Installationssupport durch den Hersteller?	☐
Gibt es einen dauerhaften Telefonsupport durch den Hersteller?	☐
Ist eine möglichst hohe Anzahl an Warengruppen für Sie wichtig?	☐
Gibt es einen frei konfigurierbaren Warenkorb?	☐
Ist eine Merkliste für Produkte vorhanden?	☐
Sind verschiedene Varianten von Produkten bestellbar?	☐
Kann man Versandeinheiten (6 Flaschen pro Karton) festlegen?	☐
Gibt es die Möglichkeit zur Errechnung von Brutto- und Nettopreisen?	☐
Benötigen Sie eine aufwändige Bildverwaltung?	☐
Wollen Sie mehrere Bilder pro Produkt anzeigen?	☐
Brauchen Sie eine Schnittstelle zu Ihrer Newsletter-Plattform?	☐
Gibt es eine Funktion zum Weiterempfehlen von Produkten?	☐
Können Kunden Produkte bewerten?	☐
Können Kunden Produkte kommentieren?	☐

Checkliste Anforderungen – Online-Shop	
Gibt es ein CMS mit der Möglichkeit, freie Texte einzugeben?	☐
Ist manuelles Anlegen von Kundendaten möglich?	☐
Gibt es frei konfigurierbare E-Mail-Vorlagen?	☐
Ist Kauf auch ohne vorherige Registrierung als Kunde möglich?	☐
Ist Kennzeichnung des Lagerbestands möglich: Verfügbarkeit?	☐
Benötigen Sie den Shop in mehreren Sprachen?	☐
Können Staffelpreise abgebildet werden?	☐
Können Rabatte eingebaut werden?	☐
Lassen sich zusätzliche Währungen im Shop anzeigen?	☐
Lassen sich Mengeneinheiten zur Grundpreisberechnung anlegen?	☐
Können Produktempfehlungen eingegeben werden?	☐
Ist Bundling möglich: Komplettpakete aus mehreren Artikeln?	☐
Ist Artikelimport und -export in den Standardformaten CSV und/oder XML möglich?	☐
Gibt es Designvorlagen?	☐
Gibt es die Möglichkeit zur Auswahl von Sprache und Währung per Mausklick?	☐
Gibt es die Anzeige »Versandkostenfrei« bei Überschreitung einer definierten Summe?	☐
Gibt es eine Gutscheinfunktion?	☐
Gibt es eine komfortable Suchfunktion?	☐
Welche Zahlungsarten werden angeboten?	☐
Ist eine Bestätigungs-E-Mail vorkonfiguriert und editierbar?	☐
Welche Erweiterungen und Schnittstellen gibt es?	☐
Kann man Artikel als eBay-Angebot einstellen?	☐
Gibt es eine Bilderverwaltung für eBay-Angebote?	☐
Gibt es zeitgesteuertes Einstellen, Sofortkauf und Festpreis bei eBay?	☐

3.1.4.4   Hinweise zur Gestaltung

Nur weil ein Online-Shop vorhanden ist, wird dieser nicht direkt zum Selbstläufer. Große E-Commerce-Plattformen wie Amazon, eBay oder Otto prägen unterbewusst die

Nutzererfahrung der Users. Jeder weiß mittlerweile, wie ein Online-Shop im Kern aussieht und wie man sich in einem solchen zurechtfinden kann. Dementsprechend gibt es einige Aspekte, welche Sie bei dem Aufbau Ihres eigenen Online-Shops beachten sollten.

Den Anfang macht die Startseite
Ein Großteil Ihrer neuen Besucher wird höchstwahrscheinlich zuerst auf Ihrer Startseite landen. Der erste Eindruck muss also sitzen: Textwüsten oder unstrukturiert gelistete Produkte sind unbedingt zu vermeiden. Versuchen Sie, dem User die Arbeit zu erleichtern und weisen direkt auf Ihre verschiedenen Produktkategorien, Bestseller oder Tagesangebote hin.

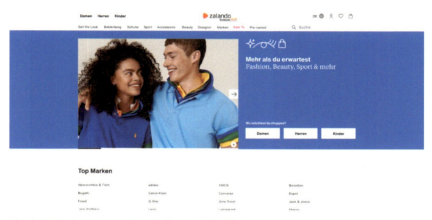

Abb. 3.25: Die Startseite von Zalando (Stand: 15.05.2021)

Der Modehändler Zalando fragt Besucher auf der Startseite direkt, ob sie sich für Damen-, Herren- oder Kindermode interessieren. Zusätzlich werden auch gleich die beliebtesten Marken angezeigt.

Einfache Navigation
Wie leicht ist die Navigation in Ihrem Shop? Sie und Ihre Mitarbeiter wissen natürlich, wo was zu finden ist, aber wie sieht es mit jemandem aus, der noch nie auf Ihrer Seite war und möglichweise zum ersten Mal von Ihnen hört? Stellen Sie sicher, dass Sie Ihr Produktportfolio so übersichtlich wie möglich präsentieren. Zu viele Unterkategorien ohne das Bilden von Grüppchen wirkt unordentlich und überfordert. Zu generelle Haupt- und Unterkategorien bedeuten zusätzlichen Suchaufwand bei einem speziellen Produktinteresse. Arbeiten Sie am besten nach dem Prinzip »So wenige Überkategorien wie möglich, aber so viel Abgrenzung wie nötig«. Eine gute Navigation hat keine Lernkurve für den User und ist intuitiv bedienbar.

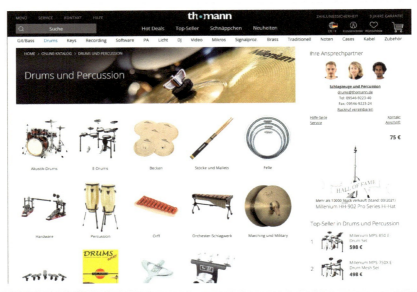

Abb. 3.26: Produktkategorien bei Thomann

Das Musikhaus Thomann listet weit über 80.000 Produkte in seinem Online-Shop – die Navigation zu dem Produkt, das man sucht ist, aber ganz einfach. In der Top-Navigation findet man die unterschiedlichen Produktsegmente wie Gitarren, Drums oder DJ-Equipment. Bei einem Klick auf eine dieser Kategorien öffnet sich eine Übersicht der Unterkategorien mit einem dazugehörigen Bild. Je nach Unterkategorie gibt es sogar noch eine dritte Ebene. Zusätzlich wird oben rechts auch direkt noch ein Ansprechpartner für die jeweilige Produktkategorie genannt, falls Fragen oder Unklarheiten aufkommen.

Den Bestellprozess einfach halten

Das Schlimmste, was passieren kann, ist, dass ein Besucher Ihrer Webseite die Absicht hat, ein Produkt zu kaufen, dann aber wegen eines umständlichen oder unübersichtlichen Check-out-Prozesses doch vom Kauf absieht. Beachten Sie hier, dass Sie so wenige Daten wie nötig abfragen und bei optionalen Daten, welche nicht unbedingt für die Abwicklung der Bestellung gebraucht werden, erklären, wieso der User diese angeben sollte. Eine Möglichkeit, Bestellformulare zu entschlacken, ist, diese in mehrere Teilschritte zu unterteilen:

Abb. 3.27: Bestellschritte bei Zalando (Stand: 15.05.2021)

Auch Elemente, welche das Vertrauen des Users zum Unternehmen und seinem Service aufbauen bzw. stärken, können im Check-out-Prozess integriert werden. Die häufigsten Siegel sind:

- Trusted Shops
- S@fer Shopping (TÜV SÜD)
- EHI-geprüfter Online-Shop
- ips

Abb. 3.28: Gütesiegel für Online-Shops

3.1.5 Beratungssysteme

Wenn Ihr Chef sich über die hohen Kosten für die Homepage beschwert, dann zeigen Sie ihm folgende Rechnung: Wie viele Beratungsstunden erbringt die Homepage, indem sie Interessenten über die eigenen Produkte informiert? Dazu gehen Sie in Ihre Webstatistik und lassen sich folgende Werte anzeigen: Wie viele Besucher hatten Sie in den letzten Monaten und wie lange verweilten diese auf Ihren Seiten? Lassen Sie mich Ihnen kurz vorrechnen, wie schnell hier einige Beratungstage zusammenkommen.

Monat ▲	Nutzer	Seiten pro Sitzung	Durchschn. Zeit auf der Seite
Jan	9.559	1,43	00:04:20
Feb	7.047	1,38	00:05:16
März	7.212	1,36	00:04:50
Apr	7.869	1,41	00:04:12
Mai	6.825	1,35	00:05:11
Juni	8.502	1,35	00:04:26
Juli	5.872	1,27	00:06:15

Abb. 3.29: Messen Sie, wie viele Besucher sich wie lange auf Ihrer Homepage informieren: Bis zu dreihundert Beratungstage kommen da jeden Monat zusammen

Im Januar 2021 hatten wir knapp 9.500 Besucher. Jeder Besucher hatte eine Ansichtszeit von durchschnittlich vier Minuten und 20 Sekunden. Multipliziert man nun die vier Minuten mit den Besuchern, kommen 38.000 Minuten zusammen. Das sind 633 Stunden oder 26 Tage. Da ein Berater nicht 24 Stunden arbeitet, sondern nur acht, kommen rein rechnerisch

79 Beratungstage heraus. Geht man nun von 20 Arbeitstagen pro Monat aus, sind es vier Mitarbeiter, die sich hier liebevoll um die Beantwortung von Anfragen kümmern müssten.

3.1.5.1   FAQ-System

Jede Homepage ist auch ein Beratungsportal. Interessenten besuchen die Seite, um Antworten auf ihre Fragen zu erhalten. Wenn sie die Antwort nicht finden, rufen sie an. Wenn besetzt ist, rufen sie beim nächsten Anbieter an. Versuchen Sie also, alle Kundenfragen auf der Homepage zu beantworten.

Der einfachste Weg ist ein FAQ-System. FAQ heißt Frequently Asked Questions, die am häufigsten gestellten Fragen. Diese sollten auf der Homepage beantwortet werden.

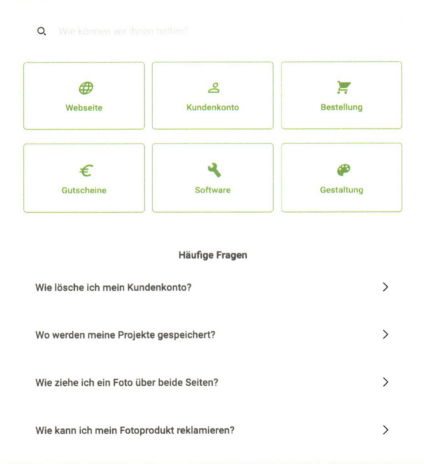

Abb. 3.30: Fotokasten beantwortet häufig wiederkehrende Kundenfragen direkt auf der Homepage

Der Aufbau eines FAQ-Systems ist sinnvoll, weil damit die wichtigsten Kundenfragen online beantwortet werden. Das gilt besonders auch für Unternehmen, die eigentlich nur wenig Zeit in die Homepage stecken. Warum? Weil Sie im Kontakt mit Kunden sehr viel effizienter sind, wenn Sie öfter mal auf die ausführlichen Informationen verweisen können, die Sie online bereitgestellt haben. Außerdem zwingt das FAQ-System Sie, Ihr Unternehmen einmal mit den Augen des Kunden zu sehen.

Wenn Sie wenig persönlichen Kontakt mit Kundschaft und ihren Fragen haben, machen Sie Folgendes: Notieren Sie über einen längeren Zeitraum alle Gründe und Fragen, die Kunden oder Interessenten dazu bewegen, Sie anzurufen. Oder sammeln Sie alle E-Mail-Anfragen. Dann beantworten Sie all diese Fragen ausführlich schriftlich.

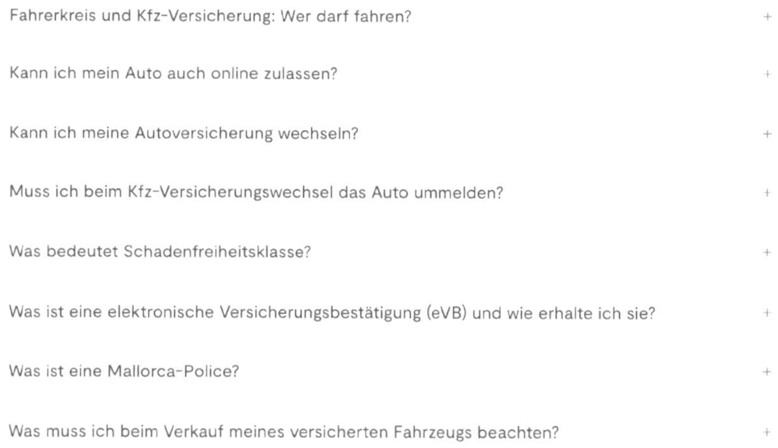

Fahrerkreis und Kfz-Versicherung: Wer darf fahren? +

Kann ich mein Auto auch online zulassen? +

Kann ich meine Autoversicherung wechseln? +

Muss ich beim Kfz-Versicherungswechsel das Auto ummelden? +

Was bedeutet Schadenfreiheitsklasse? +

Was ist eine elektronische Versicherungsbestätigung (eVB) und wie erhalte ich sie? +

Was ist eine Mallorca-Police? +

Was muss ich beim Verkauf meines versicherten Fahrzeugs beachten? +

Abb. 3.31: HUK24 setzt ein sehr umfangreiches System für die Beantwortung von Fragen ein

Eine weitere Möglichkeit, Fragen zu beantworten, ist eine automatisierte Wissensdatenbank, die individuelle Fragen beantworten kann. Leider sind diese Systeme in der Praxis noch nicht sehr weit entwickelt. Die Antworten sind daher noch nicht immer zufrieden stellend. Zumindest hat der Anfrager die Möglichkeit, schnell zu einer ersten Antwort zu kommen, und muss nicht lange warten.

3.1.5.2 E-Mail-Response-Management

Die meisten Menschen haben sich daran gewöhnt, dass man im Internet alleine und verloren ist. Wer wagt es denn schon, eine E-Mail an ein Unternehmen zu schreiben? Und wer hofft gar ernsthaft auf eine hilfreiche Antwort? Obwohl es inzwischen eine

Reihe guter Systeme für die semiautomatische Beantwortung von E-Mail-Anfragen gibt, setzen nur wenige Unternehmen solche Systeme ein.

Dabei spricht einiges dafür: Die Beantwortung von Anfragen ist wesentlich preiswerter als ein Callcenter. Und die Zufriedenheit der Kunden ist oft größer, weil per Hyperlink und Attachment mehr Informationen vermittelt werden können als in einem Telefonat. Eine strukturierte E-Mail-Antwort beinhaltet immer ein System, bei dem eine Wissensdatenbank dem Bearbeiter Antwortvorschläge unterbreitet, die dieser bequem in die E-Mail einfügen kann.

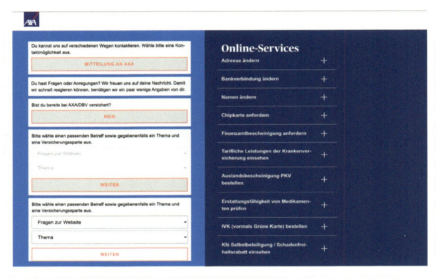

Abb. 3.32: AXA nimmt den User beim Kontaktformular an die Hand

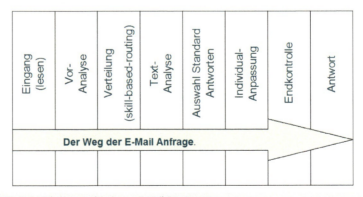

Abb. 3.33: Beispiel einer strukturierten E-Mail-Beantwortung

Ein wichtiger Aspekt auf dem Weg zur qualitativ hochwertigen Antwort ist die Bestätigung. Jede E-Mail-Anfrage sollte unbedingt bestätigt werden. Der Nutzer soll in dieser Antwort-Mail über das weitere Vorgehen informiert werden. So können allzu hohe Erwartungen sofort abgefangen werden.

Guten Tag,

schön, dass Sie uns kontaktieren. Hiermit bestätige ich Ihnen den Erhalt Ihrer Anfrage mit dem Betreff:
Dringend: DOI Zustellung

Wie Sie vielleicht ahnen, bin ich nur ein Autoreply-Assistent. Ich bitte Sie um einen Augenblick Geduld. In Kürze bekommen Sie
selbstverständlich eine ganz persönliche Antwort von einem Mitarbeiter aus unserem Support-Team. Vielen Dank!
Bei Rückfragen oder Ergänzungen antworten Sie einfach auf diese Mail oder nennen Sie bei Anrufen die Ticket-ID **8500** .

Mit besten Grüßen
Ihr digitaler AGNITAS Support-Assistent

Abb. 3.34: Beispiel einer automatisierten Eingangsbestätigung

3.1.5.3 Chat und Telefonrückruf

Weil die E-Mail-Beantwortung sehr komplex ist und Telefonanfragen oft nicht zu bewältigen sind, kann auf Rückruf und Chat ausgewichen werden. Das klassische Angebot ist ein Callback-Button. Auch ein Chatbot kann dabei helfen, häufige Fragen schnell zu beantworten und den Nutzer zu den Informationen zu leiten, welche er sucht.

Abb. 3.35: Virtueller Assistent bei BavariaDirekt

Servicetelefon

Wir sind für Ihre Fragen oder Wünsche da.
Zu unseren Telefonnummern >

Callback

Wir rufen Sie zur gewünschten Zeit gerne zurück.
Hinterlassen Sie uns Ihre Rufnummer >

E-Mail

Schildern Sie uns Ihr Anliegen in einer E-Mail.
Zum E-Mail Formular >

Abb. 3.36: Alle Kontaktmöglichkeiten werden angeboten – auch ein Callback-Button

Eine Alternative zum klassischen Callback-Button ist der Call-Button. Dabei tragen Sie Ihre Telefonnummer ein und drücken den Button. Nun wird sofort eine Verbindung zum Callcenter hergestellt. Während Sie schon eine Begrüßung vom Band hören, greift am anderen Ende der Leitung der Angerufene nach dem Hörer und übernimmt das Gespräch. Vorteil: Es gibt für den Interessenten keine Wartezeiten.

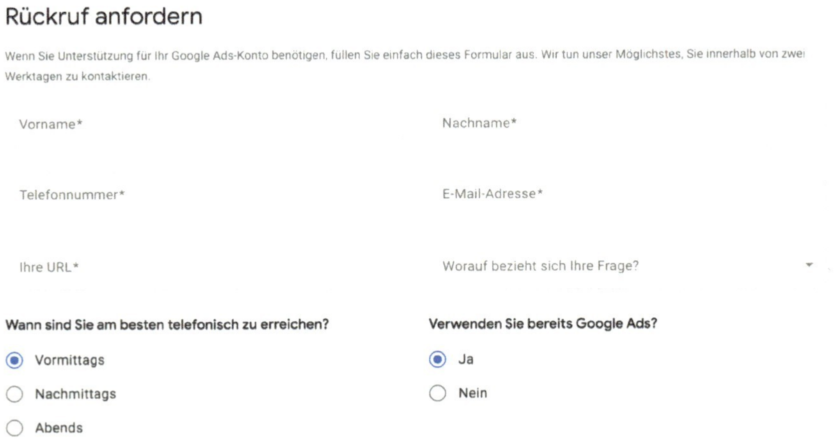

Rückruf anfordern

Wenn Sie Unterstützung für Ihr Google Ads-Konto benötigen, füllen Sie einfach dieses Formular aus. Wir tun unser Möglichstes, Sie innerhalb von zwei Werktagen zu kontaktieren.

Vorname*	Nachname*
Telefonnummer*	E-Mail-Adresse*
Ihre URL*	Worauf bezieht sich Ihre Frage?

Wann sind Sie am besten telefonisch zu erreichen?

◉ Vormittags
○ Nachmittags
○ Abends

Verwenden Sie bereits Google Ads?

◉ Ja
○ Nein

Abb. 3.37: Google Ads bietet ein Rückrufformular und fragt zum Zweck der Servicequalität gleichzeitig Daten ab

Der Vorteil solcher Lösungen: Es wird verhindert, dass jemand, der Produktinformationen im Internet sucht, schnell von Ihrer Seite abspringt und woanders hin surft. Es ist vorteilhaft, Interessenten auch alternative Kontaktmöglichkeiten aufzuzeigen, die sofort funktionieren.

Das Beste habe ich einmal bei Dell erlebt: Beim Stöbern in der Notebookkategorie habe ich wohl zu lange ohne zu Scrollen auf einer Stelle verharrt. Kurz darauf öffnete sich ein Fenster und eine freundliche Callcenter-Agentin lächelte mich an und lud mich zum Chatten ein. Wer kann da widerstehen?

Abb. 3.38: Wer unentschieden in der Computerabteilung surft, wird zum Live-Chat eingeladen

3.1.5.4   Wiki

Eine ganz neue Form, den Informationshunger potenzieller Kunden zu befriedigen, sind Wikis. Darin kann jeder sein Wissen einstellen oder die Texte der anderen noch korrigieren. Heraus kommt wie bei Wikipedia eine Wissensdatenbank. Unter www. migipedia.ch bietet der Schweizer Supermarkt seinen Kunden eine Feedbackmöglichkeit in Form eines Wikis.

Abb. 3.39: Migros bietet ein Produkt-Wiki

3.1.5.5   Produktvergleich

Ein Produktvergleich ist das beste Beratungstool, das es beim Online-Shopping gibt. Ganz bequem legen Sie sich verschiedene Produkte tabellarisch nebeneinander und vergleichen die Werte.

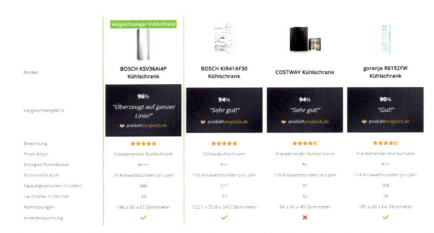

Abb. 3.40: Produktvergleich.de bietet einen Vergleich der Produkte unterschiedlicher Hersteller an

Einen solchen Produktvergleich bieten jedoch nicht nur Händler an, sondern zunehmend auch Hersteller, die es den Kunden leichter machen wollen. Ein Kunde ist nämlich immer in der schwierigen Situation herauszufinden, welches Produkt am besten zu ihm passt. Gerade bei technischen Produkten ist es eine große Hilfe, wenn sich die Kenngrößen tabellarisch nebeneinander auflisten lassen.

iPhone 12 Pro	iPhone 12	iPhone 11	iPhone SE
Ab 1.149 €	Ab 799 €	Ab 679 €	Ab 479 €
6,1" oder 6,7" Super Retina XDR Display (15,5 cm oder 17 cm Diagonale)[1]	5,4" oder 6,1" Super Retina XDR Display (13,7 cm oder 15,5 cm Diagonale)[1]	6,1" Liquid Retina HD Display (15,5 cm Diagonale)[1]	4,7" Retina HD Display (11,94 cm Diagonale)
5G Mobilfunk[2]	5G Mobilfunk[2]	4G LTE Mobilfunk[2]	4G LTE Mobilfunk[2]
A14 Bionic Chip	A14 Bionic Chip	A13 Bionic Chip	A13 Bionic Chip
Pro Kamerasystem (Ultraweitwinkel, Weitwinkel und Teleobjektiv)	Fortschrittliches Zwei-Kamera-System (Ultraweitwinkel, Weitwinkel)	Zwei-Kamera-System (Ultraweitwinkel, Weitwinkel)	Ein-Kamera-System (Weitwinkel)
LiDAR Scanner für Nachtmodus Porträts und AR auf dem nächsten Level	—	—	—
Kompatibel mit MagSafe Zubehör	Kompatibel mit MagSafe Zubehör	—	—
Kaufen	Kaufen	Kaufen	Kaufen
Weitere Infos ›	Weitere Infos ›	Weitere Infos ›	Weitere Infos ›

Abb. 3.41: Apple bietet die Option, ausgewählte Mobiltelefone direkt zu vergleichen

Anders ist es zum Beispiel bei Modeartikeln. Hier nur nach technischen Werten zu vergleichen, ist wenig sinnvoll. Deshalb hat zum Beispiel frauenoutfits.de den Weg gewählt, Nutzer einzubeziehen. Dort können Interessentinnen selbst Outfits zusammenstellen und diese mit anderen teilen. Wenn das Outfit gefällt, kann dieses per Link auf den Online-Shop direkt bestellt werden.

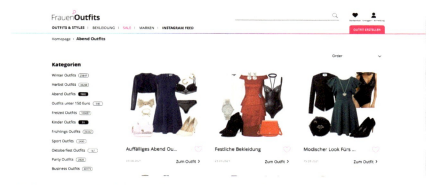

Abb. 3.42: frauenoutfits.de lässt die Nutzerinnen selbst Empfehlungen aussprechen

3.1.5.6   Produktkonfigurator

Eine ganz andere Form der Bestellung ist die Möglichkeit, ein Produkt zu finden, indem man die eigenen Anforderungen daran eingibt.

Bei Marquardt hat man die Möglichkeit, sich seine Traumküche digital zusammenzustellen – vom Grundriss über die Farbgebung, Materialien und die gewünschten Schrankelemente. Diese Reihenfolge ist dem realen Verkaufsgespräch zwischen Verkäufer und Käufer nachempfunden. Als kleines Extra kann die geplante Küche auch direkt im virtuellen Rundgang betrachtet werden.

Eine etwas andere Form der Produktberatung ist ein Konfigurator. Hier kann ein Produkt so konfiguriert werden, dass es optimal zu den eigenen Anforderungen passt. Wichtig dabei: Eine Konfiguration kann abgespeichert werden. So kann man in Ruhe eine Nacht darüber schlafen.

Oder die Konfiguration kann weitergeleitet werden. So können Freunde oder Bekannte sagen, was sie davon halten. All diese Dinge sind eine wertvolle Hilfe auf dem Weg zur richtigen Entscheidung. Und je zufriedener der Kunde mit dem Produkt ist, desto zufriedener ist er mit Ihnen als Unternehmen.

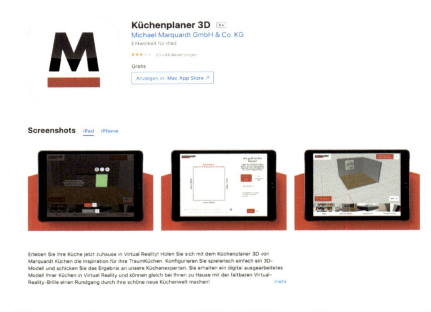

Abb. 3.43: Marquardt bietet einen Online-Küchenplaner für das iPhone

Abb. 3.44: Bei Apple kann das Produkt nach eigenen Wünschen verändert werden

3.1.6   Community

Zwei grundsätzlich verschiedene Ansätze gibt es beim Aufbau einer Community. Der einfachste und bequemste Weg ist der über das Social Web. In Facebook kann eine Seite angelegt werden, die viele Funktionen bietet, die für eine Gemeinschaft interessant sind. Aber es gibt einen Nachteil: Es wird in eine Infrastruktur investiert, die einem nicht gehört. Die Alternative ist der Aufbau einer eigenen Community auf der eigenen Homepage. Das hebt die Attraktivität des eigenen Angebots, bietet mehr Freiraum in der Gestaltung und kommt am Ende auch der Auffindbarkeit in Suchmaschinen zugute. Auf diese Lösung wird hier eingegangen, weiter hinten im Buch werden die Möglichkeiten von Facebook erläutert (Kapitel 3.3.4.1).

Ein nicht ganz unwichtiger Aspekt von Communitys ist der Aufbau von Content. Jeder Kundenkommentar auf Ihrer Seite ist wertvoller Unique Content. Wie wichtig diese nutzergenerierten Inhalte sind, erfahren Sie im Kapitel 3.2.1 Suchmaschinen-Marketing.

Der Kosmetikhändler Sephora zeigt mit der Beauty Insider Community, was geht. Die Mitglieder können dort Make-up-Tipps mit anderen teilen, Fragen stellen und sich in Gruppen mit Gleichgesinnten kurzschließen. So haben die Nutzer Spaß und Sephora gewinnt Einsichten in Kundenpräferenzen. Über vier Millionen Nutzer sind bereits dabei.

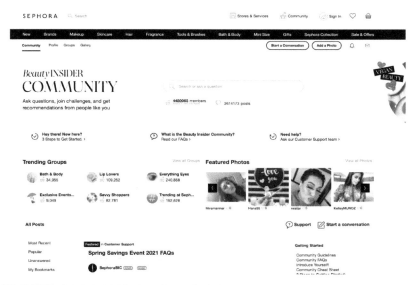

Abb. 3.45: Die Beauty Insider Community von Sephora

3.1.6.1   Log-in-Bereich

Der simpelste Weg zu einer einfachen Gemeinschaft ist das Log-in. Wer dazugehört, darf rein, alle anderen bleiben außen vor. Das ist zwar nur ein kleiner psychologischer Effekt, kann aber das Gemeinschaftsgefühl durchaus stärken. In diesem geschlossenen Bereich gibt es dann Informationen, die eben nur Insider erhalten. Alle, die draußen sind, erfahren davon nichts. Grundlegend lässt sich zwischen zwei Arten des Log-in-Bereichs unterscheiden: der offene und der geschlossene Log-in-Bereich.

Offene Clubs haben keine Aufnahmebedingung, typisch sind hier beispielsweise Fan- oder Vorteilsclubs. Jeder, der Interesse an der Marke oder den Produkten hat, kann sich ohne Einschränkungen zu dem Club des Unternehmens anmelden. Während diese geringen Eintrittshürden in der Regel zu mehr Anmeldungen führen, ist die Kehrseite, dass sich möglicherweise auch viele Personen anmelden, die nicht direkt der Zielgruppe des Unternehmens entsprechen.

Geschlossene Clubs hingegen sind nicht einfach so für jeden zugänglich und mit Eintrittsbarrieren verbunden. Mögliche Barrieren sind beispielsweise Mitgliedergebühren oder die Voraussetzung, bereits einen Kauf getätigt zu haben.

Klassischerweise gibt es so etwas bei Verbänden. Nur wer Mitglied ist, darf hinein. Dafür gibt es dann Downloads, Musterverträge und Checklisten als exklusiven Nutzen. Aber auch Händler sind auf den Zug aufgesprungen – durch eine Anmeldung spart man Zeit beim Check-out und hat zusätzliche Funktionen wie Wunschlisten oder Restock Alerts.

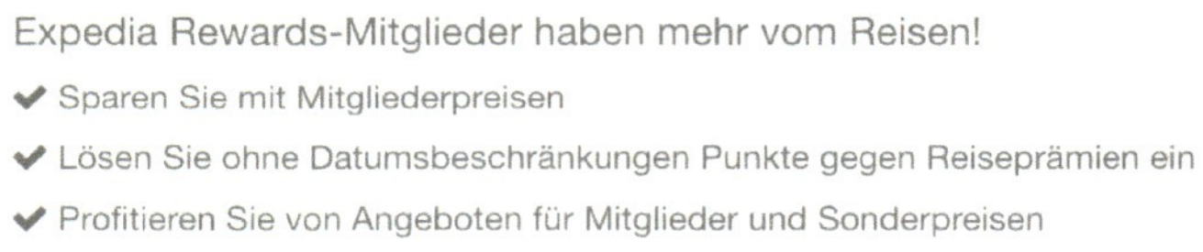

Expedia Rewards-Mitglieder haben mehr vom Reisen!

✔ Sparen Sie mit Mitgliederpreisen

✔ Lösen Sie ohne Datumsbeschränkungen Punkte gegen Reiseprämien ein

✔ Profitieren Sie von Angeboten für Mitglieder und Sonderpreisen

Abb. 3.46: Exklusive Vorteile eines Kontos bei Expedia

Abb. 3.47: Fotos taggen: Fotos werden mit Datenbankeinträgen und Namen verbunden

Innerhalb des Log-in-Bereichs können Sie viele Applikationen anbieten, die im offenen Internet allein schon aus Datenschutzgründen kritisch zu bewerten wären. Eine der beliebtesten Funktionen bei Facebook ist es nachzuschauen, ob neue Fotos online sind. Da es unmöglich ist, alle Fotos selbst zu durchsuchen, gibt es einen kleinen

Trick: Man sucht nur nach dem eigenen Namen. Wie aber weiß eine Software, wer die Personen auf dem Bild sind? Indem die Community gefragt wird: Kennt ihr jemanden auf diesem Bild. Dann können Nutzer selbst die Bilder mit den Datenbankeinträgen verbinden, indem Nutzer auf dem Foto markiert werden.

3.1.6.2 Forum

Ein Forum ist eine prima Sache, wenn es funktioniert. Und das ist genau der kritische Punkt. Manchen Unternehmen gelingt der Aufbau eines Forums, anderen nicht. Der Nutzen eines Forums ist ein dreifacher:

- Sie gewinnen eine direktere Beziehung zu Ihren Kunden.
- Ihre Website wird zum gerne besuchten Wissensportal für Ihre Branche.
- Die Suchmaschinen lieben Sie wegen des umfangreichen Contents.

Einer, der das als erster erkannt und bis zur Perfektion weiterentwickelt hat, ist Alan Webb. Er betreibt das größte deutschsprachige Forum zum Thema Suchmaschinen-Optimierung: Abakus Internet Marketing. Gleichzeitig betreut seine Agentur Kunden zu genau diesem Thema. Dadurch, dass er gemeinsam mit anderen auch selbst das Forum moderiert, ist er natürlich immer am Puls der Zeit. Wenige wissen so viel über Suchmaschinen-Marketing. Auf dem Forum weist er natürlich auch auf seine eigenen Leistungsangebote hin.

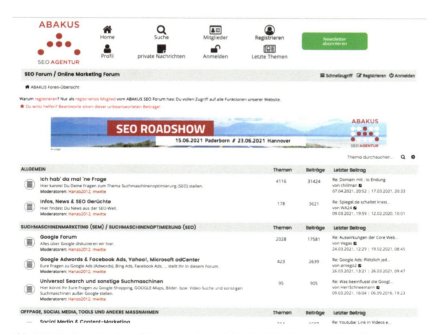

Abb. 3.48: Abakus, eines der erfolgreichsten Foren, informiert über Suchmaschinen-Optimierung

3.1.6.3   Kommentare

Kommentare sind wertvoll, weil sie zwei Dinge gleichzeitig bewirken:

*   Kunden werden besser beraten, weil gute Kundenkommentare oft genauso wertvoll sind wie eine gute Produktbeschreibung.
*   Kunden werden eher überzeugt, weil den Kommentaren anderer Kunden meist mehr Glauben geschenkt wird als den Unternehmensangaben.

Abb. 3.49: Produktinformationen, denen Internetnutzer vertrauen

Nun haben manche Unternehmen leider Angst vor ihren Kunden und trauen auch ihren eigenen Produkten nicht so recht. Der Grund: Wenn sich Kunden melden, sind es meist Beschwerden. Daher stehen diese Unternehmen dem Thema »Kundenkommentare« kritisch gegenüber. Diese Angst ist jedoch meist unbegründet.

Besonders Online-Kunden nutzen gerne die Chance, sich positiv über Produkte zu äußern, bei denen sich die Versprechungen des Unternehmens mit den Eigenschaften des Produkts decken. Daher geben immer mehr Unternehmen den Kunden die Möglichkeit zum Feedback. Wer sich darüber am meisten freut, ist der Einkauf: Endlich gibt es einmal direkte Rückmeldungen – auch positiver Art.

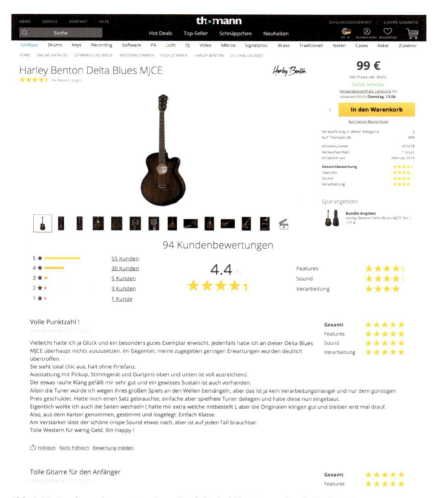

Abb. 3.50: Kundenmeinungen zu einem Produkt sind überzeugender als Werbetexte

Aber nicht nur bei technischen Produkten, auch bei Modeartikeln lassen sich Kunden gerne nach ihrer Meinung fragen. Hier sehen Sie ein Beispiel einer Damenjeans, die den Käuferinnen scheinbar gut gefallen hat.

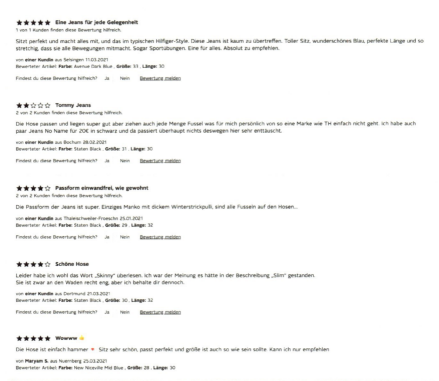

★★★★★ Eine Jeans für jede Gelegenheit
1 von 1 Kunden finden diese Bewertung hilfreich.

Sitzt perfekt und macht alles mit, und das im typischen Hilfiger-Style. Diese Jeans ist kaum zu übertreffen. Toller Sitz, wunderschönes Blau, perfekte Länge und so stretchig, dass sie alle Bewegungen mitmacht. Sogar Sportübungen. Eine für alles. Absolut zu empfehlen.

von **einer Kundin** aus Selsingen 11.03.2021
Bewerteter Artikel: **Farbe:** Avenue Dark Blue , **Größe:** 33 , **Länge:** 30

Findest du diese Bewertung hilfreich?   Ja   Nein   Bewertung melden

★★☆☆☆ Tommy Jeans
2 von 2 Kunden finden diese Bewertung hilfreich.

Die Hose passen und liegen super gut aber ziehen auch jede Menge Fussel was für mich persönlich von so eine Marke wie TH einfach nicht geht. Ich habe auch paar Jeans No Name für 20€ in schwarz und da passiert überhaupt nichts deswegen hier sehr enttäuscht.

von **einer Kundin** aus Bochum 28.02.2021
Bewerteter Artikel: **Farbe:** Staten Black , **Größe:** 31 , **Länge:** 30

Findest du diese Bewertung hilfreich?   Ja   Nein   Bewertung melden

★★★★☆ Passform einwandfrei, wie gewohnt
2 von 2 Kunden finden diese Bewertung hilfreich.

Die Passform der Jeans ist super. Einziges Manko mit dickem Winterstrickpulli, sind alle Fusseln auf den Hosen...

von **einer Kundin** aus Thaleischweiler-Froeschn 25.01.2021
Bewerteter Artikel: **Farbe:** Staten Black , **Größe:** 29 , **Länge:** 32

Findest du diese Bewertung hilfreich?   Ja   Nein   Bewertung melden

★★★★☆ Schöne Hose

Leider habe ich wohl das Wort „Skinny" überlesen. Ich war der Meinung es hätte in der Beschreibung „Slim" gestanden. Sie ist zwar an den Waden recht eng, aber ich behalte dir dennoch.

von **einer Kundin** aus Dortmund 21.03.2021
Bewerteter Artikel: **Farbe:** Staten Black , **Größe:** 30 , **Länge:** 32

Findest du diese Bewertung hilfreich?   Ja   Nein   Bewertung melden

★★★★★ Wowww 👍

Die Hose ist einfach hammer ❣ Sitz sehr schön, passt perfekt und größe ist auch so wie sein sollte. Kann ich nur empfehlen

von **Maryam S.** aus Nuernberg 25.03.2021
Bewerteter Artikel: **Farbe:** New Niceville Mid Blue , **Größe:** 28 , **Länge:** 30

Abb. 3.51: Otto findet Kommentare gut: Diese Damenjeans kam auch bei den Käuferinnen gut an

3.1.7 Weblogs

Blogs sind eine wunderbare Sache – wenn sie gut geschrieben sind. Und das heißt, dass Sie jemanden brauchen, der gut schreiben kann. Wenn Sie an dieser Stelle sagen »Dafür haben wir eine PR-Agentur«, dann vergessen Sie bitte das Thema Blogs.

Blogs werden von Menschen geschrieben, die mit beiden Beinen voll im Geschehen stehen und authentisch, das heißt hier: im Unternehmen sind. Und damit mir die PR-Agenturen nicht böse sind: Wenn es in der Agentur einen Mitarbeiter gibt, der das Unternehmen seit mindestens drei Jahren kennt, der einmal pro Woche vor Ort ist und das Unternehmen wirklich liebt, dann kann auch die PR-Agentur bloggen.

Wenn Sie Bloggen mal probiert haben und wieder aufhören, ist das auch in Ordnung. Das ist ehrlich. Und genau darauf kommt es an. Die Firma Fischer war eines der ersten deutschen Unternehmen, die den Mut hatten, das (damals) neue Medium Weblog aus-zuprobieren. Und das Unternehmen hatte auch die Courage, das Experiment recht-zeitig zu beenden.

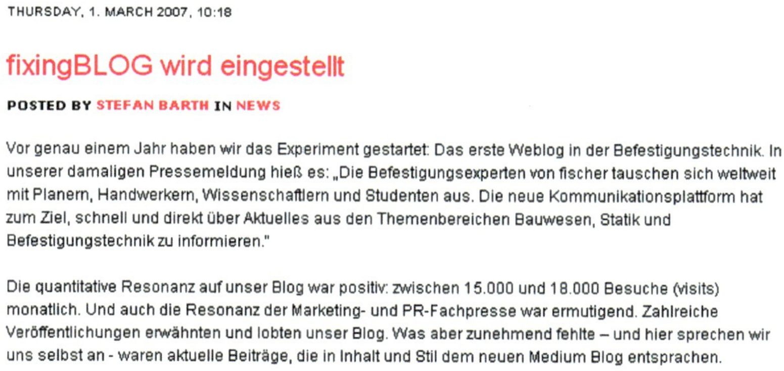

THURSDAY, 1. MARCH 2007, 10:18

fixingBLOG wird eingestellt

POSTED BY STEFAN BARTH IN NEWS

Vor genau einem Jahr haben wir das Experiment gestartet: Das erste Weblog in der Befestigungstechnik. In unserer damaligen Pressemeldung hieß es: „Die Befestigungsexperten von fischer tauschen sich weltweit mit Planern, Handwerkern, Wissenschaftlern und Studenten aus. Die neue Kommunikationsplattform hat zum Ziel, schnell und direkt über Aktuelles aus den Themenbereichen Bauwesen, Statik und Befestigungstechnik zu informieren."

Die quantitative Resonanz auf unser Blog war positiv: zwischen 15.000 und 18.000 Besuche (visits) monatlich. Und auch die Resonanz der Marketing- und PR-Fachpresse war ermutigend. Zahlreiche Veröffentlichungen erwähnten und lobten unser Blog. Was aber zunehmend fehlte – und hier sprechen wir uns selbst an - waren aktuelle Beiträge, die in Inhalt und Stil dem neuen Medium Blog entsprachen.

Abb. 3.52: Fischer hatte einen der ersten deutschsprachigen Unternehmensblogs

Bloggen funktioniert gut bei kleinen Unternehmen. In großen geht es nur dann, wenn der Bloggende das Vertrauen und die volle Unterstützung der Geschäftsführung hat, und wenn der Geschäftsführung bewusst ist, dass der Reiz des Bloggens unter anderem im Ausloten von Grenzen liegt.

Dabei gibt es für das Marketing kein besseres Werkzeug als ein Weblog, um den Puls des Marktes hautnah zu erfühlen. Auf die Frage nach dem Namen eines neuen Produkts kamen im Blog von Frosta mal 56 Kommentare zusammen. Das ist sicher eine wertvolle Ergänzung zu den eigenen Überlegungen. Auch hier gilt: Belassen Sie es nicht nur dabei, Ihre Interessenten zu informieren, sondern beziehen Sie sie in einen Entscheidungsprozess mit ein und holen sich Input direkt von Ihrer Zielgruppe.

Abb. 3.53: Frosta beteiligt seine Kunden an der Diskussion über Produkte

Eine weitere Stärke von Blogs liegt im Imageaufbau. Freiberufler bauen sich ein positives Image auf, indem sie fleißig im Social Web aktiv sind. Da werden freiwillig Fragen in Foren beantwortet oder Wikipedia-Einträge korrigiert. Oder es werden in Blogs und Newslettern kostenlos wertvolle Tipps gegeben. Oder es wird ein eigenes Weblog geführt.

Wichtig, wenn Sie sich zum Bloggen entschieden haben: Machen Sie Ihren Blog bekannt. Tragen Sie sich in die vielen Blogverzeichnisse ein, die es inzwischen gibt. Führen Sie eine Blogroll, in der Sie auch auf andere Blogs verlinken.

3.1.7.1   Blog mieten

Der bequemste und schnellste Weg zum eigenen Blog geht über Mieten. Das dauert fünf Minuten und schon können Sie losbloggen. Blog.de oder Blogger.com sind Anbieter solcher kostenlosen Dienste. Wenn Sie wollen, können Sie auch Geld bezahlen. Dafür gibt es dann ein paar Extras.

3.1.7.2   Blog selbst hosten

Wenn Sie Ihren Blog nicht als Privatperson, sondern als Unternehmen betreiben, sollte er professionell gemacht sein. Damit ist weniger das Webdesign als vielmehr die Technik gemeint. Mehrere Gründe sprechen für ein selbst gehostetes Weblog:
* Sie haben die Kontrolle über alle Funktionen.
* Der Blog ist auf Ihrem Server und läuft damit aus Sicht der Suchmaschinen unter Ihrer Domain. Das ist wichtig, weil Blogs auch für die Suchmaschinen-Optimierung eine tragende Rolle spielen.
* Sie haben ein einfach zu installierendes und einfach zu bedienendes »Mini-Content-Management-System«, das Ihnen erlaubt, aktuelle Inhalte umgehend online zu stellen.

Ich selbst bin zwar nicht der große Blogger, nutze die Technik aber gerne, um bequem über Aktuelles zu informieren. Auf Absolit-Blog.de und Absolit.de/blog betreibe ich einfache, mit WordPress erstellte Blogs. Ihre Agentur kann Ihnen das sicher mit wenig Aufwand installieren.

Während die marketing-BÖRSE auf einem eigenen Server läuft, ist die Webseite Absolit.de auf Webspace, der ganz normal bei einem der großen Provider gehostet ist. Dort ist es kein Problem, WordPress selbst zu installieren. Alternativ können Sie auch das vom Provider meist mit angebotene Blogging-Tool nutzen.

Eines der bekannteren deutschen Unternehmensblogs ist das Saftblog von Kirsten Walther. Sie schreibt, was sie gerade bewegt – egal ob es nun um Säfte oder die Auswahl eines Shopsystems geht. Dahinter steht die sächsische Saftkelterei Walther. Dank des Saftblogs verschickt Walther seine beliebte Saftbox inzwischen bundesweit.

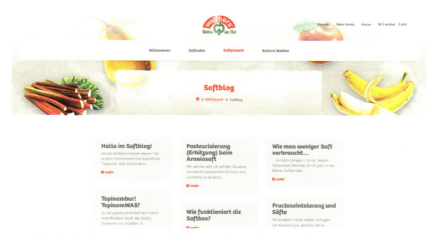

Abb. 3.54: Saftblog ist einer der bekannteren deutschen Unternehmensblogs

Ein weiterer überzeugter Blogger ist Herwig Danzer. Er bloggt, was es aus der Schreinerei »Die Möbelmacher« zu berichten gibt, und sorgt damit für Aufmerksamkeit.

Abb. 3.55: Hier bloggt die Schreinerei »Die Möbelmacher« aus Kirchensittenbach

3.1.7.3   Blogroll

Bloggen ist das eine – bekannt werden das andere. Der Grund, warum Blogs schnell bekannt werden, ist die Vernetzung der Blogger untereinander. Viele kennen sich persönlich. Das manifestiert sich nicht zuletzt in einer langen Blogroll: Das ist die Liste der befreundeten Blogs.

Vorteil einer solchen Blogroll: Daraus werden Rankings der beliebtesten Weblogs erstellt, und wenn Sie sich anstrengen, sind Sie dabei. Anderer angenehmer Nebeneffekt: Suchmaschinen lieben Seiten, die gut mit anderen Seiten im Netz verknüpft sind. Und das sind Blogs per Definition, weil die Vernetzung von Artikeln sogar teilweise automatisch abläuft. Wenn eine Website erneuert wird, merkt das oft keiner. Wenn aber ein neuer Blogeintrag geschrieben wird, versendet der Blog einen kurzen Impuls an alle, die das interessiert.

Parallel sollten Sie jedoch Ihr Blog in die wichtigsten Blogverzeichnisse eintragen.

> BLOGVERZEICHNISSE
>
> Hier finden Sie eine Liste der Blogverzeichnisse: https://blogs-optimieren.de/1565/30-blogverzeichnisse.

Bloggerei.de, Blogalm und Bloggeramt sind die wichtigsten deutschsprachigen Blogverzeichnisse. Meist sind die Blogs übersichtlich nach den neuesten Einträgen geordnet. Auch in der weltweit aktiven Blogsuchmaschine blogsearchengine.org sollten Sie mal vorbeischauen.

3.1.8   Podcast & Video

3.1.8.1   Podcast

Ein Medium, welches über die letzten Jahre reichweitentechnisch explodiert ist, ist der Podcast. Laut einer Studie des Podcasting-Toolanbieters podigee (siehe https://www.podigee.com/de/blog/neue-studie-mehr-als-10-millionen-deutsche-h%C3%B6ren-podcasts) hören rund 10 Millionen Deutsche regelmäßig Podcasts. In der Zielgruppe der 14- bis 29-Jährigen sind es sogar 30 Prozent. Nur 20 Prozent sind Podcasts gänzlich unbekannt. Über die Jahre sind daher auch immer mehr Unternehmen auf den Zug aufgesprungen und haben einen eigenen Podcast gestartet. So zum Beispiel auch die Deutsche Bahn, Vodafone oder Tchibo:

Abb. 3.56: Verschiedene Corporate Podcasts

Interessant sind Podcasts für das Marketing, weil sie mehr »rüberbringen« als Websites. Der Klang der Stimme, die Modulation und der unverfälschte, direkte Rezeptionskanal sind Gründe, warum Podcasts stärker wirken. Die Zeit zum Anhören auch: Der durchschnittliche Arbeitsweg dauert vierundzwanzig Minuten. Mit Podcast kann man hören, wann man will.

Hygiene-Faktoren

Wie eingehend erwähnt sind Podcasts kein Nischenprodukt mehr – das erkennt man auch an dem weitgehend professionellen Produktionsniveau. Eine sauber abgemischte Stimme ohne Zisch- oder Knirschgeräusche, kein Hall und keine Lautstärkeschwankungen. Das alles sind mittlerweile Grundvoraussetzungen geworden. Egal wie spannend das Thema ist, wenn das Zuhören anstrengt, wird abgeschaltet. Natürlich braucht man für den Anfang kein höllisch teures Set-up. Ein günstiges Richt- oder Ansteckmikrofon reicht in den meisten Fällen für den Start aus. Aufnehmen und nachbearbeiten können Sie mit dem kostenlosen Tool Audacity (https://www.audacityteam.org).

Die Klangelemente professioneller Podcasts sind ein Intro, ein Outro und diverse Soundelemente zwischendurch. Wichtig ist eine gute Mischung aus Unterhaltung und Information.

Der thematischen Gestaltung sind so gut wie keine Grenzen gesetzt – wichtig ist nur, dass der Inhalt in reiner Audioform Sinn macht. Ein »How-to«-Podcast für alle Themen rund ums Fliesenlegen würde sich wahrscheinlich besser als audiovisuelles Videoformat eignen. Generell lässt sich bei der grundlegenden Inhaltsgestaltung nach »Lean-Forward-Formaten« und »Lean-Backward-Formaten« unterscheiden:

Lean-Forward-Formate
Hierbei geht es vor allem um komplexeren Themen, bei welchen der Hörer aktiv zuhören und mitdenken muss. Beispiele hierfür sind Experteninterviews oder Tutorials.

Lean-Backward-Formate
Diese Formate sind eher leichte Kost – das Motto lautet »zurücklehnen und berieseln lassen«. Beispiele hierfür sind lockere Talk- oder News-Formate.

Sie haben Ihre erste Podcast-Folge aufgenommen und nun möchten Sie diese natürlich unter die Leute bringen – aber wie? Eine Möglichkeit ist, diese als Audiodatei auf Ihrer Webseite einzubauen. Das ist wohl die schnellste und simpelste Methode, aber dabei bleiben einschlägige Podcast-Plattformen wie Spotify, Apple Podcasts und Co. links liegen.

Alternativ können Sie sich über CMS-Plugins oder RSS-Feed-Editoren einen eigenen Podcast-Feed bauen und diesen dann bei den einschlägigen Portalen zur Veröffentlichung einreichen. Das funktioniert wunderbar, da vor allem einige CMS-Plugins wie der »Podlove Podcast Publisher« (https://publisher.podlove.org/) auch eingebaute Analytics-Funktionen und eine benutzerfreundliche Oberfläche bieten. Der Nachteil: Sie müssen weiterhin bei jedem Podcast-Portal klopfen und Ihren Feed einreichen.

Die letzte Möglichkeit ist, ein dediziertes Podcasting-Tool zu nutzen. Diese kosten zwar etwas, beinhalten aber auch so ziemlich alles, was das Podcaster-Herz begehrt: automatisches Listing bei Apple Podcasts, Spotify, Audible und Co., einfaches Managen verschiedenster Feeds oder auch einen Audio-Encoder, der die Sound-Qualität beim Upload nochmal etwas nach oben schraubt. Ich selbst nutze für unsere Podcasts beispielsweise Podigee: https://www.podigee.com.

Abschließend lässt sich sagen, dass Podcasts auch ohne großen monetären Aufwand erstellt und publiziert werden können. Wenn Sie wenig Zeit oder Lust haben, sich mit den technischen Kniffen der Veröffentlichung Ihres Feeds auf Spotify und Co. zu beschäftigen, schaffen Publisher-Tools Abhilfe.

3.1.8.2 Video

Ein Video sagt mehr als tausend Worte. Technisch ist es recht einfach, ein Video bei einem der großen Videoportale online zu stellen und dann in die eigene Website einzubauen. Kirsten Walther erläutert auf ihrer Website, wie eine Saftbox geöffnet und der Zapfhahn angeschlossen wird. eBay erklärt seinen Powershoppern, welche neuen Features es gibt.

Anwendungen gibt es viele. Und genau wie Sie für ein Podcast nur ein Mikrofon brauchen, benötigen Sie für Online-Videos lediglich eine Kamera mit Videofunktion. Das Hochladen auf ein Videoportal ist ebenso einfach wie der Einbau in ein Blog oder in die Homepage. Zu Blogs gibt es sogar direkte Schnittstellen, sodass Sie das Video mit einem einzigen Mausklick online stellen können. Und wenn Sie wollen, können Sie das Ganze sogar von unterwegs machen. Die Live-Berichterstattung ist schon längst kein Privileg der Fernsehsender mehr.

Abb. 3.57: Kirsten Walther erläutert persönlich die Bedienung der Saftbox

Für Marken ist Video beinahe schon Pflichtprogramm. Es gibt keinen Automobilhersteller, der nicht seine Modelle über den Monitor flitzen lässt. Selbst Jägermeister vermittelt Kneipenstimmung mit einem Video. Douglas nutzt schon lange ein eigenes Online-Videoformat.

Abb. 3.58: Douglas gibt Schönheitstipps per Livestream

3.1.9   RSS-Feed

Viele Menschen nutzen weiterhin RSS-Feeds, um immer aktuell zu den wichtigsten Themen informiert zu sein. Auf vielen Webseiten gibt es inzwischen diese magischen drei Buchstaben oder das Quadrat mit den zwei Bögen und dem Punkt.

Abb. 3.59: Dieses Logo zeigt an, dass ein RSS-Feed angeboten wird

Darunter versteht man einen Dienst, der wie ein Newsticker funktioniert: Sobald es eine neue Meldung gibt, bekommen Sie diese zugeschickt. Auf Plattformen wie Netvibes oder Inoreader können Sie beliebige Nachrichtenkanäle abonnieren. Die wichtigsten Headlines werden dann auf Ihrem Monitor angezeigt. Auf der Seite von Netvibes. com können Sie sich Ihre ganz persönliche Startseite einrichten.

Abb. 3.60: Bei Netvibes richten Sie sich mit RSS-Feeds Ihre ganz persönliche Startseite ein

Inzwischen sind es nicht nur Tagesschau, Spiegel und die FAZ, die RSS-Feeds anbieten. Jeder Blogger, jeder, der etwas zu sagen hat, hat seinen RSS-Feed. Die Technik ist relativ einfach, wenn man seinen eigenen Server und das entsprechende CMS hat.

Ansonsten können Sie aus Ihren Pressemeldungen einen RSS-Feed generieren: Melden Sie sich auf dem Presseportal marketing-boerse.de an und publizieren Sie dort Ihre Meldungen als »News« oder »Ticker«. Sie erhalten dann automatisch Ihren eigenen RSS-Feed. Rechts oben im Unternehmensprofil gibt es dann jeweils ein orangefarbenes Rechteck »RSS«. Hier ist zum Beispiel der RSS-Feed von Absolit: www.marketing-boerse.de/News/list_.xml/user/5228

Abb. 3.61: Pressemitteilungen als automatisch generierter RSS-Newsfeed: www.marketing-boerse.de/News/list_.xml/user/5228

3.2   Klassische Online-Werbung

Wenn Sie eine Homepage haben, gibt es eine Reihe von Methoden, um Besucher auf die eigenen Seiten zu bringen. Dazu gehört die Anmeldung bei Suchmaschinen und bei Verzeichnissen. Damit die Seiten bei den Suchmaschinen auch möglichst weit vorne stehen, gilt es eine Reihe von Dingen zu erledigen, die als Onpage- und Offpage-Optimierung bezeichnet werden. Zusätzlich können Sie Anzeigen in Suchmaschinen schalten. Diese werden immer dann angezeigt, wenn nach den von Ihnen gebuchten Stichworten gesucht wird (siehe Kapitel 3.2.1.4 Suchmaschinen-Anzeigen).

Natürlich gibt es noch eine Reihe weiterer Möglichkeiten, online Anzeigen zu schalten. Das können Banner- oder auch Textanzeigen sein. Die Anzeigen können nach Sichtkontakten gebucht werden oder es wird nur bei Erfolg gezahlt. Erfolg heißt, dass Sie entweder nur dann zahlen, wenn jemand draufklickt oder nur dann, wenn jemand auch wirklich etwas kauft. Letzteres ist im Abschnitt Affiliate-Marketing (in Kapitel 3.2.2.2) erläutert.

3.2.1   Suchmaschinen-Marketing

Wer heute etwas kaufen will, sucht vorher im Web. Über 90 Prozent aller Internetnutzer verwenden das Web, um vor einer Kaufentscheidung Informationen einzuholen – weltweit werden pro Jahr über zwei Billionen Suchanfragen getätigt. 77 Prozent der Google-Nutzer suchen mindestens dreimal pro Tag nach Informationen oder Produkten (siehe https://moz.com/blog/new-google-survey-results).

Der einfachste Weg, um an Produktinformationen zu kommen, ist über eine Suchmaschine. »Googeln« steht seit der 23. Auflage auch als Verb im Duden. Hinter jeder dritten Suche stecken eine Kaufabsicht und ein Interesse an kommerziellen Produkten. Es gibt daher einen guten Grund, warum es für Unternehmen interessant ist, in Suchmaschinen präsent zu sein: Wer nach dem Stichwort »Lebensversicherung« googelt, könnte mit hoher Wahrscheinlichkeit Interesse am Abschluss einer solchen haben.

Hier gefunden zu werden ist weitaus sinnvoller, als sämtlichen Inhabern einer Hausratversicherung einen Werbebrief mit Informationen zu einer Lebensversicherung in den Briefkasten flattern zu lassen.

Das ist auch der Grund, warum so viele Unternehmen sich aktuell für das Thema Suchmaschinen-Marketing interessieren. Das Problem dabei ist jedoch: Wer bei einer Suchmaschine das Stichwort »Lebensversicherung« eingibt, erhält zwei Listen, von denen jede jeweils nur einen ersten Platz hat. Und dort oben wollen alle stehen. Konkret geht es um folgende zwei Listen: Das eine ist der Index, sozusagen der redaktionelle Teil, die Suchanzeigen sind die zweite Liste. Bei den Suchanzeigen sind die Suchmaschinen bestechlich: Wer den höchsten Preis bezahlt, steht oben.

Als Altavista in den neunziger Jahren den Fehler gemacht hat, gegen Geld Unternehmen im Index zu bevorzugen, war die Hölle los. Seitdem wagt es keine Suchmaschine mehr, den Index zu fälschen. Für die Reihenfolge der Platzierung zählt einzig und allein die Relevanz für den Leser. Und diese wird nach einem geheim gehaltenen Algorithmus berechnet, auf den in Kapitel 3.2.1.3 Offpage-Optimierung eingegangen wird.

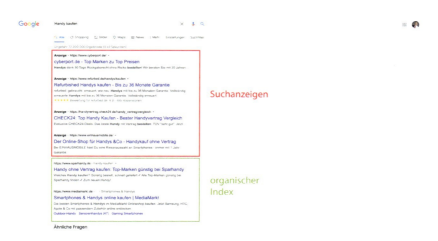

Abb. 3.62: Im Index entscheidet Relevanz und bei den Suchanzeigen das Budget über die Platzierung

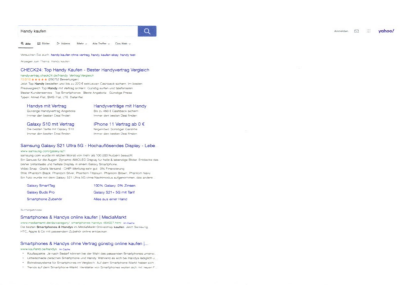

Abb. 3.63: Auch bei Yahoo gibt es eine Mischung aus bezahlten Anzeigen und redaktioneller Suche

TIPPS ZUR SUCHMASCHINEN-OPTIMIERUNG

- Das größte Forum zu Suchmaschinen-Optimierung zählt inzwischen zu den meistbesuchten deutschen Websites: https://forum.abakus-internet-marketing.de/
- Arbeiten Sie auf jeden Fall nur mit seriösen Suchmaschinen-Optimierern zusammen. Zertifizierte Dienstleister finden Sie hier: https://www.marketing-boerse.de/auszeichnung/details/SEO-Zertifikat
- Inzwischen gibt es eine Flut von Büchern zum Thema. Einen guten Überblick zu allen aktuellen Fragen bietet der »Leitfaden Online-Marketing Band 2«. Dreizehn der erfahrensten deutschsprachigen Suchmaschinen-experten schreiben dort zu ihrem jeweiligen Spezialgebiet innerhalb des Suchmaschinen-Marketing.

3.2.1.1   Suchworte finden

Bevor Sie festlegen, dass Sie in Suchmaschinen »immer vorne« stehen wollen, müssen Sie definieren, bei welchen Suchbegriffen das passieren soll. Der erste Impuls ist immer, an jene Keywords zu denken, welche am naheliegendsten sind. Das Problem dabei: Bei sehr generischen Keywords wie »Auto leasen« oder »Fernseher kaufen« müssen Sie sich gegen unzählige Konkurrenten beweisen – es gibt aber unzählige andere, thematisch ähnliche Suchworte, die zwar weniger »gefragt« sind, bei denen es vergleichsweise aber einfacher ist, auf den oberen Plätzen zu ranken. Ähnlich verhält es sich bei bezahlter Suchmaschinenwerbung: Je mehr auf ein Keyword geboten wird, umso teurer ist es. Versuchen Sie also auch »outside the box« zu denken und Keywords zu finden, welche möglichweise noch nicht so stark umkämpft sind.

Ein erster Schritt dazu: Suchen Sie nach möglichen Stichworten, die für Ihre Nutzer relevant sein könnten. Dazu gibt es fünf Wege:
- der gesunde Menschenverstand,
- die Analyse Ihrer Website,
- die Vorschlagswerkzeuge der Suchmaschinen,
- die Assoziationssuche von MetaGer,
- Ihre Unternehmenspublikationen.

Die Arbeit lohnt sich, denn die interessantesten Besucher bekommen Sie über selten gesuchte Stichworte. Innerhalb eines Jahres werden auf der marketing-BÖRSE hunderttausende verschiedene Suchphrasen recherchiert. Das Interessante: Ein Großteil der Suchphrasen wird nur sehr selten oder gar nur ein einziges Mal genutzt. Erstmals entdeckt wurde diese nach ihm benannte Häufigkeitsverteilung von dem italienischen Soziologen Vilfredo Pareto. Der Amerikaner Chris Anderson erklärt damit unter dem Stichwort »Longtail« eine Reihe von internettypischen Häufigkeitsverteilungen.

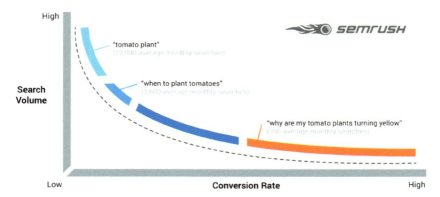

Abb. 3.64: Beispiel einer klassischen Longtail-Verteilung von Keywords (Quelle: SEMrush, https://www.semrush.com/kb/685-what-are-long-tailed-keywords)

Keine Frage also: Die Macht liegt – wie es auch Chris Anderson postulierte – im Longtail, also in dem langen Schwanz seltener Suchphrasen. Es ist wenig sinnvoll, sich ausschließlich mit den wenigen meistgesuchten Stichworten zu beschäftigen. Viel effektiver ist es, die Bedingungen dafür zu schaffen, dass Sie auch mit möglichst vielen seltenen Stichworten gefunden werden. Dazu gibt es verschiedene Möglichkeiten.

Suchintention bedenken
Umso mehr Sie sich in den Kopf des Users versetzen können, desto gezielter können Sie Traffic über bestimmte Suchworte und -phrasen abgreifen. Hier unterscheidet man grundlegend zwischen drei verschiedenen Kategorien: navigationale, informationelle und transaktionelle Suchanfragen.

Navigationale Suchanfragen: Sind oftmals einfach auf die Bequemlichkeit der User zurückzuführen, da diese nach einer ganz bestimmten Unterseite oder Marke suchen. Beispiele sind »Login Online Banking Sparkasse«, »Sportnachrichten Bildzeitung« oder »InEar Kopfhörer Sony«. Bei solchen Suchanfragen in Verbindung mit Ihrer Brand ist sicherzustellen, dass Sie sowohl in den organischen als auch (falls vorhanden) bezahlten Suchergebnissen an erster Stelle stehen.

Informationelle Suchanfragen: Hier möchte der User eine Frage beantwortet haben, Informationen zu einem Produkt oder einer Produktgattung erhalten oder Ideen und Inspirationen sammeln. Mögliche Beispiele sind »Weinfleck entfernen«, »Sommeroutfits« oder »beste Kopfhörer«. Überlegen Sie sich, welche Informationsbedürfnisse die User haben, für die Ihr Produkt oder Ihre Dienstleistung interessant wäre. Auf Basis dieser Erkenntnisse können Sie Landingpages erstellen, welche genau diese Bedürfnisse decken.

Transaktionelle Suchanfragen: Diese Suchabfragen zeigen direktes Interesse daran, ein Produkt oder eine Dienstleistung zu kaufen. Der User ist in der Regel schon über die Phase der Informationsgewinnung hinaus und hat die Absicht, eine Transaktion durchzuführen. In diese Kategorie fügen sich Suchphrasen ein wie »iPhone 12 kaufen«, »Friseurtermin online« oder generell Keywords wie »bestellen«, »kaufen« oder »herunterladen«. Hierbei liegt die Priorität auf gut optimierten Produktseiten. Da hinter solchen Suchanfragen häufig unmittelbarer Umsatz steht, ist die Konkurrenz und damit auch der Preis beim Buchen solcher Keywords oftmals sehr hoch.

Die Webanalyse Ihrer Website
Viele Webanalyse- und SEO-Programme notieren die Suchworte, mit denen Suchende von den Suchmaschinen ihren Weg auf Ihre Website finden. Sammeln Sie diese Begriffe. Nutzen Sie ruhig auch verschiedene Programme – manchmal unterscheiden sich die Ergebnisse. Schauen Sie, welche der Suchbegriffe, die Sie auf dem Schirm haben, bereits guten Traffic liefern und welche nicht. Fehlt zu einem Keyword entsprechender Content? Sind die Seiten, die bereits guten Traffic liefern, so optimiert, dass der Leser auch noch tiefer in die Webseite einsteigen kann? Wie gut performen sie bei transaktionellen Suchanfragen?

Abb. 3.65: Die meistgesuchten Suchworte werden in Webanalyseprogrammen angezeigt

Die Vorschlagswerkzeuge der Suchmaschinen
Nachteil der Suche auf der eigenen Site: Sie entdecken nur Suchworte, mit denen Sie sowieso schon gefunden werden. Um aber neue Suchworte aufzutun, mit denen Sie noch nicht gefunden wurden, empfehlen sich zwei Methoden, die Sie am komfortabelsten mit dem Google-Ads-Werbesystem anwenden können.

Wenn Sie sich bei Google Ads anmelden, erhalten Sie Zugriff auf ein Programm, das Ihnen unter Tools → Keyword-Planer zwei wichtige Optionen anbietet:
- Sie geben einzelne Stichworte ein oder
- Sie geben die Adresse einer Webseite ein, aus der relevante Stichworte extrahiert werden.

Zielregionen (1)		Reichweite ⑦ ✖
Karlsruhe, Baden-Württemberg, Deutschland Ort		1.060.000 ✖

☐	Keyword (nach Relevanz) ↓	Durchschnittl. Suchanfragen pro Monat	Wettbewerb	Durchschnittliche organische Position
☐	friseur	3.600 〰	Gering	–
	Keyword-Ideen			
☐	friseur in der nähe	90 〰	Gering	–
☐	friseursalon	110 〰	Gering	–
☐	friseur preise	10 〰	Gering	–
☐	haarverlängerung	90 〰	Hoch	–

Abb. 3.66: Keyword-Recherche für das Suchwort »friseur«

Schauen wir uns das ganze Mal an einem konkreten Beispiel an: Die obere Abbildung zeigt Keywords, welche im Zusammenhang mit dem Wort »friseur« in Karlsruhe gesucht werden. Zusätzlich wird das monatliche Suchvolumen jedes Keywords angegeben. Für einen Friseur im Kreis Karlsruhe könnte es also Sinn machen, auf das Keyword »Friseursalon« zu setzen oder eine gesonderte Landingpage anzufertigen, welche Besucher zum Thema Haarverlängerungen informiert. Gleichzeitig können sich durch den Keyword-Planer Trends der jeweiligen Region erkennen lassen.

Zielregionen (1)		Reichweite ⑦ ✖
Karlsruhe, Baden-Württemberg, Deutschland Ort		1.060.000 ✖

☐	haare schneiden	70 〰	Gering
	Keyword-Ideen		
☐	kurzhaarfrisuren	260 〰	Gering

Abb. 3.67: Keyword-Recherche für das Suchwort »friseur« nach Region

Es wird deutlich, dass das Keyword »friseur« deutlich öfter gesucht wird als die Suchphrase »haare schneiden«. Zum anderen ist erkennbar, dass vergleichsweise viele Personen im Kreis Karlsruhe nach dem Wort Kurzhaarfrisuren suchen. Hier bietet es sich an, eine gesonderte Landingpage mit den besten Kurzhaarfrisuren zu erstellen und potenzielle Kunden, die Interesse an Kurzhaarfrisuren haben, auf den eigenen Friseursalon aufmerksam zu machen.

Um den Suchbereich weiter einzugrenzen, kann auch das Alter der gewünschten Zielgruppe eingestellt werden, um nachzuvollziehen, welche unterschiedlichen Interessen im jeweiligen Themengebiet je nach Altersgruppe vorhanden sind, um die Webpräsenz dahingehend zu ergänzen.

Die Assoziationssuche von MetaGer

Lassen Sie sich inspirieren. Der Webassoziator der deutschen Metasuchmaschine MetaGer ist dafür prima geeignet. Er zeigt Stichworte, auf die Sie nicht unbedingt von selbst kommen.

Abb. 3.68: MetaGer erlaubt eine Suche nach assoziierten Wörtern

Ihre Unternehmenspublikationen

Noch ein kleiner Trick: Sammeln Sie alle Textdokumente, die Sie in Ihrem Unternehmen finden können, und verknüpfen Sie alles zu einer großen Word-Datei, am besten unformatiert und ohne Bilder, einfach nur die Texte aneinanderhängen. Die Reihenfolge ist egal. Ziel der »Übung« ist es, möglichst viele Texte aus Ihrem Unternehmen zusammenzubekommen. Vermeiden Sie jedoch Namenslisten (außer das könnte als Suchbegriff relevant sein. Dann lassen Sie über die Datei ein Werkzeug namens »Textmentor« laufen (https://www.heise.de/download/product/textmentor-basic-42092).

Dazu gehen Sie auf Index berechnen → Wortvielfalt. Daraus können Sie sich dann ebenfalls Anregungen für neue Suchworte ziehen.

Worthäufigkeit im Dokument 'Buch-Manuskript.doc':

1. Analyse: Nach der Worthäufigkeit geordnet.

Zum Aufruf des Thesaurus klicken Sie bitte in ein Wort und drücken dann [Umschalt]+[F7].

online	0217
Kunden	0108
Internet	0098
Unternehmen	0092
Marketing	0073
Produkte	0057
Homepage	0056
Viele	0054
Shop	0052
Web	0047

Abb. 3.69: Das Programm Textmentor berechnet, welche Worte in einem Dokument wie oft vorkommen. So lassen sich die wichtigsten Stichworte schnell extrahieren

3.2.1.2 Onpage-Optimierung

Damit Ihre Seite im Index der Suchmaschinen gefunden wird, müssen zu dem jeweiligen Suchwort auch relevante Inhalte auf der Seite zu finden sein. Und die Suchmaschine muss Ihre Seite kennen. Wie viele Ihrer Seiten die Suchmaschinen kennt, verrät Ihnen die »Search Console« von Google.

Details					
Status	Typ	Validierung ↓	Trend		Seiten
Gültig	Gesendet und indexiert	Nicht zutreffend	————		656
Gültig	Indexiert, nicht in Sitemap gesendet	Nicht zutreffend	————		346

Zeilen pro Seite   10   ⌄   1 bis 2 von 2   ‹   ›

Abb. 3.70: Wie viele Ihrer Webseiten kennt die Suchmaschine bereits?

Wenn Sie noch überhaupt nicht in der reichweitenstärksten Suchmaschine – nämlich Google – zu finden sind, wird es Zeit, das zu ändern. Dies kann ganz einfach über die Search Console erledigt werden. Hierzu muss die jeweilige URL einfach in das Suchfenster des Tools eingegeben und eine Indexierung beantragt werden.

URL ist nicht auf Google

Diese Seite ist nicht im Index, aber nicht aufgrund eines Fehlers. Informationen dazu, warum sie nicht indexiert wurde, findest du unten. Weitere Informationen

Seite geändert?   INDEXIERUNG BEANTRAGEN

Abb. 3.71: Neue Indexierung bei Google beantragen

Auch das Löschen einer einzelnen URL, z. B. der Anmeldeseite für Webseitenadminist-ratoren, aus dem Index kann über die Search Console mit einem Klick getätigt werden.

Damit Sie mit den Suchworten gefunden werden, müssen diese natürlich auch auf Ihren Seiten stehen. Am besten sollte das entsprechende Stichwort nicht nur einmal, sondern gleich mehrfach auf der Website erscheinen. Denn eines ist klar: Eine Such-maschine zeigt diejenigen Seiten, von denen sie annimmt, dass sie relevante Infor-mationen zu dem Thema enthalten. Wenn Google also merkt, dass Sie einzigartige Inhalte zu einem bestimmten Themengebiet auf Ihrer Webseite anbieten, werden Sie eher als Experte eingestuft und mit einem besseren Ranking belohnt.

Wenn die Webseite bei Google (und anderen Suchmaschinen) gelistet ist und gefun-den werden kann, was meist einige Wochen oder Monate dauert, muss sichergestellt werden, dass die eigenen Inhalte auch über die jeweils wichtigen Suchwörter gefun-den werden und in den Suchergebnissen möglichst weit oben stehen. Auch wenn die Ranking-Algorithmen von Google und Co. nicht öffentlich einsehbar sind, ist eines je-doch relativ klar: Die Seite, welche die höchste Wahrscheinlichkeit hat, dem Suchen-den schnellstmöglich die Antwort auf seine Frage zu liefern, wird mit dem ersten Platz in den Suchergebnissen belohnt.

Dies geht teilweise sogar so weit, dass Google einzelne Absätze aus Blogbeiträgen, Bil-der der Webseite oder bestimmte Abschnitte aus YouTube-Videos vorschlägt, sodass die gewünschten Informationen noch schneller eingesehen werden können.

Abb. 3.72: Video- und Textauszüge in den Suchergebnissen von Google

Drei grundlegende Aspekte, welche Sie beim Thema Onpage-Optimierung immer im Hinterkopf haben müssen:

1. Google wird immer besser darin, die Relevanz einer Seite zu einem bestimmten Thema einzuschätzen – die Zeiten von Keyword-Stuffing sind lange vorbei. Derjenige, der den passendsten Content hat, diesen übersichtlich gestaltet und die Lesererwartungen erfüllt hat, landet im Ranking oben, nicht der, der das Keyword so oft nennt, wie nur irgend möglich.

2. Seit März 2021 schaut sich Google ausschließlich die mobile Webseite an, um das entsprechende Ranking zu berechnen. Also auch wenn nur ein Bruchteil Ihrer Besucher über mobile Endgeräte kommt, hat die mobile Version Ihrer Seite einen erheblichen Einfluss auf Ihr Ranking in Suchmaschinen.

3. Tricks bringen nichts. Selbst wenn Ihre Agentur behauptet, dass das heute noch funktioniert: Schon morgen ist die Technik weiter und Sie werden erwischt. Und das heißt Strafe und Sie fliegen Sie raus aus dem Index.

Ein erster Anhaltspunkt, um den aktuellen Stand der Onpage-Optimierung zu testen, sind kostenlose Onpage-Checker, zum Beispiel https://seorch.de/. Dieser verrät Ihnen, wo möglicherweise noch (grobe) Lücken hinsichtlich der Suchmaschinen-Optimierung bestehen und wie diese gelöst werden können.

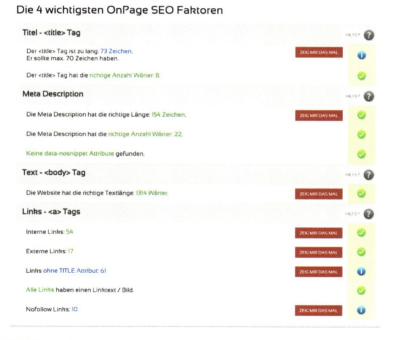

Abb. 3.73: Onpage-Check von seorch.de

Zwei der wichtigsten Faktoren bei der Onpage-Optimierung sind der Title und die Meta Description. Auf deren Grundlage bewertet der Suchende, ob er auf Ihr Suchergebnis oder das eines Konkurrenten klickt. Hier gilt es, Interesse des Users zu wecken und den Nutzen eines Klicks auf die eigene Webseite klar zu formulieren.

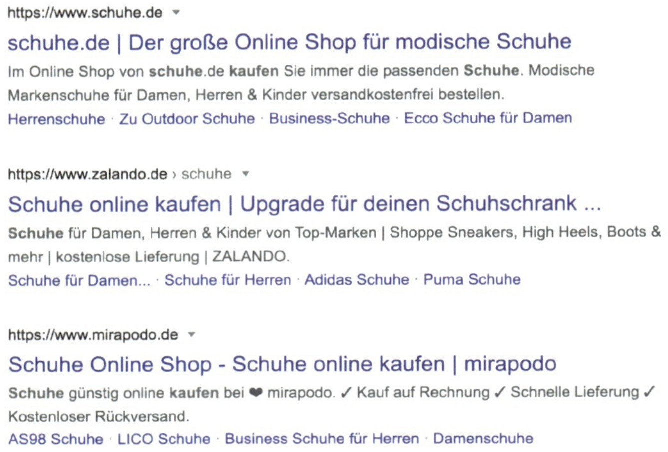

Abb. 3.74: Suchergebnisse für »Schuhe kaufen«

Für Aufbau und Formulierung von Title und Meta Description gilt:
*   Das zentrale Keyword oder eine Abwandlung dessen wird sowohl im Title als auch in der Meta Description genannt.
*   Beachten Sie die optimale Länge: Title ca. 50 bis 60 Zeichen, Meta Description ca. 150 Zeichen.
*   Der User wird durch eine eindeutige, verständliche Formulierung zum Klicken animiert.
*   Unicodezeichen und Emojis dürfen enthalten sein.
*   Jede Seite hat einen »einzigartigen« Title sowie eine Meta Description, die eindeutig zum Inhalt passt.

Wichtig ist, dass Ihr Suchergebnis aus der Masse heraussticht. Schauen Sie sich also die Suchergebnisse zu einem Keyword an, für welches Sie ranken möchten und überlegen Sie, welche Inhalte oder Formulierungen Sie nutzen können, um die Suchintention des Users noch besser abdecken zu können. Mit folgendem Tool können Sie eine Vorschau des Titles und der Meta Description generieren: https://app.sistrix.com/de/serp-snippet-generator.

Eine weitere Möglichkeit, etwas mehr Sichtbarkeit in den Suchergebnissen zu erhalten, sind sogenannte »strukturierte Daten« (auch schema.org-Markups genannt), welche für jede Seite hinterlegt werden können. Diese helfen Webcrawlern zusätzlich dabei, die Inhalte einer Seite besser zu verstehen – so kann dem Google- oder Bingbot spezifisch signalisiert werden, dass es sich bei einem Webseitenabschnitt beispielsweise um eine Bewertung, Veranstaltung, ein Rezept oder ähnliches handelt. Der Vorteil: Diese strukturierten Daten werden dann zum Teil schon auf den SERPs angezeigt und erhöhen somit die Sichtbarkeit in den Suchergebnissen.

Abb. 3.75: Strukturierte Daten in den Suchergebnissen

Hier eine Auswahl an Informationen, welche direkt schon auf der Suchergebnisseite platziert werden können:
- Sitelinks: Ermöglichen den Verweis auf bestimmte Unterseiten – vor allem in der Markensuche wichtig
- Bewertungen: öffentliche Bewertungen und Rezensionen direkt in die Suchergebnisse einspielen
- Produkte: Informationen zu dem Preis/der Preisspanne oder Lagerbestand einzelner Produkte
- Fragen & Antworten: Kernfragen und deren Antwort können direkt schon in den SERPs aufgelistet werden
- Events: Name, Datum und Ort der Veranstaltung(en) werden unter der Meta Description eingeblendet
- Rezepte: Bilder, Kalorienzahl oder auch Zubereitungszeit werden direkt in den SERPs ausgespielt

Eine kleine Hilfestellung zum Erstellen von solchen Markups finden Sie unter https://technicalseo.com/tools/schema-markup-generator/. Um zu verhindern, dass Google meckert, können Sie den Code vorher im Google-eigenen Validator auf seine Korrektheit überprüfen: https://validator.schema.org/.

Wie der Name »Onpage« suggeriert, sind natürlich die Inhalte der jeweiligen Seite der zentrale Aspekt der Optimierung. Hierzu zählen unter anderem:

Seitenstruktur

Eine klare Seitenstruktur vereinfacht zum einen das Crawlen für Suchmaschinen. Zum anderen erleichtert es dem User, schnell das zu finden, wonach er sucht. Mit am wichtigsten sind hier Überschriften (H1, H2, H3 usw.). Vergessen Sie aber auch nicht, hin und wieder mal mit Tabellen oder Auflistungen zu arbeiten.

Wichtig ist, dass jede Seite nur einen einzigen H1-Tag hat – die Hauptüberschrift. Diese sollte im besten Fall auch das zentrale Keyword enthalten. Benutzen Sie aber auch H2- oder H3-Überschriften für die wichtigsten Subthemen der jeweiligen Seite.

Unique Content

Hochwertige Inhalte sind der Schlüssel zu guten Platzierungen. Schauen Sie, welche Inhalte es unter den Top-Platzierungen auf ein Keyword gibt und analysieren Sie, wo inhaltliche Überschneidungen liegen oder wo mögliche Blindpunkte sind, welche bisher noch nicht behandelt werden. Der initiale Aufwand ist zwar hoch, aber auf lange Sicht werden Sie mit mehr Besuchern, einer höheren Verweildauer und einer geringeren Bounce Rate (Absprungrate) belohnt.

Ein Tool, welches Sie hier nutzen können, ist »Answer the Public« (https://answerthepublic.com/). Hier werden häufige Suchanfragen zu einem bestimmten Keyword abgerufen und nach den W-Fragen vorsortiert. Hier ein Beispiel für das Suchwort »handwerker«:

Abb. 3.76: Answer-the-Public-Ergebnisse für das Keyword »handwerker«

Beachten Sie auch, dass Google kopierte Inhalte erkennt. Und diese halten die Suchmaschinen für ungefähr so relevant wie Sie die Zeitung von gestern. Was gefragt ist, sind einmalige Inhalte: Unique Content. Achten Sie also darauf, nicht plump zu kopieren, sondern neu zu kreieren.

Bilder

Abbildungen können Ihren Inhalt aufwerten, verständlicher machen oder dem User einfach dabei helfen, ein Produkt umfassender betrachten zu können. Beachten Sie hier, dass Sie sowohl den Dateinamen als auch den Title- und ALT-Tag der Bilder nutzen, um Suchmaschinen klarzumachen, was in dem Bild zu sehen ist. Auch wichtig: Achten Sie darauf, dass Sie die Bilder nur in der Auflösung hochladen, in der diese benötigt werden – das hält die Ladezeit der Webseite unten.

Ladezeit der Seite

Eine Webseite mit schnellen Ladezeiten ist nicht nur für die Suchmaschinen-Optimierung (vor allem für Mobile Search) relevant, sondern auch für das Minimieren der Bounce Rate. Wie eine Studie von Google zeigt, gibt es einen nicht unerheblichen Zusammenhang zwischen der Ladezeit der Webseite und der Absprungrate der Besucher.

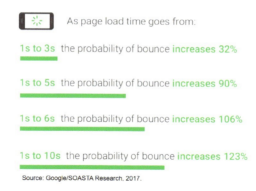

Abb. 3.77: Bounce Rate im Vergleich zur Seitenladezeit

Es zeigt sich also, dass einige Sekunden einen großen Unterschied machen können, ob der Besucher weiterhin auf der Webseite bleibt oder in erster Linie wartet, bis die Seite vollständig geladen ist. Google weist derzeit 15 Kriterien aus (Stand Mai 2021), welche die Ladezeit beeinflussen können. Welche davon auf Ihrer Seite Probleme bereiten, können Sie mit dem dazugehörigen Online-Tool »PageSpeed Insights« (https://developers.google.com/speed/pagespeed/insights/?hl=de) prüfen. Die fünf häufigsten Optimierungsfelder sind:

Bereich	Beschreibung
Bilder richtig dimensionieren	Bilder machen oft einen großen Teil des Datenvolumens beim Aufbau einer Webseite aus. Laden Sie die verwendeten Bilder also nur in der Auflösung hoch, in der diese am Ende auch verwendet werden.
Nicht sichtbare Bilder aufschieben	Auch das Laden der Bilder, welche sich nicht direkt im sichtbaren Bereich der Webseite befinden, kann verzögert werden (Lazy Loading). Die sichtbaren Bilder werden priorisiert – der Rest wird später nachgeladen.
JavaScript und CSS komprimieren	JavaScript- und CSS-Dateien können in kleinere Datenpakete komprimiert werden. Dabei werden unter anderem Kommentare oder Leerzeichen gelöscht, um die Zeichenanzahl und somit die Dateigröße zu verringern.
»Above the Fold« – Inhalte priorisieren	Google rät dazu, die Ressourcen, die zum Aufbau des sichtbaren Bereichs der Webseite benötigt werden, zu priorisieren, sodass diese zuerst geladen werden. Alles, was unter dem sichtbaren Bereich liegt, wird verzögert geladen. Dazu zählen neben den bereits erwähnten Bildern auch CSS- oder JavaScript-Dateien.
Serverantwortzeit gering halten	Laut Google soll die Antwortzeit des Servers maximal 200 Millisekunden betragen. Gründe für eine langsame Antwortzeit können Speicherprobleme, CPU-Mängel oder eine langsame Abfrage der Serverdatenbank sein.

Mobile Optimierung

Leider wird die mobile Optimierung der Webseite von vielen Unternehmen, vor allem im B2B-Bereich, weiterhin vernachlässigt. Und das, obwohl der Anteil der mobilen Suche immer größer wird und Google, wie erwähnt, inzwischen nur noch die mobile Seite zur Berechnung des Rankings heranzieht. Glücklicherweise gibt Google Webseitenbetreibern auch hier einige Hinweise an die Hand, welche Kriterien hinsichtlich der mobilen Nutzererfahrung beachtet werden müssen. Über die Search Console kann man selbst einsehen, auf welchen Seiten diesbezüglich Probleme bestehen.

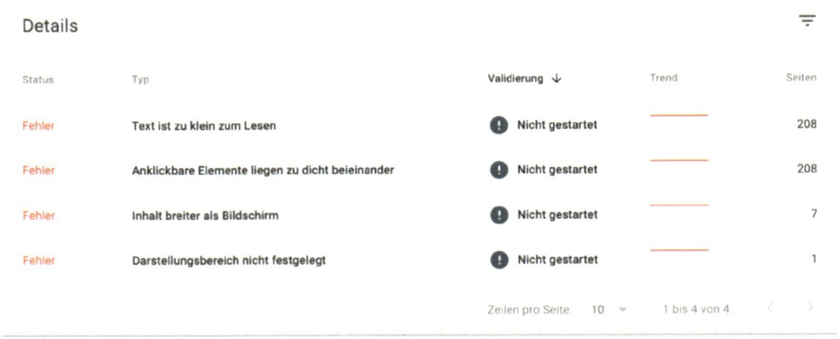

Status	Typ	Validierung ↓	Trend	Seiten
Fehler	Text ist zu klein zum Lesen	Nicht gestartet		208
Fehler	Anklickbare Elemente liegen zu dicht beieinander	Nicht gestartet		208
Fehler	Inhalt breiter als Bildschirm	Nicht gestartet		7
Fehler	Darstellungsbereich nicht festgelegt	Nicht gestartet		1

Details

Zeilen pro Seite   10   ▾   1 bis 4 von 4   ‹   ›

Abb. 3.78: Analyse der mobilen Nutzererfahrung über die Google Search Console

Interne Verlinkung

Ein wichtiges Thema, das oft vergessen wird, ist die interne Verlinkung. In welchem Umfang wird von einer Unterseite Ihrer Webseite auf eine andere Unterseite verlinkt? Wenn oft auf einen Beitrag verlinkt wird, steigt dessen Relevanz. Fragen Sie sich also beim Erstellen einer Seite oder eines neuen Blogbeitrags immer Folgendes: Habe ich weitere thematisch passende Seiten, welche ein Leser sehen sollte oder auf welchen er tiefergehende Informationen zum Thema erhält?

Und ein kleiner, aber sehr wichtiger Hinweis: die Formulierung! Der Hyperlink sollte nicht »Mehr Info hier« oder ähnlich inhaltsleer klingen, sondern das zentrale Stichwort enthalten: »Mehr zu Kindermode«. Zudem sind interne Links auch eine super Möglichkeit, den Leser auf weitere themenspezifische Inhalte aufmerksam zu machen, um noch tiefer in die Seite einzusteigen.

Zum Thema interne Verlinkung gehört auch eine sauber gepflegte Sitemap, welche die gesamte Webseitenstruktur enthält und es Suchmaschinen erleichtert, die gesamte Webseite crawlen zu können. Diese und viele weitere wichtige Informationen finden Sie in den Autorenrichtlinien von Google: www.google.com/webmasters/tools.

Zum Abschluss noch ein paar Dinge, die die Suchmaschinen so gar nicht mögen, weil sie die Roboter behindern, die dort arbeiten:

- fehlerhafte robots.txt-Datei (die Anleitung für Suchmaschinen, was gescannt werden darf und was nicht),
- wichtige Inhalte sind als iFrame eingebettet oder werden erst nach Aufbau der Seite per JavaScript nachgeladen und können somit nicht gecrawlt werden,
- Verwendung von Flash,
- unstrukturierte Webseitenarchitektur, kaputte Verlinkungen und Weiterleitungen,
- extrem lange Ladezeiten der Webseite,
- dynamische Seitenadressen mit Session-ID: Bei jedem Besuch bekommen Sie einen neuen Seitennamen (URL), in dem eine endlos lange Zahl eingeblendet ist. Wenn Sie einen Tag später diese Seite aufrufen, kommt statt der Seite eine Fehlermeldung »Die Session-ID ist abgelaufen«.

3.2.1.3 Offpage-Optimierung

Alle wollen in den Trefferlisten von Google, Yahoo & Co ganz oben stehen. Dazu gibt es zwei Methoden, die Sie beherzigen sollten: Onpage- und Offpage-Optimierung. Onpage-Optimierung wurde im letzten Kapitel betrachtet und bezeichnet alle Maßnahmen, die Sie auf Ihrer eigenen Homepage realisieren können, um mit einem bestimmten Suchwort gefunden zu werden. Ein sicheres Indiz, dass Ihre Website wirklich interessante Informationen zu diesem Stichwort enthält, ist das aber leider nicht.

Deshalb gehen Suchmaschinen seit einigen Jahren schon dazu über, stärkeres Gewicht auf unabhängige Informationen von außen zu legen. Dabei wird versucht, die »Reputation« Ihrer Website zu messen. Grob vereinfacht ist es dabei wie mit Ihrem guten Ruf im echten Leben:

- Je mehr Menschen gut von Ihnen reden, desto besser ist Ihr Ruf.
- Wenn Sie etwas älter sind, haben Sie oft einen besseren Ruf als jemand, der gerade mit der Ausbildung fertig ist.
- Wenn wichtige Autoritäten in der Branche Sie empfehlen, ist das mehr wert als das Urteil von Scharlatanen.

Genau diese Bewertung von außen wird auch von Suchmaschinen eingesetzt, um zu beurteilen, wer in einer Liste ganz oben erscheint. Nach welchem Algorithmus jedoch welche Faktoren wie gewichtet werden, das ist und bleibt das große Geheimnis der Suchmaschinen. Deshalb tummeln sich unzählige Webmaster auf Online-Foren, um zu diskutieren, zu spekulieren und ihre Erfahrungen auszutauschen. Wenn Sie also wirklich nach vorne wollen, dann betrachten Sie dieses Kapitel als Einführung in dieses umfassende Thema und besorgen sich alle Details zusätzlich in Foren.

Und noch ein wohlgemeinter Rat: Die Suchmaschinen wollen sich nicht austricksen lassen. Selbst wenn Sie einen Trick kennen, so dauert es nicht lange und die Suchmaschinen entwickeln ein Mittel dagegen. Es ist immer ein Katz-und-Maus-Spiel. Langfristig gibt es nur eine einzige Form der nachhaltigen Suchmaschinen-Optimierung: Machen Sie Webseiten, auf denen wirklich wertvolle Informationen zu den gewünschten Suchworten zu finden sind.

Und bringen Sie möglichst viele Webpartner dazu, auf Ihre Seiten zu verlinken, weil es da so interessante Informationen gibt. Wenn es viele wichtige Webseiten gibt, die Ihre Site loben, steigt die Reputation. Und Google war die erste Suchmaschine, die diese Reputation in den eigenen Algorithmus einbaute. Dahinter steckt folgendes Kalkül: Wenn die Webseitenbetreiber versuchen, durch geschickte Onpage-Optimierung so zu tun, als seien sie relevant, wird ein unabhängiges Urteil gebraucht. Und das ist die Popularität der Seite: Je mehr Hyperlinks möglichst wichtiger Seiten auf Ihre eigene Seite verweisen, desto höher ist Ihre Popularität.

Sie können das übrigens ganz einfach selbst messen: Geben Sie in www.moz.com den Begriff amazon.de ein. Dann erfahren Sie, dass es inzwischen knapp 500.000 Websites gibt, die einen Hyperlink auf amazon.de gesetzt haben. Kein Wunder also, dass Amazon bei vielen Suchbegriffen ganz oben steht.

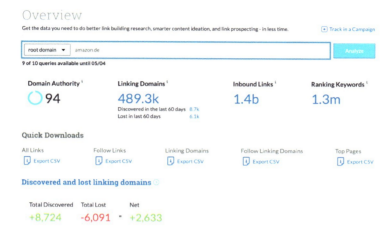

Abb. 3.79: Backlinksuche mit moz.com

Wer jedoch manipuliert, bekommt Ärger. Ärger heißt, dass Ihre Reputation gedämpft oder gar urplötzlich auf null heruntergesetzt wird. Das sagt Ihnen natürlich niemand. Also bitte keine Hyperlinks von Scharlatanen, Linkverkäufern, Linkfarmen oder sonstigen. Gleiches gilt übrigens auch umgekehrt: Wenn Sie auf einen Betrüger oder Spammer verlinken, schadet das Ihrem eigenen guten Ruf.

Zurück zu seriösen Hyperlinks. Nutzen Sie alle Möglichkeiten, von Partnern, Kunden und Institutionen Hyperlinks zu erhalten. Gleichgültig, ob nun der Verband eine Mitgliederliste hat oder die Messe auf ihre Aussteller verlinkt, jeder Link zählt. Auch in Online-Presseartikeln kann ein Link nicht schaden.

In Katalogen sollten Sie ebenfalls mit Links vertreten sein, davon gibt es im Web eine Vielzahl Beispielsweise ist es auf dem Dienstleisterverzeichnis marketing-BÖRSE nicht nur Marketinganbietern, sondern auch Werbetreibenden problemlos möglich, einen Eintrag anzulegen.

Immer wichtiger wird für die Suchmaschinen, dass die Links in einem thematischen Zusammenhang zu den Inhalten Ihrer Website stehen. Wenn Sie Hautcreme herstellen, macht ein Link auf einem Gesundheitsportal mehr Sinn als in einem Webmasterforum. Suchen Sie im Netz nach Plattformen, auf denen es Kommentarmöglichkeiten gibt und diskutieren Sie mit. Auch hier gilt: Gute Inhalte sind wichtig, plumpe Werbung ist verpönt und wirkt rufschädigend. Auch in Weblogs gibt es Möglichkeiten, Präsenz zu zeigen.

Für die lokale Suchmaschinen-Optimierung sind auch Verzeichnisse wie Gelbe Seiten und Meine Stadt relevant (mehr dazu in Kapitel 3.4.1.2).

Folgende Möglichkeiten gibt es, um sich zu verlinken:

- Reden Sie mit Geschäftspartnern, Lieferanten und Dienstleistern,
- fragen Sie Ihre Kunden,
- achten Sie bei Messen darauf, dass Sie im Online-Katalog verlinkt sind,
- reden Sie mit Verlagen, die ein Portal betreiben,
- bieten Sie Ihren Besuchern ein Partnerprogramm,
- sprechen Sie Ihre Gemeinde- oder Stadtverwaltung an,
- lassen Sie bei Verbänden in der Online-Mitgliederliste einen Link setzen,
- nutzen Sie Publikationen, um Links zu Ihren Informationen unterzubringen,
- tragen Sie sich in Kataloge, Verzeichnisse und Portale ein,
- nutzen Sie Social-Bookmark-Dienste,
- nutzen Sie Einträge in themenverwandten Foren und Blogs,
- nutzen Sie Pressemitteilungen mit Hyperlinks in Presseportalen,
- ködern Sie Links durch attraktive Angebote.

Allein eine große Anzahl externer Hyperlinks bringt noch keine Topposition in Trefferlisten. Voraussetzung ist wie schon erwähnt, dass Sie »die Hausaufgaben« der Onpage-Optimierung erledigt haben. Aber nicht nur die Suchmaschinen-technische Gestaltung Ihrer Seiten ist wichtig, sondern auch, wie lange es diese schon gibt. Das Alter der Domain entscheidet, wie schon weiter oben erwähnt. Wer also eine Domain gerade angemeldet oder umgemeldet hat, muss sich erst einmal gedulden. Wie im Berufsleben gibt es erst einmal eine Probezeit – bei Google »Sandbox« genannt. In dieser Anfangszeit suchen Sie Ihre Website vergeblich im Index. Auch danach haben »Senioren« immer einen Bonus.

Je mehr Links Sie haben, desto höher ist Ihre Reputation. Und je höher die Reputation der Seiten, die auf Sie verweisen, desto höher steigt auch Ihr Ansehen. Dieses Ansehen hat bei Google einen Namen: PageRank. Leider steht die Abfrage des PageRanks einer bestimmten Webseite der Öffentlichkeit seit 2016 aber nicht mehr zur Verfügung. Es gibt jedoch einige Alternativen, welche der Analysefunktion des ehemaligen Page-Ranks nahekommen, so zum Beispiel das URL-Rating von ahrefs: https://ahrefs.com/de/backlink-checker.

Aber woran bemessen Suchmaschinen, ob unsere Seite hinsichtlich der Backlinks gut optimiert ist? Früher war es die Linkpopularität: je mehr Links, desto besser. Dann kam die Domainpopularität: Nicht mehr die schiere Anzahl der Links zählte, sondern die Anzahl der Domains, die auf Sie verweisen. Aber auch hier wurde manipuliert, indem fix ganz viele Domains angemeldet wurden. Als Antwort kam die IP-Popularität: Jeder IP-Adressblock wird nur einmal gezählt, egal von wie vielen verschiedenen Domains der Adressblockeigner verlinkt.

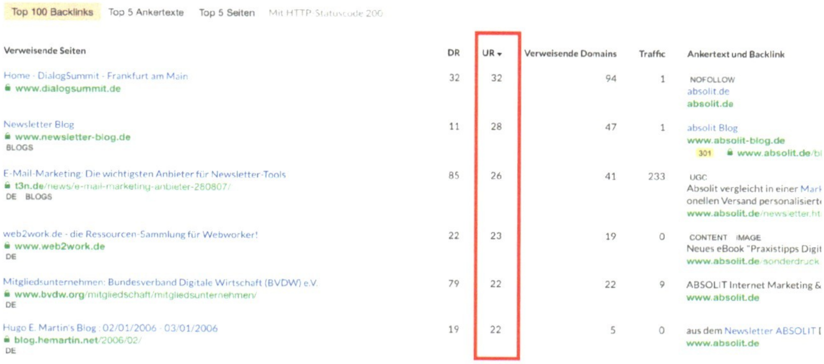

Top 100 Backlinks | Top 5 Ankertexte | Top 5 Seiten | Mit HTTP-Statuscode 200

Verweisende Seiten	DR	UR ▾	Verweisende Domains	Traffic	Ankertext und Backlink
Home - DialogSummit - Frankfurt am Main www.dialogsummit.de	32	32	94	1	NOFOLLOW absolit.de absolit.de
Newsletter Blog www.newsletter-blog.de BLOGS	11	28	47	1	absolit Blog www.absolit-blog.de 301 www.absolit.de/bl
E-Mail-Marketing: Die wichtigsten Anbieter für Newsletter-Tools t3n.de/news/e-mail-marketing-anbieter-280807/ DE BLOGS	85	26	41	233	UGC Absolit vergleicht in einer Mar onellen Versand personalisiert www.absolit.de/newsletter.ht
web2work.de - die Ressourcen-Sammlung für Webworker! www.web2work.de DE	22	23	19	0	CONTENT IMAGE Neues eBook "Praxistipps Digit www.absolit.de/sonderdruck
Mitgliedsunternehmen: Bundesverband Digitale Wirtschaft (BVDW) e.V. www.bvdw.org/mitgliedschaft/mitgliedsunternehmen/ DE	79	22	22	9	ABSOLIT Internet Marketing & www.absolit.de
Hugo E. Martin's Blog : 02/01/2006 - 03/01/2006 blog.hemartin.net/2006/02/ DE	19	22	5	0	aus dem Newsletter ABSOLIT I www.absolit.de

Abb. 3.80: Auswertung des URL-Ratings für Backlinks von absolit.de

Aktuell ist es die »Autorität« einer Seite, die zählt. Autoritätsseiten sind Webseiten, die als Experten in ihrer Branche anerkannt sind. Nach einem »Hilltop-Algorithmus« genannten Verfahren wird berechnet, wie relevant eine Seite für ein bestimmtes Stichwort ist. Das Konzept des Hilltop-Algorithmus wurde vom Krishna Bharat und George Andrei Mihaila an der Universität Toronto entwickelt und 1999 veröffentlicht. 2003 hat Google das Patent an dem Algorithmus erworben. Krishna Bharat arbeitet inzwischen bei Google.

Sie sollten also beim Surfen ein Auge darauf haben, welche Seiten in Ihrem Bereich als Autoritäten gelten könnten. Ein Anhaltspunkt dafür kann sein, dass eine Website zu einem oder mehreren von Ihren Suchworten sehr weit oben steht. Meist jedoch haben diese Autoritätsseiten noch etwas ganz anderes gemeinsam: Sie enthalten wertvolle Fachinformationen. Genau das sollte auch Ihr Ziel sein, damit Sie unabhängig von den Tageslaunen der Suchmaschinenalgorithmen eine nachhaltig hohe Position erlangen. Als erster Anhaltspunkt, wie groß die Autorität einer Webseite ist, kann der Domain-Authority-Check von ahref genutzt werden: https://ahrefs.com/de/website-authority-checker.

Zusammengefasst gilt: Je höher die Autorität der Seiten ist, die auf Sie verlinken, desto höher rutschen Sie in den Trefferlisten. Aber nicht jeder Link ist gleich gut: Wenn auf der Seite noch fünfzig andere externe Links sind, wertet das den Link ab. Wenn auf der Seite etwa fünf bis zehn Links sind, ist das noch in Ordnung. Wenn die Seite, die auf Sie verlinkt, themenfremd ist, ist der Link weniger wert als der von einer themenverwandten Website.

Wenn der Link irgendwo ganz am Ende der Seite steht ist das nicht so schön, als wenn er im Inhaltsbereich auftaucht. Auch eine Box mit dem Titel »Linkpartner« ist nicht das Optimum. An Bedeutung gewinnt auch bei den Links das Alter: Wenn der Link erst seit ein paar Monaten besteht, zählt er nur wenig. Weitere Tricks finden Sie hier: https://moz.com/search-ranking-factors.

!   **Vorsicht bei Suchmaschinentricks!**

Vorsicht bei illegalen Suchmaschinentricks – manche enden »tödlich«. Schwarze Schafe unter den Suchmaschinen-Optimierern nutzen Tricks, um ihre Kunden schnell nach oben zu bringen. Das kann zur kompletten Verbannung der Website aus dem Index führen. Hier sind die wichtigsten Tricks, die zum Ausschluss Ihrer Seiten aus dem Suchmaschinen-Index führen können. Vor diesen Dingen sollten Sie sich hüten:
- versteckte Texte,
- Cloaking,
- Keyword-Stuffing,
- Doorway Pages,
- Linkfarmen,
- fremde Markennamen in Metatags,
- automatische Linkbeschaffung.

Versteckte Texte für Suchmaschinen

Gestalten Sie Ihre Webseiten für die Besucher, nicht für die Suchmaschinen. Wer meint, die Suchwortdichte erhöhen zu müssen, indem er sie in weißer Schrift auf weißem Grund schreibt, schneidet sich ins eigene Fleisch. Gleiches gilt für versteckte Links.

Extraseiten nur für Suchmaschinen (Cloaking)

Auch wenn Ihre Seiten zu wenig suchmaschinenrelevante Texte haben: Widerstehen Sie der Versuchung, den Suchmaschinen andere Seiten anzuzeigen als den Besuchern. Dies wird als »Cloaking« bezeichnet und bestraft. Solche für Google optimierten Seiten haben wenig Grafik und eine hohe Suchwortdichte. Sie sind für Menschen nicht sichtbar, weil Besucher blitzschnell per JavaScript auf eine für sie gemachte Seite umgeleitet werden.

Wer trickst, wird angeschwärzt

Vermeiden Sie jegliche Tricks, die das Suchmaschinen-Ranking verbessern sollen. Wenn die Agentur Ihrer Konkurrenz etwas erkennt, was nach Suchmaschinen-Spam aussieht, kann sie es zum Beispiel bei Googles Spamreport-Seite direkt anzeigen. Eine so angeschwärzte Seite wird dann von Mitarbeitern der Suchmaschine geprüft und wenn sich die Anschuldigung bestätigt, aus dem Index entfernt.

Suchworte nicht übertrieben oft nennen

Sie kommen nicht mit dem Begriff »Detektei« nach oben, indem Sie ihn zig-fach auf der Seite wiederholen. Auch Texte, die wirr oder irreführend sind, machen sich verdächtig. Vermeiden Sie es, Seiten mit für den Leser irrelevanten Wörtern zu überfrachten.

Keine Doorway Pages oder Brückenseiten

Doorway Pages sind Seiten, die speziell für einige wenige Suchwörter optimiert sind. Diese sollen dann für genau jene Suchwörter oben in den Suchresultaten gelistet werden. Die Seiten sind meist nach dem gleichen Schema aufgebaut und schlecht gestaltet. Sie werden per Hand oder mit Software- Tools wie Webposition Gold beziehungsweise aus einer Datenbank heraus erzeugt.

Keine automatischen Anfragen an Google

Verwenden Sie zur Anmeldung von Seiten oder zum Überprüfen von Rankings keine spezielle Software. Diese Programme verbrauchen bei den Suchmaschinen Rechenleistung und sind deshalb dort nicht beliebt. Webposition Gold sendet zum Beispiel solche automatischen, programmgesteuerten Anfragen an Google.

Keine falschen Links

Viele Hyperlinks auf Ihre Website sind etwas Gutes, wenn sie von seriösen Seiten kommen. Auf keinen Fall sollten Sie jedoch mithilfe von »Linkfarmen« versuchen, die Zahl der Links auf Ihre Seite hochzutreiben. Nehmen Sie nicht an Link-Programmen teil, die dazu dienen, Ihr Ranking oder Ihren Seitenrang-Wert zu verbessern. Meiden Sie insbesondere Links zu Webspammern oder »schlechten Gegenden« im Web, da Ihr eigenes Ranking durch solche Links negativ beeinflusst werden kann. Auch sollten Sie nicht selbst auf dubiose Seiten verlinken. »Schlechte Gegenden« sind Webseiten, die illegale Tricks anwenden, um bei den Suchmaschinen eine bessere Position zu ergattern.

Sollten Sie diesen Beitrag lesen, nachdem Sie getrickst haben und von Suchmaschinen abgestraft wurden, können Sie ein Gnadengesuch einreichen. Einzige Voraussetzung: Alle oben genannten Tricks müssen abgestellt werden. Wenn Sie überzeugend Besserung geloben, sind Sie in etwa einem Monat wieder im Index. Wenn Sie jedoch auch hierbei noch tricksen wollen, rechnen Sie bitte mit etwa sechs Monaten Index-Ausschluss.

DIE WICHTIGSTEN KNIFFE FÜR EINE HOHE TREFFERRATE

Wer in den Trefferlisten der Suchmaschinen vorne stehen will, tut gut daran, die Reihenfolge der wichtigsten Kniffe zu kennen. Die Ergebnisse hat eine Expertenbefragung von SEOmoz in den USA erbracht. Die Reihenfolge entspricht der Wichtigkeit der Faktoren für den Algorithmus von Google (https://moz.com/search-ranking-factors).

Linkpopularität

Je mehr Links auf eine Seite verweisen, desto relevanter wird sie wohl sein. Je größer und wichtiger die verweisenden Seiten sind, desto besser. Machen Sie Ihre Seiten so interessant, dass große Portale über Sie berichten.

Relevanz und Aufbau der Seite

Je einzigartiger und relevanter Ihre Inhalte sind, umso größer ist der Nutzen für den User. Auch Google merkt das und belohnt Sie mit einem guten Ranking.

Engagement in den Suchergebnissen

Google weiß genau, wie oft Ihre Seite in den Suchergebnissen auftaucht und wie oft Ihr Ergebnis im Vergleich zum Wettbewerb angeklickt wird. Achten Sie also darauf, einen ansprechenden Title und eine interessante Meta Description zu wählen.

Keyword Matching

Natürlich sind Keywords auch weiterhin ein wichtiger Faktor für eine gute Platzierung in der Google Suche. Achten Sie also darauf, Ihren Content so aufzubauen, dass Sie neben dem zentralen Keyword auch verwandte Keywords sinnvoll einsetzen. Aber: Keyword-Stuffing ist ein No-Go!

DIE GIFTKÜCHE DER DON'TS

Bei diesen Faktoren werden Sie zwar nicht aus dem Index geworfen, aber Google stuft Ihre Seite zurück.

Server lahmt

Je öfter der Server durch zu lange Wartezeiten den Googlebot (das ist der Software-Roboter, der automatisch Millionen von Webseiten durchforstet) beim Lesen der Seite behindert, desto weniger gerne verweist Google auf diese Seite. Sorgen Sie dafür, dass Ihr Server wie geschmiert läuft.

Doppelter Inhalt

Wenn auf Ihrer Seite viele Inhalte sind, die es auch woanders gibt, wertet Google Ihre Seiten ab. Das Gleiche gilt, wenn Sie unter einer anderen Adresse die gleiche Website betreiben.

Links auf Spamseiten

Wenn Sie selbst auf Seiten verlinken, die bei Google als Spamseiten bekannt sind, dann wirkt sich das negativ auf Ihr Image aus. Verlinken Sie nur auf seriöse Webseiten.

Verkauf von Links

Wer sich dabei erwischen lässt, dass er Links verkauft oder an Linkverkauf-Programmen teilnimmt, wird abgestraft.

Stichwort-Spam

Wenn Sie Ihre Suchbegriffe zu häufig einsetzen, machen Sie sich verdächtig. Zwei Prozent der Worte dürfen aus dem Suchwort bestehen, mehr nicht.

Doppelte Titel

Jede Website sollte einen eigenen, eindeutigen Titel haben. Wenn im gesamten Webauftritt immer der gleiche Seitentitel und die gleichen Metatags verwendet werden, wirkt sich das negativ aus.

Layout-Shifting

Wir alle kennen den Frust, wenn man auf einer Seite einen Link klicken möchte, dieser in diesem Moment nach unten oder oben rutscht, da zum Beispiel ein langsamer Werbeblock im Seitenlayout erst in dem Moment nachgeladen wurde. Versuchen Sie, solche »Layout Shifts« so gut es geht zu vermeiden.

Einen Überblick über eine mögliche Bewertung Ihrer Website durch Suchmaschinen erhalten Sie bei https://www.seitwert.de/. Dort wird automatisiert nach einigen Parametern recherchiert, die für das Ranking relevant sein können. Überkritisch bewertet sind die technischen Details.

Die Metainformationen (Metatags) einer Seite spielen für Suchmaschinen heute keine Rolle mehr. Meta-Tags sind Informationen über die Seite selbst. Diese Texte sind nur für Maschinen lesbar, nicht aber für den Besucher einer Webseite. Ausnahme sind lediglich die Seitenbeschreibung (Description) und der Seitentitel. Die Description wird in Suchmaschinen oft unter dem Titel angezeigt und steuert damit indirekt auch die Klickrate in der Trefferliste.

3.2.1.4 Suchmaschinen-Anzeigen

Neben den organischen Suchergebnissen, deren Reihenfolge durch den Grad der Suchmaschinen-Optimierung der Seite und Inhalte bewertet wird, bietet Google die Möglichkeit an, bezahlte Textanzeigen in den Suchergebnissen zu platzieren. Der Vorteil ist, dass diese bezahlten Anzeigen über den organischen Suchergebnissen ausgespielt werden und somit eine prominentere Position haben. Die Werbeanzeigen werden zu bestimmten Keywords, welche der Werbetreibende individuell aussucht, gebucht. Im Gegensatz zu SEO (Search Engine Optimization) wird das Schalten von Suchwortanzeigen als SEA (Search Engine Advertising) bezeichnet.

Auch die Flexibilität ist von Vorteil: Sie buchen bequem online und können sofort die Rahmenparameter einer Kampagne ändern oder diese ganz abbrechen. Es gehört heute zum Standard, dass bei großen Werbekampagnen für deren Dauer auch alle relevanten Stichworte in Form von Suchwortanzeigen gebucht werden. Immer mehr Menschen suchen, nachdem sie eine Werbeanzeige gesehen haben, nach den beworbenen Produkten via Suchmaschine.

Was kosten die Anzeigen?
Der Preis für Suchwortanzeigen hängt stark vom Suchwort ab. Beliebte Suchworte sind teuer, selten gesuchte preiswert. Der Preis errechnet sich dynamisch aus Angebot und Nachfrage. Wenn viele Anbieter eine Anzeige schalten wollen, wird diese meistbietend versteigert. Gibt es dagegen nur wenig Nachfrage, können Sie schon für acht Cent pro Klick einen Anzeigenplatz buchen.

Der CPC (Cost per Click) liegt also bei acht Cent. Wenn Sie von einer Klickrate von fünf Prozent ausgehen, haben Sie für acht Cent zwanzig Sichtkontakte und einen Interessenten gewonnen. Die Kosten pro Sichtkontakt liegen dann bei 0,4 Cent. Der Tausenderkontaktpreis (TKP) liegt entsprechend bei vier Euro. Aber Vorsicht: Nur bei seltenen Suchbegriffen ist der Preis so niedrig. Je populärer die Suchworte sind, desto teurer sind sie. Alles, was mit Versicherung zu tun hat, kostet meist über fünf Euro pro Klick. Der Grund: Die Inserenten schaukeln sich gegenseitig hoch. Wer mehr bietet, rutscht in der Reihenfolge vor den Mitbewerber.

Branche	Average CPC(Search) in Euro	Branche	Average CPC(Search) in Euro
Anwaltschaft	1,22	Finanzen & Versicherung	2,02
Auto	2,09	Gesundheit & Medizin	2,23
B2B	2,83	Haushaltswaren	2,5
Dienstleistung	5,44	Industriedienstleistungen	2,18
Dating & Kontaktanzeigen	2,36	Grundeigentum	2,01
E-Commerce	0,99	Technologie	3,23
Bildung	2,04	Reisen & Unterkünfte	1,3
Arbeitsvermittlung	1,73		

Abb. 3.81: Schätzwerte für die Variabilität von Suchanzeigen (Quelle: https://keyperformance.de/cpc)

ZIELE VON SUCHWORTANZEIGEN:

- Sofortkäufe online generieren
- Markenbildung
- Leadgenerierung für Online-Verkauf
- Leadgenerierung für Offline-Verkauf
- Sichtbarkeit der Marke stützen
- Besucher auf die Website bewegen
- Besucher ins stationäre Geschäft bewegen

Das Buchen von Suchanzeigen ist heute voll automatisiert. Sie melden sich bei einem der Anbieter im Internet an und können sofort loslegen: Text eingeben, Suchworte festlegen und Gebot abgeben. Dann schauen Sie online, an welcher Position Sie bei einer Suchanfrage zu dem Stichwort landen. Eine normale Suchanzeige besteht dabei aus einem Link, bis zu drei Anzeigentiteln à 30 Zeichen und einer Beschreibung von max. 90 Zeichen. Aber: Google bietet auch sogenannte »responsive Anzeigen« an – diese haben dabei nichts mit »Responsive Design« zu tun. Viel eher bezieht sich das Responsive darauf, dass für eine Anzeige bis zu 15 verschiedene Anzeigentitel und vier Beschreibungen angelegt werden können. Diese werden dann in unterschiedlicher Kombination ausgespielt und der Algorithmus lernt, welche Wording-Kombination am besten performt – eine Art multivarianter Test.

Abb. 3.82: Responsive Textanzeige bei Google Ads

Zudem gibt es auch die Möglichkeit, Textanzeigen zu erweitern. So können die Beschreibung um eine zusätzliche Zeichenanzahl ergänzt, Links zu Unterseiten eingebaut, Call-to-Actions zur Adresse oder Telefonnummer oder auch Preisangaben direkt in die Anzeige integriert werden.

Abb. 3.83: Anzeigenerweiterungen bei Google Ads

Natürlich gibt es aber auch bei dem Schalten von Suchanzeigen einige Dinge, die Sie sich zu Herzen nehmen sollten:

- Definieren Sie vorab ein klares Ziel, was mit der Anzeige erreicht werden soll. Ist die Conversion ein Kauf, ein PDF-Download oder eine Newsletter-Anmeldung?
- Suchen Sie sich Keywords aus, die zu diesem Ziel passen. Jemand, der nach »Schuhe kaufen« sucht, interessiert ein Newsletter zu den besten Schuhpflegetipps in dem Moment wahrscheinlich weniger.
- Testen Sie die responsiven Anzeigen oder arbeiten Sie mit A/B-Tests einer Anzeige. Nur so können Sie Ihre Anzeigen kontinuierlich und datenbasiert verbessern.
- Die beste Anzeige bringt wenig, wenn die Landingpage dahinter nicht auf die jeweilige Conversion optimiert ist. Der Leser soll die Informationen, wegen denen er geklickt hat, so schnell und einfach wie möglich erhalten.

3.2.2 Online-Werbung

3.2.2.1 Banner schalten

Am 24. Oktober 1994 wurde das erste Banner geschaltet. Es kam von der Firma AT&T und wurde für monatlich 30.000 Dollar auf den Seiten von wired.com eingeblendet. Die Wirkung dieses neuen grafischen Elements war sensationell. 40 % der Besucher klickten die Werbefläche an.

Abb. 3.84: Das erste Banner wurde 1994 geschaltet

Das Banner war im heute noch gebräuchlichen Standardformat 468 x 60 Pixel gestaltet und enthielt die obligatorische Klickaufforderung. Banner verweisen als Hyperlink auf die Website des Werbenden. Die Klickraten sanken in den folgenden Jahren jedoch kontinuierlich und liegen heute bei etwa 0,18 Prozent. Das bedeutet: Wenn das Banner tausend Mal eingeblendet wird, klicken darauf gerade einmal zwei Besucher.

Im Jahr 2004 lag die durchschnittliche Klickrate noch bei 0,33 Prozent. Anders als bei Textanzeigen kann man den Erfolg von Werbebannern jedoch nicht nur an der Klickrate messen. Allein durch den Sichtkontakt entsteht eine nachgewiesene Erinnerungswirkung. Wer also heute eine klassische Werbekampagne durchführt, tut gut daran, auch im Internet Anzeigen zu schalten.

Crossmedia ist die Fachbezeichnung dafür, dass Werbekampagnen heute über sämtliche Kommunikationskanäle hinweg geschaltet werden. Adserver liefern nach vorgegebenen Regeln solche Werbebanner aus. Es ist technisch schon heute realisierbar, dass direkt im Anschluss an einen teuren TV-Werbespot auf vielen verschiedenen Online-Portalen zeitgleich auch Werbebanner dieses Unternehmens angezeigt werden, oder dass ein lokaler Möbelhändler parallel zur Radiowerbung auch auf allen regionalen Online-Portalen Banner schaltet.

Im Laufe der Zeit haben sich verschiedene Abrechnungsmodelle entwickelt. Die Kosten für eine Werbekampagne auf einer Suchmaschine werden üblicherweise nach dem Cost-per-Click-Modell abgerechnet (CPC). Diese leistungsbasierte Abrechnung ist jedoch bei Bannern nicht gerechtfertigt, weil sie die Imagewirkung unberücksichtigt lässt.

Banner werden nach Sichtkontakten bezahlt. Dazu wird von der Informationsgemeinschaft zur Feststellung der Verbreitung von Werbeträgern e. V. (IVW) gemessen, wie viele Sichtkontakte (Pageimpressions) ein Angebot hat. Dann wird ein Preis von beispielsweise zehn Euro TKP (Tausend-Kontakt-Preis) festgelegt. Das bedeutet, dass Sie für Ihr Werbebanner zehn Euro bezahlen, um eintausend Besucher dieser Webseite per Sichtkontakt zu erreichen.

Da nicht in jedem Einzelfall die Auslieferung des Werbebanners auch wirklich erfolgreich ist, gibt es noch die etwas strengere Messgröße Ad Impression. Als Ad Impressions bezeichnet man einzelne Aufrufe von Werbemitteln auf einem Adserver. Ein Adserver protokolliert die Zahl der Aufrufe der einzelnen Werbemittel.

Die sinkenden Klickraten regten schon immer die Webdesigner zu mehr Kreativität an. Mit vielen kleinen Tricks wird versucht, die Aufmerksamkeit des Lesers von den eigentlichen Inhalten der Website abzulenken. Das Problem daran: Wer im Internet surft, will meist mit möglichst wenig Zeitaufwand ein konkretes Ziel erreichen. Anders als eine in der S-Bahn verteilte Gratiszeitung will das Publikum hier keine Zeit totschlagen.

Das ist auch einer der Gründe für die hohen Klickraten von suchwortbezogenen Anzeigen, die den Suchenden in seiner momentanen Tätigkeit unterstützen. Bei grafischen Anzeigen entwickelt sich analog dazu der Ansatz des »Behavioral Targeting«. Auch hier werden Anzeigen eingeblendet, die auf die momentanen Interessen eines Online-Besuchers eingehen.

3.2.2.2   Platzierung der Banner

Banner haben normalerweise festgelegte Flächen innerhalb einer Webseite. Alternativ gibt es aber schon seit langem Werbung, die sich in einem eigenen Fenster öffnet. Diese Pop-up-Banner werden jedoch als Belästigung empfunden, sodass immer mehr Browser standardmäßig sogenannte »Pop-up-Blocker« einsetzen.

Das Pendant sind Pop-under-Banner, die Sie erst dann auf Ihrem Bildschirm stören, wenn Sie die Webseite verlassen wollen. Damit ein Banner auch wirklich nie aus Ihrem Gesichtsfeld verschwindet, gibt es »Sticky-Ads«. Diese schweben quasi über der Webseite und verfolgen Sie auch beim Herunterscrollen wie ein treuer Hund.

Weil Werbetreibende sich nicht an die 0,2%-Klickrate normaler Banner gewöhnen wollen, belästigen sie die Nutzer zunehmend mit Layer-Ads. Diese legen sich störend mitten über die Website. Weil nicht jeder sofort den Schließen-Button trifft, erreichen diese Anzeigen Klickraten von 0,6 Prozent.

Sicher werden auch in Zukunft weitere Formate erfunden, die die Besucher von Websites stören. Der Grund: Studien belegen, dass die Wut der Nutzer sich nicht gegen die werbetreibenden Unternehmen richtet, sondern gegen die Betreiber der Seiten. Somit werden die von den Werbetreibenden bezahlten Agenturen sicher weitere kreative Formate entwickeln. Megabanner, U-Wallpaper und Expandable Ads heißen die Werbemittel, von denen Brandingkampagnen in Zukunft begleitet werden sollen. Die heute am weitesten verbreiteten Formate sind Rectangles und Skyscraper.

GÄNGIGE BANNERFORMATE

- Super Banner (728 × 90 Pixel)
- Banner (468 × 60 Pixel)
- Rectangle (180 × 150 Pixel)
- Skyscraper (120 × 600 Pixel)
- Medium Rectangle (300 × 250 Pixel)
- Wide Skyscraper (160 × 600 Pixel)

BANNERTECHNIK

- Statische Banner
- Animierte Banner

- Rich Media Banner
- HTML Banner
- Nano-Site-Banner
- Pop-up-Banner
- Pop-under-Banner
- Layer-Ads
- Sticky-Ads
- Video-Banner

Aus der Sicht von Werbetreibenden sollen Banner die Aufmerksamkeit des Lesers von den eigentlichen Inhalten der Website ablenken. Das bedeutet: Je auffälliger ein Banner, desto wirksamer ist es.

Relativ unaufdringlich ist ein statisches Banner, das aus einer normalen grafischen Abb. besteht, die mit einem Hyperlink zum Werbetreibenden hinterlegt ist. Etwas auffälliger sind animierte Banner. Dabei werden ähnlich wie beim Daumenkino Sequenzen von hintereinander liegenden Einzelbildern dargestellt. So entsteht wie bei einem Trickfilm eine Animation. Studien haben bewiesen, dass dynamische Banner teilweise eine um bis zu 40 % höhere Klickrate als statische Banner erzielen können. Diese Banner ziehen die Aufmerksamkeit des Internetnutzers besser auf sich als statische Banner. Sie sind heute die meistgenutzte Werbeform.

Für die Erstellung solche Banner können Sie übliche Programme wie Adobe Photoshop, Illustrator oder ähnliche Grafikdesign-Software nutzen. Zudem gibt es auch verschiedenste Online-Tools, welche das das benutzerfreundliche Erstellen von Bannern ermöglichen – beispielsweise Canva: https://www.canva.com/de_de/erstellen/banners/.

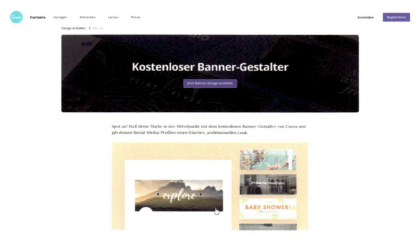

Abb. 3.85: Werbebanner sind schnell erstellt

Rich-Media-Banner

Bei animierten Bannern treten Gewöhnungseffekte auf. Daher kommen verstärkt multimedial aufgewertete Banner zum Einsatz, die Video-, Audio- oder dreidimensionale Elemente enthalten. Solche Rich-Media-Banner benötigen auch eine höhere Leistung des Rechners und funktionieren nur mit einem modernen Browser. Weil damit nicht alle Internet-User erreicht werden können, werden zusätzlich Fall-Back-Banner eingesetzt, die dann angezeigt werden, wenn die benötigte Technik fehlt. Videoanzeigen sind noch relativ neu und erreichen daher zum Teil Klickraten von fast fünf Prozent. Dieser Wert wird jedoch mit zunehmender Gewöhnung sinken.

HTML-Banner

Grafisch und technisch mit mehr Funktionen ausgestattet als Rich-Media-Banner sind HTML-Banner. Statt wie animierte Banner im simplen GIF-Format werden diese Banner als kleine HTML-Seiten programmiert. Sie bieten den Vorteil eines sehr hohen Interaktionspotenzials. Sie beinhalten nicht nur eine einzelne Grafik, sondern es handelt sich um eine mitunter sehr komplexe HTML-Anwendung.

Ermöglicht wird damit der Einsatz von interaktiven Elementen wie zum Beispiel Pull-Down-Menüs und Auswahlboxen. So kann der Internet-User beispielsweise ein bestimmtes Produkt innerhalb des Banners auswählen. Ein Klick auf das Banner führt direkt zu der ausgewählten Informationsseite.

Nano-Site-Banner

Ein Problem von Bannern ist, dass man beim Anklicken die eigentlich besuchte Webseite verlassen muss. Statt durch einen Klick auf die Anbieterseite kann aber auch die komplette Funktionalität innerhalb des Werbebanners angeboten werden. Beim Nano-Site-Banner wird auf der Werbefläche eine komplett funktionsfähige Website eingeblendet, wobei beliebig viele und komplexe Website-Bereiche verlinkt werden können.

Im Grunde stellen Nano-Site-Banner, auch Microsites genannt, eine eigene kleine Website in der Größe eines Banners dar. Der entsprechende Inhalt wird dann ebenfalls am selben Werbeplatz angezeigt, wodurch der User die Site des Werbeträgers überhaupt nicht mehr verlassen muss. Denkbar wäre hier zum Beispiel die Möglichkeit eines kompletten Mini-Shops mit allen zugehörigen Funktionalitäten. Ebenso lässt sich natürlich auch eine Kataloganforderung, die Vereinbarung einer Probefahrt oder ein Newsletter-Abonnement realisieren.

Bannertauschprogramme

Wenn Bannerschaltungen für Sie nicht in Frage kommen, Sie aber trotzdem mit grafischer Werbung im Web präsent sein wollen, können Bannertauschprogramme eine Alternative sein.

Die einfachste Variante: Sie reden mit Websites, auf denen Ihre Zielgruppe ebenfalls präsent ist, und vereinbaren gegenseitig das Schalten von Werbebannern. Genauso können Sie übrigens auch gegenseitig einfache Textlinks mit einem kurzen Hinweis auf die jeweils andere Website setzen.

Ebenso einfach ist es, sich einem Tauschring anzuschließen. Dann wird das eigene Banner auf unterschiedlichen Websites im Netz gezeigt. Im Gegenzug wird in einem bestimmten Verhältnis (Einblendungsrate) das eigene Banner auf einer anderen Mitgliederseite eingeblendet. Diese Form der Werbung ist meist kostenlos, und teilweise erhält man sogar einige tausend Starteinblendungen.

Hier zwei Beispiele solcher Bannertauschbörsen:
- https://banner-tausch.de/
- http://defw-bannertausch.de/

Textanzeigen im Kontext

Werbebanner haben einen Vor- und einen Nachteil. Vorteil ist, dass ein Unternehmen Sichtkontakte für grafische Elemente bekommt. Das trägt zur Bekanntheit der Marke oder der aktuellen Werbekampagne bei. Nachteil ist jedoch, dass viele Menschen Werbebanner aus ihrem Blickfeld verbannen. Die meisten Internetnutzer sind drauf aus, Informationen in Textform zu bekommen. Das ist der Grund dafür, dass Textanzeigen oft mehr Klicks erhalten als grafische Werbebanner.

Wenn es Ihnen also um Klicks und um Konversion geht, sollten Sie Textanzeigen im richtigen redaktionellen Umfeld in Erwägung ziehen.

Abb. 3.86: Wer sich für die Börse interessiert, den könnten auch diese Textanzeigen reizen

Textanzeigen, die in den Kontext passen, gibt es nicht nur von Google (Displaynetzerk), sondern auch von Outbrain (https://www.outbrain.com/de/) oder Taboola (https://go.taboola.com/).

Affiliate-Marketing

Affiliate-Marketing ist wie ein orientalischer Basar: Anstatt Ihren Laden an der teuersten Hauptstraße zu errichten, schicken Sie »Affiliates« los. Das sind vermeintliche Vetter und Verwandte, die potenzielle Kunden ansprechen, in den Laden lotsen und dann Vermittlungsprovision kassieren. So ist es auch beim Affiliate-Marketing im Internet: Wer einen Kunden bringt, bekommt eine Vermittlungsgebühr.

Der Grund, warum diese Art von Verkauf auf Provision im Internet so gut klappt, sind die niedrigen Transaktionskosten. Ein Homepagebetreiber (Affiliate) kann sich automatisch am System anmelden und sucht sich seine Kampagne und seine Werbemittel aus. Auch die Erfolgsmessung geschieht vollautomatisch. Genauso kann auch ein Händler (Merchant oder Advertiser) bequem seine aktuellen Werbemittel online stellen. Auch kann er bestimmen, welche Affiliates seine Werbemittel zu welchen Konditionen verwenden dürfen.

Alle großen Online-Shops nutzen heute diese Technik. Laut Aussagen des Bundesverbands Digitale Wirtschaft (siehe https://www.bvdw.org/der-bvdw/news/detail/artikel/affiliate-marketing-generiert-jeden-siebten-euro-im-e-commerce/) ist ein Siebtel des E-Commerce-Umsatzes im Jahr 2019 auf Affiliate-Marketing zurückzuführen. Das Prinzip ist einfach: anmelden auf der Plattform, Werbematerial einstellen und drauf warten, dass jemand für Sie Werbung macht. Wenn Sie bekannt sind, ist das von Vorteil. Wichtig ist zu jedem Werbemittel die passende Landingpage, die am besten direkt auf die Produkte verlinkt.

Auch ohne Klicks können die Werbemittel das Image stärken und generell den Verkauf erhöhen. Daher sollten Sie das Risiko zwischen Advertiser und Publisher gerecht verteilen. Für Suchmaschinen-Marketing sind übrigens direkte Hyperlinks besser – also nicht über ein Partnernetzwerk.

Bei den meisten Anbietern bezahlen Sie, wenn jemand auf die Werbung klickt. Aber das ist nicht immer so. Es gibt mehrere Abrechnungsmodelle:
* Pay per View: Werbung wird gesehen (2–50 Euro TKP)
* Pay per Click: Werbung wird angeklickt (0,05–3 Euro pro Klick)
* Pay per Lead: Ein Kunde füllt ein Formular aus/registriert sich (0,50–70 Euro)
* Pay per Sale: Verkaufsprovision (bis zu 15 %)
* Mindestdeposit: Bei manchen Anbietern müssen Sie zum Beispiel für mindestens 25 Euro monatlich Werbung einkaufen.

Sie haben drei Möglichkeiten, selbst Affiliate-Marketing zu betreiben:
* **Strategische Vertriebskooperationen**
  Hier arbeiten Unternehmen auf der Basis bilateraler Vereinbarungen zusammen. So kann ein Händler beispielsweise bekannte Marken mit jeweils eigenem Shop in sein bestehendes Online-Angebot integrieren.

- **Offenes Affiliate-Programm**

  Hier kooperiert der Händler mit bestehenden Affiliate-Netzen wie Awin, belboon oder Tradedoubler. Weitere Anbieter finden Sie unter https://www.marketing-boerse.de/unternehmen/katalog/agentur-online-marketing/affiliate-marketing.

- **Eigenes Affiliate-Programm**

  Große Online-Händler wie Amazon, Otto oder Neckermann betreiben ihre eigenen Partnerprogramme. Auch für kleinere Unternehmen kommt so etwas grundsätzlich in Frage. Passende Software ist verfügbar. Dies ist besonders dann sinnvoll, wenn ein geschlossenes Partnerprogramm mit eigenen Partnern aufgesetzt wird. Der große Nutzen der offenen Affiliate-Programme liegt nämlich darin, dass diese bereits über ein immens großes Netzwerk potenzieller Affiliates verfügen.

Ein Beispiel für ein sehr erfolgreiches eigenes Partnerprogramm ist Amazon. Den Partnern werden ganz unterschiedliche Möglichkeiten angeboten, Produkte in ihre Seite einzubauen. Diese »Widgets« sind individuell anpassbar.

Abb. 3.87: Amazon bietet den Partnern viele Optionen zum Einbau der Produkte in die eigene Homepage

3.2.2.3   Google Displaynetzwerk

Eine weitere Möglichkeit der Bannerwerbung ist das Displaynetzwerk von Google. Dieses Netzwerk besteht aus vielen Webseiten, bei welchen Werbetreibende über Google Ads Werbeflächen für Banner buchen können. Der Vorteil, welchen das Werben über das Displaynetzwerk bietet, ist, dass gezielt Personen aus einer bestimmten Region auf jeglichen Seiten angesprochen werden können, welche im Displaynetzwerk vertreten sind. Es muss also nicht unbedingt gezielt nach einer Webseite gesucht werden, die thematischen und regionalen Bezug haben, da die Werbeanzeige nur an Personen ausgespielt wird, welche sich in einem vom Unternehmen bestimmten Einzugsgebiet befinden.

Das Buchen der Anzeigen verläuft ähnlich wie das Buchen einer Suchmaschinenanzeige bei Google Ads. Es gibt drei verschiedene Möglichkeiten, eine Anzeige im Displaynetzwerk zu platzieren.

1. Der erste Weg ist die Ausrichtung der Zielgruppe nach bestimmten Webseiten. Dabei können Seiten gewählt werden, welche aktuell qualitativen Traffic auf die eigene Webseite bringen, um die Sichtbarkeit auf diesen Seiten weiter zu erhöhen. Zusätzlich können wichtige Branchenseiten ausgewählt werden.
2. Die zweite Möglichkeit ist das Eingrenzen nach Themengebieten. Dabei wählt Google selbst Seiten aus, welche thematisch passend sind. Das kann eine gute Möglichkeit sein, um neue Webseiten zu entdecken, welche die Zielgruppe besucht.
3. Letztlich können Personen auch über die von ihnen gesuchten Keywords eingegrenzt werden. Hier eigenen sich die Keywords, welche im Rahmen der Keyword-Analyse als relevant befunden wurden.

Auch das Eingrenzen der Zielgruppe nach demografischen Aspekten oder dem Standort ist möglich. Die Anzeigen werden dann auf jeglichen Seiten im Displaynetzwerk ausgespielt, auf denen sich die Zielgruppe bewegt. Die werberelevante Gruppe kann also auch auf Seiten angesprochen werden, welche nicht direkt einen thematischen Bezug zum Unternehmen haben, durch die lokale Nähe der Person aber dennoch ein Interesse hervorrufen könnten.

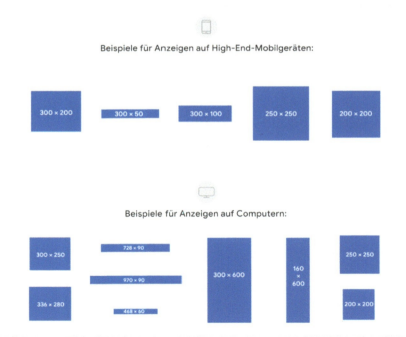

Abb. 3.88: Anzeigenformate des Google Displaynetzwerks (Quelle: https://support.google.com/google-ads/answer/7031480?hl=de)

3.2.3 Erfolgreiches E-Mail-Marketing

Die erfolgreichste und effizienteste Methode der Online-Kundenbindung ist E-Mail-Marketing. Jeder redet zwar über Snapchat und Instagram – aber der meiste Umsatz kommt nach wie vor über Suchmaschinen und insbesondere E-Mails. 18 Prozent des US-Onlinehandels sind auf eine E-Mail zurückzuführen, 22 Prozent auf Suchmaschinen-Optimierung und 17 Prozent auf Cost-per-Click-Anzeigen. Das Social Web generiert gerade einmal zwei Prozent und Displayanzeigen ein Prozent des Umsatzes, hat das Shopping-Panel von Custora (siehe https://www.custora.com/pulse/home/) analysiert. Entsprechend ist E-Mail auch der Werbekanal, für den die meisten Unternehmen ihr Budget erhöhen – vor Suchmaschinen und Social Media. 37 Prozent aller von absolit befragten deutschen Unternehmen planen eine Intensivierung ihrer E-Mail-Marketing-Aktivitäten. Bei Unternehmen der Gesundheitsbranche sind es sogar 45 Prozent, die mehr Geld ins E-Mail-Marketing pumpen wollen.

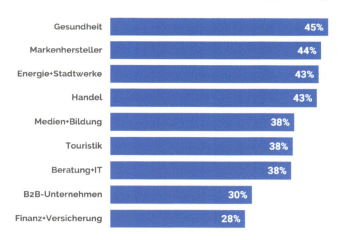

Abb. 3.89: Anteil der Unternehmen, die 2020 ihr E-Mail-Marketing-Budget erhöhen wollen (Quelle: absolit-Studie Digital Marketing Trends 2020, https://www.absolit.de/studien/trends)

E-Mail ist der meistgenutzte Dienst
Der Grund für die späte Erkenntnis: Noch immer gehört E-Mail zu den meistgenutzten Online-Applikationen und daran scheint sich trotz Spamflut und Social-Media-Konkurrenz auch nichts zu ändern. Laut Arbeitsgemeinschaft Online-Forschung nutzen 93 Prozent der Onliner das Internet, um mit Suchmaschinen zu arbeiten. 86 Prozent haben in den letzten drei Monaten ihre E-Mails gecheckt, 71 Prozent waren online shoppen und 52 Prozent in sozialen Netzwerken. Die Neugierde auf neue E-Mails ist demnach stärker als die nach neuen Facebook-Kommentaren. Interessantes Detail

am Rande: 60 Prozent der Führungskräfte informieren sich über E-Mail-Newsletter. Und für die Markenführung wichtig: Wenn Chefs etwas weitergeben, dann zu 80 Prozent per E-Mails, zu 43 Prozent per Twitter (USA) und zu 30 Prozent über Facebook.

Marketer lieben E-Mail

Marketer lieben das Medium E-Mail noch mehr als die Nutzer. Der Grund: Kein Kanal bietet einen besseren ROI (Return on Invest). Bei Printmailings liegt dieser bei sieben: Wer einen Euro in Werbebriefe steckt, holt sieben Euro Umsatz heraus. Beim Suchmaschinen-Marketing sind es 20 und beim E-Mail-Marketing 38 Euro, hat die Direct Marketing Association errechnet. Auf die Frage nach der Bewertung des ROI setzten US-Marketingleiter E-Mail vor SEO und SEA. 73 Prozent bewerteten den ROI vom E-Mail in einer Umfrage von Econsultancy als gut oder sehr gut.

In der Folge gehören E-Mail- und Suchmaschinen-Marketing auch zu den am häufigsten eingesetzten Marketingtools. 97 Prozent der onlineaktiven Unternehmen nutzen E-Mail-Marketing (Digital-Marketing-Trends 2020, https://absolit.de/Trends).

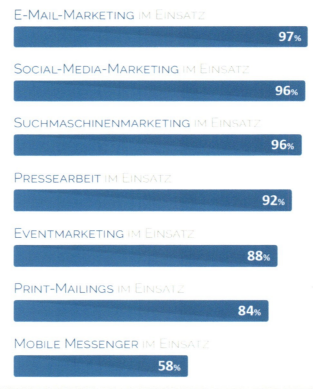

Abb. 3.90: Anteil der Unternehmen, die diese Marketingtools einsetzen (Quelle: absolit-Studie Digital Marketing Trends 2020, https://www.absolit.de/studien/trends)

Je nach Branche gibt es hier jedoch erhebliche Unterschiede bei den E-Mail-Marke-tingaktivitäten. Während bei Touristikunternehmen, Händlern und Medien jeweils 90 Prozent aktive Adressgewinnung auf der eigenen Homepage betreiben, hinken B2B-Unternehmen hinterher: Ein Drittel verzichtet auf das aktive Sammeln von E-Mail-Adressen auf der eigenen Homepage (https://www.absolit.de/studien/e-mail-marketing-benchmarks).

Abb. 3.91: Anteil der Unternehmen, die E-Mail-Marketing einsetzen nach Branche (Quelle: absolit-Studie E-Mail-Marketing Benchmarks 2021, https://www.absolit.de/studien/e-mail-marketing-benchmarks)

E-Mail-Marketing erfordert Professionalisierung

Noch zu viele Unternehmen gehen allerdings recht hemdsärmelig an das Thema E-Mail-Marketing heran. Die niedrigen Versandkosten laden zu Dilettantismus ein. Da-bei ist jede einzelne E-Mail eine Visitenkarte eines Unternehmens. Kommt sie defekt, unschön oder gar nicht an, leidet der gute Ruf. Oft werden Fremdadressen teuer ein-gekauft, deren Öffnungsraten unterhalb aller Erwartungen liegen. Dafür wird darauf verzichtet, die Adressen echter Interessenten abzufragen – nämlich der Besucher der eigenen Website.

3.2.3.1   So werden derzeit neue Adressen gewonnen

Google, soziale Medien und Affiliate-Partner sind die wichtigsten Quellen für neue Kundenkontakte bzw. Kontaktdaten. In allen Fällen lässt sich präzise messen, wie viele Klicks und wie viele Käufe oder Conversions ein Werbepartner brachte. Der Fokus liegt auf direkten Verkäufen, vernachlässigt wird die Gewinnung von Interessenten.

Zwei Wege haben sich dafür etabliert: Co-Sponsoring und die eigene Website. Co-Sponsoring ist teuer, die eigene Website nicht. Da aber auf den eigenen Seiten der Wunsch, Produkte zu verkaufen, dominiert, ist für Leadgenerierung meistens kein Platz. Immer mehr Händler erkennen jedoch, dass die Aufforderung »Kauf oder geh wieder« nicht ganz schlau ist. Wer nicht kaufen will, kann zumindest davon überzeugt werden, den kostenlosen Newsletter zu bestellen. Wer so wie viele Händler mehrere Millionen Besucher auf der Website hat, kann mühelos zehntausend Adressen im Monat generieren. Trotzdem werden von den wenigsten Unternehmen sämtliche Möglichkeiten der Leadgenerierung auf der eigenen Homepage genutzt. Selbst Händler, welche in vielen Bereichen als Leuchtturm des E-Mail-Marketing gesehen werden können, geben beim Thema Leadgenerierung nicht immer alles – im Schnitt werden nur knapp 60 Prozent der Möglichkeiten, um aktiv neue Leads auf der Webseite zu gewinnen, ausgeschöpft.

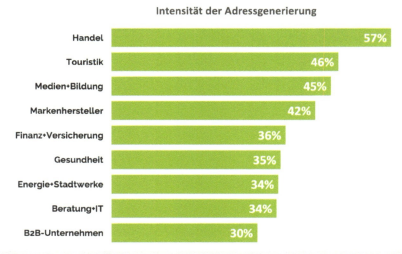

Abb. 3.92: Intensität der Adressgenerierung auf der eigenen Website nach Branche (Quelle: absolit-Studie E-Mail-Marketing Benchmarks 2021, https://www.absolit.de/studien/e-mail-marketing-benchmarks)

Deutlich schlechter sieht es aber bei den untersuchten B2Blern aus. Hier wird nicht einmal ein Drittel des Potenzials ausgeschöpft und das, obwohl das Sammeln neuer Leads sicherlich nicht nur im B2C von großer Relevanz ist. Bei einer Million Besuchern und einem Prozent Konversionsrate sind das 10.000 potenzielle Käufer, die verloren sind. Bei einem Kundenwert von 100 Euro sind das monatlich eine Million Euro, die verschenkt werden – egal in welcher Branche.

Einzig tchibo.ch und hessnatur.de erreichen 100 Prozent bei der Intensität der Adressgewinnung. Diese Unternehmen erfüllen folgende Kriterien:
- Newsletter und Kundenclub mehrfach auf der Startseite platziert,
- Anmeldeformulare markant gestaltet,
- direkte Handlungsaufforderungen zur Registrierung auf der Startseite,
- Einsatz von Layovern (Pop-ups) zur Leadgenerierung.

Abb. 3.93: Die zehn besten Unternehmen hinsichtlich der Intensität der Adressgewinnung (Quelle: absolit-Studie E-Mail-Marketing Benchmarks 2020, https://www.absolit.de/studien/e-mail-marketing-benchmarks)

Verteiler aufbauen

Der übliche Weg ist also die Gewinnung von Leads (Interessenten) auf der Homepage. Wer Ihre Homepage besucht, hat ein Interesse an Ihnen. Also lassen Sie diese Menschen nicht gehen, ohne sie nach ihrer Adresse zu fragen. Online-Marketing bedeutet unter anderem, dass täglich hundert bis tausend neue Interessenten Ihre Homepage besuchen. Warum Interessenten? Solange Sie nicht gerade eine Karibikkreuzfahrt verlosen, hat niemand einen Grund, Ihre Homepage zu besuchen. Der einfache Schluss: Wer trotzdem kommt, interessiert sich für Sie bzw. Ihre Produkte oder Dienstleistungen.

Wenn Sie nur zwei bis fünf Prozent dieser Menschen dazu bewegen, ihre E-Mail-Adresse zu hinterlassen, wird Ihre Homepage zum Leadgenerator. Und was bewegt einen

Interessenten, seine E-Mail-Adresse zu hinterlassen? Die konkrete Aussicht auf Informationen, die einen hohen persönlichen Nutzen versprechen. Sie sollten also nicht nur ankündigen, dass Ihr Unternehmen inzwischen einen Newsletter hat. Wenn Sie Interessenten ansprechen wollen, dann sagen Sie ihnen, was sie verpassen, wenn sie keine E-Mail-Adresse angeben. Ein kurzer, überzeugender Satz genügt:

- Was verpasse ich?
- Was bekomme ich, was andere nicht bekommen?
- Was bekomme ich vor allen anderen?

Außerdem sollte es einfach sein, die Adresse anzugeben. In der Online-Kommunikation gilt die Regel »mit wenigen Klicks zum Ziel«. Am besten nur mit einem, denn mit jedem weiteren Klick verlieren Sie 50 Prozent der Interessenten. Also packen Sie das Eingabefenster für die E-Mail-Adresse einfach gleich auf die Startseite oder sogar auf jede Seite in den Navigationsbalken.

TIPPS ZUR GEWINNUNG VON E-MAIL-ADRESSEN

Hier sind zwölf Tipps, wie Sie interessierte Besucher Ihrer Homepage zum Hinterlassen der E-Mail-Adresse bewegen:

- Bieten Sie direkt auf der Startseite die Anforderung von Informationen per E-Mail an.
- Nennen Sie einen guten Grund, warum jemand seine E-Mail-Adresse hinterlassen soll. Nutzen Sie Bilder, um den Vorteil zu visualisieren, den Newsletter-Empfänger gegenüber anderen Menschen haben.
- Fordern Sie lediglich die Eingabe der E-Mail-Adresse. Das senkt die Schwellenangst, die beim Anblick langer Formulare entsteht. Erst auf der sofort folgenden Bestätigungsseite bitten Sie um weitere Informationen, wie zum Beispiel Name und Anrede. Erfragen Sie nur Daten, die Sie wirklich brauchen. Sagen Sie, was der Nutzer von der Angabe der Daten hat.
- Schaffen Sie Vertrauensgarantien: Weisen Sie darauf hin, dass man den Newsletter jederzeit bequem wieder abbestellen kann. Betonen Sie, dass die Daten nicht weitergegeben werden.
- Seien Sie transparent und sagen Sie, in welcher Frequenz und mit welchen Inhalten der Newsletter erscheint.
- Machen Sie neugierig und zeigen Sie ein Archiv mit den letzten verschickten Newslettern.
- Laden Sie auf jeder einzelnen Seite Ihres Webauftritts dazu ein, den Newsletter anzufordern.
- Nutzen Sie ein Adresseingabefeld als visuelle Aufforderung, den Newsletter anzufordern. Vermeiden Sie die Verwechslung mit dem Suchfenster: Schreiben Sie in das Feld »E-Mail-Adresse eingeben« oder »Ihre E-Mail-Adresse«.
- Incentivieren Sie die Adresseingabe: Bieten Sie exklusive Downloads oder gar Rabatte an.

- Vermeiden Sie Checkboxen wie »Die AGB habe ich gelesen«, weil das für einen Newsletter irrelevant ist.
- Sagen Sie ganz deutlich, dass der Newsletter erst dann zugeschickt wird, wenn der Bestätigungs-Link in der Bestätigungsmail angeklickt wurde.
- Nicht beliebt, aber wirksam: Fordern Sie – für begrenzte Zeit – über ein Pop-up-Fenster zum Abonnement des Newsletters auf.

Es gibt jedoch noch weitere Wege, an neue E-Mail-Adressen zu kommen. So sollten Sie bei jedem Kundenkontakt die Einwilligung zum E-Mail-Empfang einholen, denn jeder Kontakt zu Interessenten ist eine Chance, Neugierde zu wecken. Sagen Sie etwa: »Per E-Mail bekommen Sie unsere so schnell ausverkauften Sonderangebote, bevor die Allgemeinheit davon erfährt.«

Und bitte sammeln Sie nicht Visitenkarten, ohne sich auch das (mündliche) Ja zum Newsletter-Bezug abzuholen. Dann ist die Chance viel größer, dass er auch gelesen wird.

Auch die Produktverpackung können Sie nutzen. Sie ist ein Kontaktpunkt mit dem Kunden. Bieten Sie etwas Attraktives per E-Mail an. Sie können auch Postkarten verteilen. Oft macht es Sinn, ein attraktives E-Mail-Angebot (Download-Angebot) auch per Postkarte zu kommunizieren. Rückporto übernehmen Sie natürlich. Am einfachsten können Sie die Zielgruppe eingrenzen, wenn Sie ein Mailing versenden: Wer sich per E-Mail informieren lässt, erhält mehr, bessere oder schnellere Angebote. Hier können Sie auch ein Gewinnspiel als Verstärker einsetzen.

Online gibt es noch die Möglichkeit der Co-Registrierung. Neben der eigenen Homepage können Sie auch auf den entsprechenden Formularen potenzieller Partner eine Einwilligung einholen. So kann ein Autohaus in seinem Newsletter-Anmeldeformular durchaus noch den Newsletter der kooperierenden Bank mit anbieten.

Co-Sponsoring von Gewinnspielen ist ein weiterer Ansatz. Der schnellste Weg der Adressgewinnung sind nämlich Gewinnspiele, auch wenn die Datenqualität schlechter ist. Es gibt Dienstleister, die sind wahre Profis im Erwerb von E-Mail-Adressen durch Verlosungen. Bei solchen Anbietern können Sie ebenfalls eine Einwilligung für sich selbst in das Anmeldeformular mit einbauen. Einziger Haken: Die Interessenten sind oft mehr am Gewinnspiel als an Ihren Produkten interessiert.

Achtung   !

Obwohl fast alle Unternehmen E-Mail-Marketing betreiben, ist der Kenntnisstand gering. 29 Prozent arbeiten ohne ein dediziertes E-Mail-Versandtool. Auch schützen nur sechs Prozent ihren wertvollen Domainnamen umfassend vor dem Missbrauch durch Spammer. Und das, obwohl es vielfältige kostenlose Möglichkeiten gibt.

Am erschreckendsten jedoch: Nicht einmal ein Drittel der Top-5000-Unternehmen erfüllen alle Rechtsvorschriften beim E-Mail-Marketing. Wer Neukunden per E-Mail gewinnen möchte, muss einige Regeln befolgen, denn wer E-Mails ohne Einwilligung des Empfängers verschickt, riskiert teure Abmahnungen.

Spätestens mit der EU-Datenschutz-Grundverordnung wird das Thema Rechtssicherheit erheblich an Bedeutung gewinnen. Die Studie deckte erhebliche Mängel auch bei Versandhändlern auf. 69 Prozent haben rechtliche Beanstandungen, zwölf verzichten gar auf das Double-Opt-in. Nicht nur eine rechtssichere Anmeldung ist Pflicht, sondern auch ein bequemer Widerruf. Ein Hinweis auf das Widerrufsrecht gibt es aber nur bei 62 Prozent, wie mit den eigenen Daten umgegangen wird, erfährt man nur bei 20 Prozent. Zudem muss man bei 42 Prozent mehr Daten bei der Abmeldung angeben, als eigentlich erlaubt. Viel Raum also für Verbesserungen.

3.2.3.2   E-Mailings und Newsletter

Im Printbereich gibt es drei Formen des Direktkontakts:
- **Direct Mail**: Für Messeeinladungen oder Produkteinführungen senden Sie einen personalisierten Serienbrief an Kunden und Interessenten.
- **Katalog**: Einmal im Jahr oder öfter senden Sie Ihren Kunden eine Übersicht all Ihrer Produkte.
- **Kundenzeitung**: Einige Unternehmen versenden eine wie ein Magazin aufgemachte Zeitschrift mit redaktionell gestalteten Inhalten.

Genauso ist es auch bei E-Mails. Sobald Sie einen Verteiler haben, bieten sich Ihnen drei Möglichkeiten:
- **E-Mailing:** Ab und zu versenden Sie einen elektronischen Serienbrief an Ihre Kunden, Freunde und Interessenten.
- **Verkaufs-Newsletter**: In regelmäßigen Abständen senden Sie Ihren Kunden Informationen zu Ihren Produkten zu.
- **Kundenbindungs-Newsletter**: In regelmäßigen Abständen senden Sie Ihren Kunden redaktionell gestaltete Informationen zu.

Im E-Mail-Marketing werden E-Mailings überwiegend im Rahmen integrierter Kampagnen eingesetzt. Newsletter dagegen sind die Standardkommunikation. Je nach Unternehmen kann das eine der oben genannten Reinformen sein oder eine Mischform. Das bedeutet, dass es redaktionelle Informationen gibt, dazwischen aber genauso auch Produktinformationen und Kaufangebote. In der Printkommunikation würde man dies als »Magalog« (Magazin + Katalog) bezeichnen.

3.2.3.2.1   E-Mailings

Bei E-Mailings sind Sie relativ frei in der Gestaltung, aber ein paar Grundregeln gibt es schon.

Professionell gestaltete E-Mails sind Pflicht

In Zehntelsekunden wird entschieden, ob eine E-Mail gelöscht oder gelesen wird. Nur ein Drittel aller E-Mails wird überhaupt geöffnet. Wer hier nicht hochprofessionell arbeitet, hat im täglichen Kampf in der Inbox keine Überlebenschance. Händlern und Touristikunternehmen ist die Bedeutung professionell gestalteter E-Mails durchaus bewusst: Hier werden im Schnitt 77 Prozent der Mails weitgehend professionell gestaltet. Das Schlusslicht ist hingegen der Energiesektor – hier ist noch viel Luft nach oben (siehe E-Mail-Marketing Benchmarks 2021, https://www.absolit.de/studien/e-mail-marketing-benchmarks).

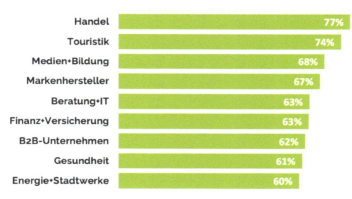

Abb. 3.94: Anteil der Anforderungen an professionelle E-Mails, die die einzelnen Branchen erfüllen (Quelle: absolit-Studie E-Mail-Marketing-Benchmarks 2021, https://www.absolit.de/studien/e-mail-marketing-benchmarks)

Die Anforderungen beginnen schon bei der Lesbarkeit ohne Bilder, die bei jedem zweiten Unternehmen nicht gegeben ist, denn nicht immer werden Bilder in E-Mails angezeigt. Besonders die Handlungsaufforderungen (CTA-Buttons) sollten auch in der bildlosen Ansicht deutlich hervorstechen. Nur jede fünfte E-Mail war ohne Bilder noch gut lesbar.

Leider bieten nur 36 Prozent an, persönliche Interessen anzugeben, um die Inhalte zu individualisieren. Auch bei der Begrüßung neuer Leser wird geschlampt: Nur jedes vierte Unternehmen heißt Neu-Abonnenten willkommen. Eine Begrüßungskampagne gibt es nur bei einem Prozent. Dabei sind gerade in den ersten E-Mails, die ein Unternehmen verschickt, die Öffnungsraten erheblich höher als später.

40 Prozent aller E-Mails werden mobil geöffnet – Tendenz steigend (Quelle: www.litmus.com/wp-content/uploads/2020/10/2020_State_of_Email_Engagement.pdf). Doch noch immer stehen viele Unternehmen mit dem Smartphone auf Kriegsfuß:

20 Prozent der Mails haben kein responsives Template, 40 Prozent der Betreffzeilen werden regelmäßig auf Smartphones angeschnitten (E-Mail-Marketing Benchmarks 2020, https://www.absolit.de/studien/e-mail-marketing-benchmarks).

Abb. 3.95: Auswahl einiger Kriterien für die Bewertung der E-Mail-Marketingaktivitäten der 5000 wichtigsten Unternehmen in der DACH-Region (Quelle: absolit-Studie E-Mail-Marketing-Benchmarks 2021)

Direkte Ansprache ermöglicht eine persönliche Ebene

Sprechen Sie die Empfänger mit Namen an. 53 Prozent aller E-Mailing-Kampagnen sind ohne jede Personalisierung. Das verspricht kaum Erfolg. Mit der persönlichen Anrede wird der elektronische Brief eröffnet. E-Mail-Marketing ist Beziehungsmarketing – die meisten Leser wollen mit Namen angesprochen werden. In die Online-Welt schleichen sich normale Geschäftsgepflogenheiten ein: Während vor zehn Jahren die E-Mail-Anrede »Hallo« allgemeiner Standard war, ist die Netiquette jetzt weiter. Auf die Frage »Welche Anrede verwenden Sie bei Ihrem Newsletter oder Ihren E-Mailings?« antworteten die meisten der Befragten mit der formellen Anrede. Der Klassiker im B2B ist »Sehr geehrter Herr Schwarz« oder »Guten Tag«. Im B2C hingegen geht es oftmals etwas persönlicher zu. Beispiele wären »Lieber Torsten«, »Hey Torsten« oder auch »Moin Torsten«. Ein Best Practice zur Anrede gibt es dabei aber nicht. Wichtig ist, dass die Anrede des Lesers zu dem Ton Ihrer Unternehmenskommunikation passt. Wenn Sie allerdings den Namen des Lesers oder Kunden haben, dann nutzen Sie ihn auch zur Ansprache im Newsletter.

Wenn möglich sollte ein E-Mailing nur an die Zielgruppe verschickt werden, für die es auch wirklich wichtig ist. Natürlich ist die Versuchung groß, einfach alles an alle zu versenden. Dann aber empfinden so manche die E-Mail als Belästigung – denn sie merken, dass sie eigentlich gar nicht gemeint sind.

Der Trick besteht darin, mit überschaubarem Aufwand individuelle – und damit relevante – Mails zu entwerfen. Beliebt sind Aspekte wie »Ihr letzter Kauf« oder »Ihr Punk-
tekonto – aktueller Stand«. Es sollten immer mehrere Klickmöglichkeiten angeboten
werden. Der HTML-Code soll so einfach wie möglich sein. HTML-Mails müssen notfalls
auch ohne Bild auskommen, weil Bilder manchmal geblockt werden. Über den Erfolg
eines E-Mailings entscheidet die Handlungsaufforderung. Bilder werden dabei am
liebsten angeklickt.

Wie oft soll ich E-Mails versenden?
Wer nun eine Einwilligung hat, trägt Verantwortung. »Wie oft soll ich E-Mails versenden?«, ist eine der meistgestellten Fragen in Seminaren. Zu viele E-Mails werden als
Belästigung empfunden, aber was ist zu viel? Ganz einfach: Zu viel ist es, wenn ein
Empfänger dies als Belästigung empfindet und damit ein Schaden für die Marke entsteht. Die meisten Unternehmen stellen nur durch A/B-Tests fest, dass eine Frequenz-
erhöhung zu einer Umsatzerhöhung führt. Niemand berechnet den Imageschaden,
der sich durch genervte Empfänger ergibt, die sich von der Marke nicht verstanden
fühlen.

Wie oft Sie versenden, hängt davon ab, wie oft Sie etwas Wichtiges mitzuteilen haben.
Vorsicht: Für Sie mag es wichtig sein, dass Sie heute ein Sonderangebot haben, aber
ist das auch für jeden Kunden relevant? Bewerten Sie die Wichtigkeit von Informationen aus der Sicht einzelner Empfänger.

Die optimale Versandfrequenz ist von der Kundenbindung abhängig: Je höher die
Kundenbindung (beispielsweise manifestiert durch die Frequenz und Höhe der Bestellungen), desto häufiger kann der entsprechende Kunde auch per E-Mail angeschrieben werden. Ein Gelegenheitskunde, der normalerweise nur einmal im Jahr zur
Weihnachtszeit kauft, fühlt sich vielleicht schon durch einen E-Mail-Newsletter mit
monatlicher Frequenz belästigt. Ein treuer Stammkunde dagegen, der regelmäßig
jeden Monat seine Bestellungen aufgibt, kann problemlos wöchentlich oder – sofern
aktueller Inhalt vorhanden ist – gegebenenfalls auch noch häufiger angeschrieben
werden.

Daher ist es im E-Mail-Marketing wichtig, nicht alle E-Mail-Empfänger über einen
Kamm zu scheren. Erfahrene E-Mail-Marketing-Anwender schreiben ihre besten Kunden standardmäßig fünfmal pro Woche an. Dies ist aber nur dann möglich, wenn man
seine E-Mail-Empfänger kennt (Interessent, Neukunde, Stammkunde etc.).

Doch wie kann man seine E-Mail-Empfänger besser kennenlernen? Eine Lösung ist,
die Empfänger selbst Themen und Versandfrequenz wählen zu lassen. Lassen Sie Ihre
Interessenten und Kunden selbst wählen, ob sie nur eine monatliche Zusammenfas-

sung Ihrer Angebote, den wöchentlichen thematischen E-Mail-Newsletter oder auch zusätzlich die Sonderangebot-Mailings erhalten möchten. Alternativ kann auch die Kontakthäufigkeit ermittelt und daraus die optimale Frequenz abgeleitet werden. Wer lange nicht aktiv war, sollte weniger E-Mails erhalten und im besten Fall irgendwann ganz aus dem Verteiler genommen werden.

3.2.3.2.2   Newsletter

Von den 5000 wichtigsten Unternehmen in der DACH-Region setzen etwa 98 Prozent E-Mail-Marketing ein. Von diesen wiederum versenden die meisten einen Newsletter. 75 Prozent nutzen den Newsletter, um auf der Homepage aktiv Werbeeinwilligungen zu gewinnen. Jeder Interessent des Unternehmens kann sich so bequem selbst in den Verteiler eintragen. Die restlichen 25 Prozent bieten den Newsletter nur für bereits registrierte Bestandskunden an.

Gestaltung

Bei der Gestaltung eines Newsletters gilt es eines zu beachten: Die meisten Menschen haben wenig Zeit und lesen entweder nur Absender und Betreff oder überfliegen die Inhalte blitzschnell. Wenn Sie also möglichst viele Menschen erreichen wollen, schreiben Sie so, dass Schnellleser das Wichtigste finden und die Gründlichen trotzdem genug inhaltliche Tiefe vorfinden.

Auch gibt es einige formale Aspekte, die den Lesern die schnelle Informationsaufnahme erleichtern und die jedes Unternehmen berücksichtigen sollte. Ein guter Newsletter zeichnet sich dadurch aus, dass er übersichtlich und klar gegliedert ist. Auf kleinem Raum sollten ohne viel Scrollen die wichtigsten Inhalte lesbar sein. Die einfachste Gliederung ist: Kopf, Textteil und Fuß. Bei professionellen Newslettern ist der Textteil stärker ausdifferenziert. Er besteht aus einem persönlichen Anschreiben, einem Inhaltsverzeichnis und mehreren Einzelmeldungen.

Natürlich müssen Sie nicht bei jedem Newsletter Ihre Grafikagentur beauftragen. Sie lassen sich einmalig eine Schablone (ein Template) anfertigen, in die Sie dann jeweils die aktuellen Inhalte einfügen. Generell gilt: Relevante Inhalte sind wichtiger als ein tolles Layout.

Wichtig beim Layout ist die klare Strukturierung und einfache Erkennbarkeit sowie die Lesbarkeit der Inhalte. Der Newsletter soll nicht überfrachtet wirken, aber kurz und prägnant formuliert sein. Die einzelnen Komponenten sind:

* **Der Absender**
  Der Absendername ist die wichtigste Komponente eines Newsletters. Ihr guter Name ist der Garant dafür, dass Ihr Newsletter gelesen wird. Wenn Sie allerdings

langweilige Mails schreiben, ist Ihr Name auch der Grund, den Newsletter zu löschen. Ihre Firma soll als Absender klar erkennbar sein. Der Leser soll sofort erkennen, welches Unternehmen ihm eine E-Mail schickt. Der Firmenname soll innerhalb der ersten fünfzehn Zeichen erkennbar sein. Sofort wandert der Leserblick weiter auf die Betreffzeile mit aktueller Information.

- **Die Betreffzeile**

  Die Betreffzeile soll verraten, warum es lohnt, gerade diesen Newsletter zu lesen. Sie weist konkret auf die aktuellen Inhalte hin.

- **Der Pre-Header**

  Ein sogenannter Pre-Header ist ein Kurztext, der über dem Header des Newsletters steht. Er dient in erster Linie als Vorschau auf den Inhalt der E-Mail und ist eine Verlängerung der Betreffzeile. Zwar wird der Pre-Header nicht in allen E-Mail-Programmen angezeigt, aber vor allem für mobile Endgeräte ist dieser extrem relevant.

- **Der Kopfzeile (Header)**

  Viele Menschen sehen sich nur das Vorschaufenster an. Deshalb sollten Sie sich hierauf konzentrieren. Oft wird dort viel Platz verschwendet. Erkennt der Schnellleser auf einen Blick, was er verpasst, wenn er diesen Newsletter ungelesen löscht? Leider haben manche Newsletter einen großen, grafisch aufwendig gestalteten Kopfbereich, der die Hälfte des Vorschaufensters ausfüllt. Dann kommt ein ellenlanges Anschreiben, dessen Kernaussage darin besteht, dass es generell viel zu berichten gibt, dass Erfolg wichtig ist und dass dem Absender vieles durch den Kopf geht. Das ist viel zu allgemein. Hierher gehören konkrete Leseanreize.

- **Das Anschreiben**

  Das persönliche Anschreiben ist auch in Newslettern üblich. Wie bei einem Briefmailing gehört auch es auch zu einem Newsletter. Das Anschreiben (Editorial) ist extrem kurz (etwa drei Zeilen) und persönlich unterschrieben. Manche Newsletter verwenden auch eingescannte Unterschriften oder ein Foto des Absenders.

- **Das Inhaltsverzeichnis**

  Schnellleser schätzen ein Inhaltsverzeichnis. Ein Newsletter sollte sehr übersichtlich strukturiert sein, um Schnelllesern das Leben zu erleichtern. Ein Newsletter enthält am Anfang die wichtigsten Schlagzeilen beziehungsweise Produktmeldungen als Inhaltsübersicht.

- **Die Meldungen**

  Dann folgen die Meldungen, die mit einer knackigen Überschrift versehen sind, die Interesse weckt. Der kurze Teasertext nennt die wichtigen Fakten und ein Hyperlink verweist auf eine Webseite mit Details. Wenn die Kernaussage durch ein Bild zu vermitteln ist, zeigen Sie eines. Ob Sie drei oder zwölf Meldungen bringen, hängt davon ab, wie viel Relevantes Sie zu sagen haben. Um mehr Klicks zu bekommen, sollten sowohl die Überschrift als auch das Bild mit einem Hyperlink unterlegt sein.

- **Der Fußzeile (Footer)**

  Die Fußzeile enthält eine Reihe formaler Elemente, wie zum Beispiel die Abbestell-möglichkeit. Ein Newsletter unterscheidet sich von Spam durch eine bequeme Abbestellfunktion. Die Abmeldung sollte in einem Schritt und unkompliziert möglich sein. Eine Aufforderung zum Weiterempfehlen hat sich ebenso bewährt. Beim E-Mail-Marketing bestimmt der Empfänger selbst, was er an welche Adresse bekommt. Geben Sie den Lesern die Möglichkeit, ihre Daten selbst zu pflegen, indem Sie auf ein Adressänderungsformular verlinken.

Nicht vergessen werden darf das Impressum. Für Publikationen wie Newsletter gilt nämlich die Kennzeichnungspflicht mit allen Kontaktdaten. Im Impressum sind neben Postadresse auch Telefonnummer und E-Mail-Adresse genannt.

DER NEWSLETTER FÜRS SMARTPHONE

Auch auf Smartphones sollte der Newsletter lesbar sein, denn viele checken ihre E-Mails von unterwegs. Die folgende Checkliste hilft, die gröbsten Fehler zu vermeiden:

- Absender: Firmenname ist in den ersten 30 Zeichen erkennbar
- Betreff in den ersten 50 Zeichen: Welchen Nutzen bringt es, diese E-Mail zu öffnen?
- Pre-Header: in 100 Zeichen Zusammenfassung der Inhalte für Mobilnutzer
- Online-Version: Link auf die Browser-Version, falls in der E-Mail keine Bilder zu sehen sind
- Header-Grafik: zeigt die Corporate Identity und enthält links das Logo mit Link zur Homepage
- Inhalt: im Vorschaufenster Übersicht der wichtigsten Schlagzeilen für Schnellleser
- Hauptthema der E-Mail (Kampagnenziel) im Vorschaufenster deutlich erkennbar
- Anschreiben mit persönlicher Anrede in 3–5 Zeilen wie Editorial einer Zeitschrift. Eventuell mit Foto, Unterschrift, Name und Funktion des Absenders
- Schriftgröße in der Mobilversion mindestens 12 und Zeilenabstand 17
- Breite in der PC-Version ca. 600 Pixel, passt sich in der Mobilversion dem Smartphone/Tablet an
- Meldungen bzw. Produkte sind klar voneinander abgegrenzt
- Überschriften sind prägnant, fallen beim schnellen Überfliegen sofort ins Auge und sind verlinkt
- Texte wie Überschrift und Kurztext (Teaser) sind in HTML und nicht Bilder
- Kurztext enthält alle relevanten Infos, damit nur echte Interessenten klicken müssen

- Bilder visualisieren die Kernaussage der Meldungen
- Handlungsaufforderung als Button oder Text nennt den Nutzen, warum geklickt werden soll
- Links in der Mobilversion freigestellt und mindestens 44 × 44 Pixel groß (Wurstfinger-Effekt)
- Gliederung des gesamten Newsletters möglichst klar und übersichtlich gestalten
- Verzicht auf alles, was nicht nötig ist
- Kurze Absätze (maximal 5 Zeilen), Sätze und Worte verwenden
- Abmelden mit einem Mausklick bequem möglich machen
- E-Mail-Adresse nennen, an welche der Newsletter geschickt wurde
- Adressänderung ermöglicht auf einem Formular Eingabe einer neuen E-Mail-Adresse
- Impressum muss Postadresse, Telefon, E-Mail-Adresse und Steuernummer nennen
- Weiterempfehlung fordert zum Weiterleiten auf – auch im Social Web

Texten professioneller Newsletter

Newsletter werden extrem schnell gelesen oder sogar nur überflogen. Daher gilt: Gelesen wird nur, was gut geschrieben ist. Niemand will lange am Monitor sitzen. Also gilt es, schnell und präzise zur Sache zu kommen.

Überschriften wecken Interesse

Die Überschriften sollten kurz sein und neugierig machen. Die Bildzeitung lebt von solchen Überschriften wie zum Beispiel »Wir sind Papst«.

- **Informativer Teasertext**
  Fassen Sie in wenigen Sätzen zu Anfang die wichtigsten Inhalte zusammenfassen. Nennen Sie kurz die wichtigsten Fakten und Daten.
- **Kompakte, übersichtlich gegliederte Darstellung**
  Niemand sitzt gerne lange am Monitor. Geben Sie einen kurzen, knappen Überblick über die Themen. Das suchende Auge möchte schnell die Überschriften und Teasertexte überfliegen. Bei Interesse können per Mausklick weitere Informationen angefordert werden.
- **Persönliche Ansprache**
  Schreiben Sie so, wie Sie mit einer einzelnen Person reden würden: seriös, sachlich und persönlich. Die direkte Anrede ist sinnvoll, sollte aber nicht übertrieben werden. Sagen Sie einfach, was Sie zu sagen haben.
- **Bewegt das die Zielgruppe?**
  Mit welchen Fragen, Themen oder Problemen beschäftigt sich Ihre Zielgruppe gerade? Schreiben Sie darüber oder sprechen Sie das Thema an. Das wird gelesen.

- **Kurze Worte, Sätze und Absätze**

  Finden Sie kurze Worte. Die simpelsten und schlagendsten Worte sind die besten. Wörter mit mehr als fünf Silben sind tabu. Schreiben Sie in kurzen Hauptsätzen. Gliedern Sie eine Textwüste in Absätze.

- **Bilder wirken besser**

  Erzeugen Sie »Kino im Kopf«. Sind Ihre Texte abstrakt oder kann sich der Leser bildlich etwas darunter vorstellen? Nutzen Sie farbige Ausdrücke und Adjektive.

- **Passiert etwas?**

  Substantivierungen (allein das Wort schon!) sollten Sie abschaffen. Kein -ung, -ion und -ismus mehr! Nutzen Sie Verben, dann lebt die Aussage. Verben werben – sagen zumindest die Werber.

- **Suchbegriffe verwenden**

  Suchmaschinen zeigen nur diejenigen Texte an, in denen das jeweilige Suchwort auch vorkommt. Ein Text über Texten sollte also auch das Wort »Texten« enthalten, am besten noch im Titel und in Überschriften.

- **Fragen Sie Freunde**

  Lassen Sie Ihren Text von Freunden lesen, die von der Sache nichts verstehen. Nehmen Sie deren Rat ernst.

Die richtige Versandzeit für Newsletter

Wenn ein Newsletter zur richtigen Zeit kommt, wird er auch gelesen. Was aber ist der richtige Versandzeitpunkt? Dienstagvormittag ist die Standardantwort, aber die gilt nur in einigen Fällen. Mit Web-Analytics- oder Webcontrolling-Software (zum Beispiel Webtrends, Google-Analytics oder E-tracker) messen Sie, wann ein Newsletter die meisten Leser findet.

Mit einem Newsletter ist es wie bei Brötchen: Je frischer, desto besser. Möglichst viele Menschen sollten also einen möglichst frischen Newsletter erhalten. Bei einem B2B-Verteiler sind fast alle Empfänger vormittags online. Hier kann morgens verschickt werden. Bei einem B2C-Verteiler ist das anders. Hier gibt es keine allgemeingültige Antwort. Stattdessen lohnt es sich, einmal einen Blick in die Aktivitätsverteilung auf der Website zu werfen.

Webcontrolling-Programme zeigen grafisch, wie sich die Nutzeraktivität auf den Tag verteilt. Schauen die meisten Besucher vom Arbeitsplatz aus während der Mittagspause kurz vorbei, oder kommen sie eher am Abend von zu Hause aus? Gerade der kurze Peak in der Mittagspause ist interessant: Ist der Newsletter noch frisch, kann das Gelesene als aktuelle Nachricht den Kollegen weitererzählt werden.

Gleiches gilt für die Wahl des Wochentags: Die grafische Darstellung zeigt deutlich, an welchen Tagen die meisten Besucher kommen. Wenn am Wochenende Flaute herrscht, ist der Wochenanfang besser. Kommen bei einem B2C-Verteiler viele Besucher am Wochenende, ist der Donnerstag nicht schlecht. So können auch die Büromenschen die Nachricht noch am Donnerstag oder Freitag lesen. Trotzdem ist der Newsletter am Wochenende noch frisch genug.

Noch immer haben viele Nutzer keinen anständigen Spamfilter. Daher sollten Sie aufpassen, dass Ihre E-Mail nicht in der nächtlichen Spamflut oder der am Wochenende untergeht. Montag früh ist also genauso problematisch wie die Nacht als Versandzeitpunkt. Viele Unternehmen schwören auf den frühen Vormittag: Alle Spams sind gelöscht und die Pflicht-E-Mails abgearbeitet. Jetzt findet jede E-Mail die maximale Beachtung.

Wenn Sie sich nicht sicher sind, dann testen Sie: 50 Prozent der E-Mails gehen morgens um neun raus, die restliche Hälfte wird um elf Uhr abgeschickt. Warten Sie aber mindestens sieben Tage, bevor Sie endgültig die Öffnungs- und Klickraten der beiden Testgruppen vergleichen. Auf die gleiche Weise können Sie auch den optimalen Versandtag bestimmen.

DIE MARKE LEIDET, WENN E-MAILS IM SPAMFILTER LANDEN

Trotz Einwilligung werden viele seriöse E-Mails von Spamfiltern blockiert, wenn kein Reputationsmanagement betrieben wird. Der sicherste Weg ist der Versand über professionelle E-Mail-Serviceprovider (ESP). Diese lassen ihre Mailserver von der Certified Senders Alliance zertifizieren, damit die Spamfilter sie als »gute« E-Mails erkennen. Wichtigster Aspekt für eine gute Reputation ist jedoch die Tatsache, dass keiner der Empfänger sich beschwert.

Man kann es nicht oft genug betonen: Auch wenn Sie juristisch wie technisch alles perfekt machen, gibt es trotzdem eine Schwachstelle. Wenn die Empfänger Ihre E-Mails als lästig empfinden, drücken sie den Spamknopf. Und wenn das mehr sind als bei anderen Versendern, dann haben Sie ein Zustellungsproblem. Der Anteil der Menschen, die sich (selbst trotz rechtlich korrekter Einwilligung) beschweren, ist ein Kriterium für die automatisierte Spamerkennung.

Der einfachste Weg, Spam-Mails zu erkennen, ist deren Herkunft. Wer heute Massenmails verschicken will, muss vorher den Internet Service Providern (ISP) klarmachen, dass diese Mails seriös sind. Die ISP nutzen als Erkennungsmerkmal die IP-Adresse des Mailservers. Entweder Sie nehmen nun selbst zu jedem ISP Kontakt auf oder Sie lassen Dienstleister dies tun. Die Dienstleister sind E-Mail-Serviceprovider (ESP), die sich auf den Massenversand von E-Mails spezialisiert haben. Es gibt aber auch Anbieter wie Returnpath oder Senderproof, die nicht selbst versenden, sondern sich nur auf das Reputationsmanagement ihrer Kunden konzentrieren.

Über die Hälfte der deutschen Unternehmen arbeitet mit ESPs zusammen, deren Mailserver von der CSA zertifiziert sind. Sie schließen einen Vertrag mit dem ESP ab, in dem Sie sich verpflichten, nur an E-Mail-Adressen mit nachweisbarer Einwilligung zu versenden. Wenn es viele Beschwerden gibt, meldet sich die CSA beim ESP. Dieser wird von Ihnen dann eine Erklärung verlangen. Die CSA garantiert den ISPs damit, dass keine Spammails verschickt werden. Die CSA betreibt eine Whitelist zertifizierter Versender, deren Mails am Spamfilter vorbei direkt in die Mailboxen zugestellt werden.

Sender Policy Framework (SPF) ist ein Verfahren, mit dem das Fälschen der Absenderadresse einer E-Mail verhindert wird. Bei SPF trägt der Inhaber einer Domain in das Domainname-System ein, welche Server zum Versand von E-Mails für diese Domain berechtigt sind. Hier tragen Sie die genaue Domain vom Versandserver Ihres E-Mail-Versenders (ESP) bei Ihrem Hosting- oder Domaindienstleister im DNS-Eintrag ein. Es reicht also nicht die Hauptdomain (versender.de), sondern es muss der konkrete Versandserver sein (mail3.versender.de).

DomainKeys Identified Mail (DKIM) ist ein Identifikationsprotokoll zur Sicherstellung der Authentizität von E-Mail-Absendern. Es wurde entwickelt, um bei der Eindämmung von unerwünschter E-Mail wie Spam oder Phishing zu helfen. Neben SPF ist es das meistgenutzte Verfahren zur Sender-Authentifizierung. Im Gegensatz zu SPF funktioniert die Authentifizierung über ein kryptographisches Verfahren. Dazu wird in den Header der versendeten E-Mail ein Hashwert als DKIM-Signatur eingefügt. Der empfangende Mailserver vergleicht diesen Wert mit einem öffentlich hinterlegten Schlüssel.

Domain-based Message Authentication, Reporting and Conformance (DMARC) baut auf den Authentifizierungsmethoden SPF und DKIM auf. Werden sowohl SPF als auch DKIM verwendet, kann zusätzlich dazu DMARC eingesetzt werden. Dabei hat DMARC mehrere Vorteile: Einerseits können Unternehmen so überprüfen, welche im Namen der Domain versendeten Mails bei Internet Service Providern Probleme bei der Authentifizierung aufzeigen. Andererseits können Anweisungen für den ISP definiert werden, wie diese verdächtige Mails der eigenen Domain handhaben sollen.

List-Unsubscribe vermeidet Beschwerden. Je bequemer die Abmeldung ist, desto weniger Beschwerden gibt es. Wenn im Header der E-Mail ein sogenannter List-Unsubscribe-Link enthalten ist, macht dies das Abmelden für viele leichter. Der Grund: Manche ISP, wie zum Beispiel Google (Gmail), lesen den List-Unsubscribe-Link automatisch aus und nutzen ihn für Abmelde-Links oder Abmelde-Buttons im Webmail-Interface.

CSA-Complaints kanalisiert Beschwerden. Wenn im Header einer E-Mails ein X-CSA-Complaints-Hinweis steht, kann dies eine einfache Beschwerde-möglichkeit für E-Mail-Empfänger bedeuten. So verringert sich die Chance, dass jemand, der sich beschweren will, einfach auf dem Spam-Knopf drückt und die Reputation des Empfängers leidet. Damit kann sich der Empfänger eines CSA-zertifizierten Versenders mit seiner Beschwerde direkt an die CSA und damit an den Verband der deutschen Internetwirtschaft e. V. (eco) wenden.

Werbemails an Fremdadressen

Im klassischen Direktmarketing ist es recht verbreitet, für die Neukundengewinnung Adressen anzumieten. Im E-Mail-Marketing gibt es das auch, es ist aber nicht in allen Fällen zielführend. Sinnvoll ist es dann, wenn Sie eine klar definierte Zielgruppe haben, in dieser Zielgruppe aber noch E-Mail-Adressen suchen. Zwei Möglichkeiten haben Sie: Entweder Sie gewinnen die Einwilligung selbst oder Sie mieten die Adressen.

Und noch einmal Vorsicht! Mieten bedeutet im seriösen E-Mail-Marketing nicht, dass Sie eine Adressliste bekommen. Vielmehr wird Ihre E-Mail vom Versandsystem des Adresseigners aus verschickt. Der Grund: Erstens haben die Empfänger dem Adresseigner und nicht Ihnen die Einwilligung erteilt. Zweitens kann eine Einwilligung auch elektronisch widerrufen werden (»abbestellen«). Dabei wird die Adresse beim Versender auf »inaktiv« gesetzt. Wenn Sie nun also eine Liste von E-Mail-Adressen erhalten, können Sie niemals ausschließen, dass eine dieser Adressen gerade von einem anderen Kunden angeschrieben wurde und dabei die Einwilligung widerrufen hat.

Der Zoo Emmen versandte ein Mailing mit dem Betreff »NEU: Ausflugsziel afrikanische Savanne!« an angemietete Adressen. Zielgruppe waren Familien mit Kleinkindern und Schulkindern in Niedersachsen, Nordrhein-Westfalen und Bremen. Die Öffnungsrate lag bei 31 Prozent. Insgesamt haben 4,9 Prozent der angeschriebenen Familien reagiert. Das heißt, dass sie mindestens einmal auf einen der Hyperlinks geklickt haben. Der meistangeklickte Hyperlink war die als Text geschriebene Handlungsaufforderung »Gutschein herunterladen«.

Abb. 3.96: 4,9 Prozent der angeschriebenen Familien reagierten auf dieses E-Mailing an angemietete Adressen

WOHIN DIE REISE GEHT

Momentan ganz oben auf der Agenda der Unternehmen steht das Thema Mobil-Optimierung. Die meisten E-Mails werden auf dem Smartphone gelesen oder gelöscht. Wer hier nicht punktet, verliert. 80 Prozent der Unternehmen sind hier bereits aktiv. Immer wieder ein Thema ist auch der Relaunch des Newsletters und die Frage einer professionellen Begrüßungssequenz. Auch die Einführung und Einbindung professioneller Versandsoftware ist vorne auf der Agenda von Unternehmen. Spannende Themen sind auch die Reaktivierung inaktiver Empfänger. Hier steckt viel ungenutztes Potenzial. Mehrstufige und über mehrere Kanäle gespielte Kampagnen

sind möglich und erfolgreich, erfordern jedoch einigen abteilungsüber-
greifenden Planungsaufwand. Lifecycle-Marketing und Personalisierung
schließlich sind die Dinge, über die viel geredet wird, wo jedoch noch großer
Nachholbedarf besteht.

3.3   Social Media

3.3.1   Neue Formen der Öffentlichkeitsarbeit

Die bisherigen Teile des Buches beschäftigten sich mit klassischen Online-Marketing-
Werkzeugen: Homepage, Suchmaschinen-Marketing, Bannerwerbung und E-Mail.
Die Homepage ist vergleichbar mit einem Ladengeschäft, Suchmaschinen-Marketing
entspricht dem Eintrag bei den Gelben Seiten und Bannerwerbung ist die Anzeige
in der Lokalzeitung. E-Mail wiederum entspricht einem Brief mit einer Einladung zur
Produktvorführung im Laden, der an treue Kunden geschickt wird. Leider reicht diese schöne heile Welt nicht mehr aus, um den wirtschaftlichen Erfolg eines Geschäfts
nachhaltig zu sichern. Im Handel gibt es neue Konzepte, um dem Kunden die eigene
Marke näherzubringen. Und genauso geht es auch online. Dort ist es eine ganze Reihe
von Portalen, auf denen Unternehmen Präsenz zeigen können – oder auch nicht.

Die Möglichkeiten, auf Portalen Sichtbarkeit zu erzeugen, ähneln sich im Kern. Es sind
im Grunde drei Wege:

Anzeigen: Das klassische Modell von Zeitungen und Zeitschriften funktioniert auch im
Internet: Eine Redaktion produziert qualitativ hochwertige Inhalte und in deren Umfeld können Unternehmen Anzeigenplätze buchen. Egal ob Print, TV oder Radio: Alle
großen Redaktionen betreiben heute auch eine Online-Präsenz mit Banneranzeigen.
Interessant sind aber auch viele reine Online-Portale, auf denen mit mehr oder weniger großer journalistischer Professionalität Inhalte bereitgestellt werden. Auch dort
können Anzeigen geschaltet werden.

Schließlich gibt es eine große Vielfalt von Portalen, auf denen relevante Inhalte ge-
sammelt werden und ebenfalls Anzeigenplätze buchbar sind. Das reicht von Online-
Verzeichnissen wie Gelbe-seiten.de über Regionalportale wie Meinestadt.de bis zu
Communitys. Keine größere Webseite lässt sich mehr die Chance entgehen, durch
Banner zusätzlich Erlöse zu generieren. Im weitesten Sinne ist auch Google ein solches
Portal: Der Index stellt dabei den redaktionellen Teil dar: Dort sind für jede Suchanfra-
ge relevante Inhalte aufgelistet. Und direkt daneben oder darüber werden Anzeigen-
plätze für Textanzeigen versteigert.

Auch Facebook geht einen klaren Weg: Unternehmen dürfen gerne kostenpflichtige Anzeigen schalten, um von der hohen Reichweite des Portals zu profitieren. Wer jedoch glaubt, mit einer eigenen Facebook-Seite kostenlos viele Neukunden gewinnen zu können, stößt schnell an Grenzen: Rein organische Posts werden meist nur bei einem Bruchteil der Follower angezeigt und das auch nur dann, wenn die Seite wirklich hohes Interesse weckt.

Relevante Inhalte: Wer gute, interessante Webseiten hat, landet bei Google oben. Wer Portale mit relevantem redaktionellem Content beliefert, kann sich über kostenlose Werbung freuen, weil wirklich wertvolle Inhalte von den meisten Portalbetreibern mit Kusshand genommen werden. Auch wer bei Facebook so tolle Inhalte hat, dass die ganze Fangemeinde jubelt, wird belohnt. Facebook zeigt die Inhalte dann häufiger an als etwas Langweiliges. Presseportale freuen sich über gute Pressemeldungen. Immer mehr Portale gehen dazu über, User-generated Content zuzulassen, also Texte, die von Nutzern selbst geschrieben werden. Das können eigene Fachartikel sein, aber auch Kommentare in Online-Shops oder in Foren und Blogs. Wer über Fachwissen und eine gute Schreibe verfügt, kann auf diese Art seine Bekanntheit steigern, ohne teure Anzeigen zu schalten.

Verzeichniseinträge: Der dritte Weg für Unternehmen, Präsenz zu zeigen, ist das »Claimen«. Es gibt inzwischen eine Reihe von Verzeichnissen, die rudimentäre Unternehmenseinträge bereitstellen. Wenn das Unternehmen nun aktiv diese Einträge überarbeitet, verschönert und ergänzt, wird es belohnt. Meist werden die gepflegten Einträge dann über den Standardeinträgen angezeigt. Claimen bedeutet, dass ein Unternehmen Anspruch erhebt auf seinen Eintrag. Beispiele sind Verzeichnisse wie Yelp oder die Gelben Seiten. In beiden Fällen kann das jeweilige Unternehmen eine Kurzbeschreibung des Unternehmens sowie Fotos kostenfrei hochladen. Auch Facebook, YouTube und Twitter funktionieren so: Unternehmen können sich dort einen eigenen Eintrag anlegen. Eine Facebook-Seite beispielsweise verfügt fast schon über den Funktionsumfang, der mit der eigenen Homepage vergleichbar ist.

Online-PR

Zunehmend wird die Dominanz der Anzeigen als alleiniges Werbemedium von Unternehmen durch die Bereitstellung relevanter Inhalte ergänzt. Gute Inhalte werden von der Presse gerne publiziert und verbreiten sich im Social Web automatisch weiter. Der Vorteil von Anzeigen ist jedoch, dass Sie als Unternehmen eine sehr starke eigene Kontrolle über Ihre Maßnahmen behalten. Im Social Web wird der Spieß umgedreht: Der Kunde ist aktiv, das Unternehmen schaut zu. Sie sollten daher alles tun, um auf möglichst vielen Portalen durch eigene Beiträge Präsenz zu zeigen. So etwas fördert Ihr gutes Image in der Online-Gemeinde und schafft damit Vertrauen in Ihre Kompetenz.

Marktbeobachtung

Marketing wird häufig mit Werbung verwechselt. Es bedeutet aber allein die Ausrichtung Ihrer Aktivitäten auf den Markt. Und dazu müssen Sie den Markt kennen. Genau darin liegt die große Stärke des Internet: Kein anderes Medium kann Sie so schnell und so effizient mit Marktinformationen versorgen.

Hier nun konkrete Vorschläge, die ich persönlich zum Pflichtprogramm zähle.

Angenommen, Sie sind Hersteller von Markisen. Dann schauen Sie regelmäßig, welche Themen und Pressemitteilungen Ihre Mitbewerber publizieren und was sonst so über das Thema in der Presse steht, zum Beispiel in den Google News.

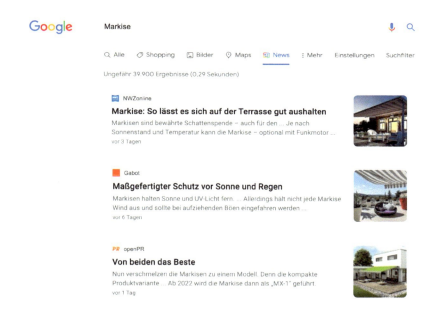

Abb. 3.97: In Google News können Sie bequem nach aktuellen Pressemeldungen zu Ihrem Firmennamen oder Ihrem Fachgebiet recherchieren

Das Besondere an der Sache: Sie müssen nicht immer auf die Webseite gehen, sondern können sich bequem per E-Mail benachrichtigen lassen, sobald es etwas Interessantes gibt. Natürlich können Sie die Informationen auch als RSS-Feed abonnieren. Wenige Minuten, nachdem eine Pressemeldung im Netz publiziert wird, erhalten Sie eine E-Mail-Benachrichtigung.

Genauso können Sie natürlich auch richtige Clippingdienste nutzen, die Ihnen einen Online-Pressespiegel zusammenstellen. Die wichtigsten Anbieter sind:

- https://www.pressrelations.com/en/
- https://www.cision.com/de/
- https://www.landaumedia.de/

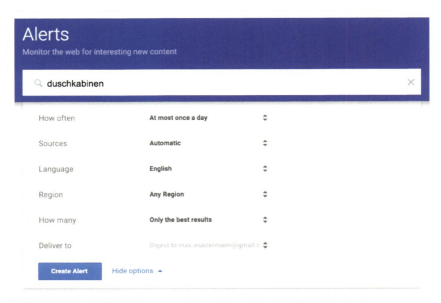

Abb. 3.98: Sofort nachdem eine Pressemeldung zu Ihrem Thema online ist, werden Sie benachrichtigt

Zur Marktbeobachtung gehört aber nicht nur die Presse. Mindestens genauso wichtig für das gute Image eines Unternehmens ist, was Internetnutzer so erzählen.

Abb. 3.99: Mit brandmentions.com erfährt man, was über ein Unternehmen geredet wird

Heutzutage gibt es unzählige digitale Orte, an denen Menschen offen ihre Meinung sagen. Wenn ein Unternehmen seine Kunden enttäuscht, steht das ziemlich sicher kurze Zeit darauf für alle lesbar in irgendeinem Blog oder direkt auf einer der unternehmenseigenen Social-Media-Kanäle. Und wenn sich das Unternehmen dann mit Anwälten zur Wehr setzt, wird das Ganze auch noch richtig publik. Sie sollten also genau beobachten, was im Web über Sie berichtet wird.

Auch hierfür gibt es Online-Tools. Die Blogsuchmaschine trusted-blogs.com durchforstet alle wichtigen Blogs in Deutschland – eine internationale Alternative ist blogsearchengine.org. Sie können diese Datenbank nach Stichworten durchsuchen und die Ergebnisse natürlich auch als RSS-Feed abonnieren.

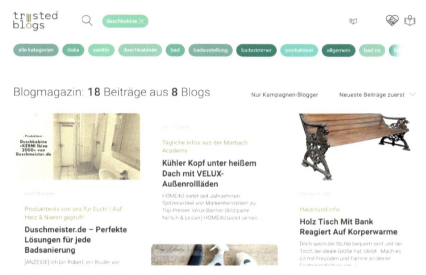

Abb. 3.100: Wer in Foren stöbert, erfährt, was die Kunden beschäftigt

Nicht nur Blogs, sondern auch Foren können wertvolle Informationen über den Markt liefern. Daher lohnt es sich, auch hier die Augen offen zu halten. Google durchforstet bei seiner Blogsuche gleich auch noch Foren. Die Ergebnisse geben einen Überblick darüber, was die Kunden beschäftigt.

Zum Markt gehören Mitbewerber. Über deren Online-Aktivitäten können Sie natürlich einiges erfahren, wenn Sie bei den oben genannten Recherchen deren Namen eingeben. Aber es gibt noch mehr Möglichkeiten.

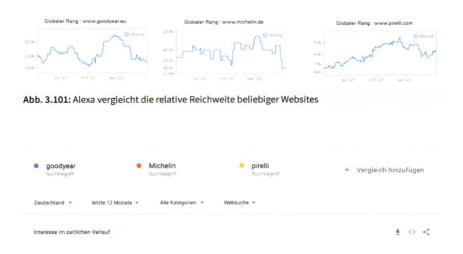

Abb. 3.101: Alexa vergleicht die relative Reichweite beliebiger Websites

Abb. 3.102: Auch Google Trends bietet einen Direktvergleich der Reichweite von Websites

Mit sogenannten Backlink-Tools wie backlink-tool.org können Sie herausfinden, welche Seiten auf die Webseite Ihres Wettbewerbers verweisen und welche davon eine hohe Reputation bei Google haben. Und Sie können auch herausfinden, wie gut besucht seine Homepage ist. Dazu nutzen Sie den bereits erwähnten Dienst Alexa oder Google Trends. Beide Dienste sind jedoch nur bei größeren Websites geeignet.

Zum Abschluss noch zwei Tipps: Handelsregisterinformationen für ganz Deutschland finden Sie gratis bei https://www.unternehmensregister.de/ureg/. Alle Markeneintragungen bei https://register.dpma.de/DPMAregister/marke/uebersicht und ältere Versionen von Homepages bei http://web.archive.org.

Mit Alexa ist es möglich, mehr über eine Website/Domain zu erfahren. Man kann Hintergrundinformationen wie Traffic, Zeitkurve, Herkunft der Nutzer oder Besitzer der Domain recherchieren.

Presseverteiler
E-Mail-Marketing ist nicht nur für die Kundenkommunikation ein sehr effizientes Werkzeug. Auch für den Kontakt zu Journalisten ist es bestens geeignet. Auf die Frage,

wie sie Ihre Pressemitteilungen gerne hätten, antworten fast alle Journalisten heute: »Per E-Mail natürlich.«

Bauen Sie sich daher sukzessive einen Online-Presseverteiler auf. Schauen Sie im Impressum von Zeitungen und Zeitschriften nach, wer zuständig ist, und fragen Sie im Zweifelsfall noch einmal nach. Fragen Sie auch, auf welchem Weg die Presseinformation gewünscht wird. Die meisten werden E-Mail bevorzugen, aber nicht alle. Nutzen Sie jede Gelegenheit, die Journalisten persönlich kennenzulernen. Redaktionsbesuche wirken oft Wunder, außerdem können Sie die Hintergründe Ihres Unternehmens erläutern.

Die Wahrscheinlichkeit, dass Ihre per E-Mail verschickte Pressemitteilung in der Flut nicht untergeht, können Sie beeinflussen. Versenden Sie nur Pressemeldungen, die für den jeweiligen Journalisten wirklich relevant sind. Pflegen Sie daher Ihren E-Mail-Presseverteiler regelmäßig und achten Sie darauf, dass Sie nicht die ganze Redaktion anschreiben, sondern nur die jeweils zuständigen Journalisten.

Halten Sie den persönlichen Kontakt, um herauszufinden, wofür sich die Presse speziell bei Ihnen noch interessieren könnte. Bieten Sie ruhig auch an, einmal einen Fachbeitrag oder einen Fachkommentar zu schreiben. Vielleicht gibt es auch eine Kolumne, für die Sie in Frage kämen.

Pressebereich

Immer mehr Journalisten recherchieren auch auf Unternehmens-Homepages. Trotzdem führen viele Online-Pressebereiche deutscher Unternehmen ein Schattendasein. Noch immer hat sich nicht herumgesprochen, dass Journalisten heute lieber schnell im Web nachsehen als anzurufen, wenn sie ein Foto des Firmenchefs brauchen. Und wenn sie es nicht finden, dann erscheint der Artikel eben ohne Foto. Deshalb gilt: In den sichtbaren Bereich Ihrer Homepage gehört nicht nur das Wort »Impressum« (für die Kunden, die eine Telefonnummer suchen), sondern auch das Wort »Presse«. Dort finden Journalisten übersichtlich angeordnet alles, was sie brauchen. Die Fotos sind verkleinert zu sehen und können in Printqualität downgeloadet werden. Dort finden sich nicht nur Fotos von Mitarbeitern, sondern auch vom Firmengebäude sowie Firmenlogos.

Eine Unternehmensbeschreibung ist ebenso vorhanden wie ein Archiv sämtlicher Pressemitteilungen. Nicht nur die Titel der Pressemitteilungen sollten chronologisch gelistet sein, sondern auch ein kurzer Teasertext dazu.

Weil Journalisten gelernt haben, dass die Navigation auf so manchen Unternehmens-Websites recht umständlich ist, geben die echten Profis einfach in der Suchmaschine den Unternehmensnamen gefolgt von dem Wort »Presse« ein. Schauen Sie einmal, ob Sie damit gefunden werden.

Das Bereitstellen von Bildmaterial ist für Journalisten die wichtigste Anwendung überhaupt. Sie müssen deshalb nicht Ihre Webdesigner nerven. Laden Sie die Bilder einfach und bequem auf die Bilddatenbank Flickr hoch und verlinken Sie darauf. Flickr macht dann gleich ein Slideshow daraus und Sie haben alles sofort stressfrei online. Das können Sie wunderbar auch bei Events nutzen.

DAS GEHÖRT IN EINEN PERFEKTEN PRESSEBEREICH

- Bilddatenbank/Bildarchiv (Druckqualität)
- Kontaktdaten der Ansprechpartner
- Archiv aller Pressemitteilungen
- Pressemappen
- Veröffentlichungen über das Unternehmen
- Möglichkeit, sich in den Presseverteiler einzutragen
- Pressetermine
- Online-Anmeldung zu Veranstaltungen
- Wegbeschreibung zu aktuellen Presseterminen
- Hintergrundinformationen zum Unternehmen
- Präsentationen, Prospekte, Flyer (jeweils als PDF)
- Videos oder Audiomitschnitte von Pressekonferenzen
- die Rede des Vorstandsvorsitzenden
- Imagefilme
- Liste der Publikationen
- Publikationen als Download
- RSS-Feeds
- Geschäftsberichte

Presseportale

Über Ihren Presseverteiler erreichen Sie Journalisten, die Sie sowieso schon kennen. Weitere Journalisten erreichen Sie, wenn Sie gezielt auf Presseportale gehen. Die Investition lohnt sich. Viele Presseportale sind auch kostenlos. Ihre Pressemitteilung versenden Sie daher nicht nur an Ihren Presseverteiler, sondern publizieren Sie auch noch selbst online. Die wirklich guten Presseportale kosten allerdings Geld. »Wirklich gut« bedeutet, dass dort auch Journalisten vorbeisurfen. Das heißt, dass Sie mit hoher Wahrscheinlichkeit auch Journalisten erreichen, die Sie noch nicht im Verteiler haben. Es lohnt sich also, hier etwas Geld zu investieren, um die eigene Reichweite zu erhöhen. Auch bieten einige Dienste den E-Mail-Versand Ihrer Meldung an Journalisten an.

Aber auch die kostenlosen Portale lohnen sich, weil Sie damit die eigene Reichweite erhöhen und bei manchen Portalen auch noch einen Link auf Ihre Homepage erhalten. Wie wichtig das ist, haben Sie ja im Kapitel »Suchmaschinen-Optimierung« gelesen.

Abb. 3.103: Das Publizieren von Pressemeldungen auf Online-Portalen ist meist recht bequem

Hier können Sie Ihre Pressemitteilungen publizieren:
- www.presseportal.de
- www.live-pr.com
- www.marketing-boerse.de
- www.openpr.de
- www.pressetext.de
- www.businessportal24.com
- www.pressebox.de
- www.pressrelations.de
- www.firmenpresse.de
- www.trendkraft.io/
- www.pressemitteilung.ws
- www.firmendb.de/
- www.inar.de
- www.pressnetwork.de
- www.finanznachrichten.de

3.3.2 Social Media Monitoring

Früher war die Welt einfacher: Da gab es Unternehmen, die etwas zu berichten hatten, und Journalisten, die in ihren jeweiligen Publikationen darüber berichteten. Darum ging es im vorangegangen Abschnitt »Online-PR«. Nun hat dieses Modell eine Erweiterung durch das Social Web erfahren: Plötzlich kann jeder jedem alles sagen. Jeder kann einen Twitter-Kanal einrichten und theoretisch können Millionen seine Botschaften lesen. Es können aber auch Tausende genauso bequem eine Nachricht an jeweils hundert Freunde senden. Plötzlich wird jeder gleichzeitig zum Sender und zum Empfänger von Nachrichten.

Der Journalist Thomas Knüwer schrieb früher für das Handelsblatt. Dann eröffnete er seinen Weblog und später seinen Twitter-Kanal. Tausende verfolgten nun seine Nachrichten direkt. Nach einiger Zeit machte er sich selbstständig und nahm seine Fangemeinde einfach mit. Auch der FAZ-Redakteur Holger Schmidt hat inzwischen zehntausende eigener Follower, die ihm bei seinem Wechsel von der Frankfurter Allgemeinen Zeitung zum Focus-Magazin gefolgt sind. Ebenso können jedoch auch Nicht-Journalisten einen Fanclub aufmachen: Der Kabarettist Dieter Nuhr versorgt knapp zweihunderttausend Anhänger täglich mit flotten Kommentaren. Stars und Sternchen brauchen zwar noch die Regenbogenpresse, können sich aber auch direkt an ihre Fans wenden.

Im Social Web kommt es für Unternehmen gar nicht darauf an, eine eigene Facebook oder Twitter-Seite anzulegen. Viel wichtiger ist die Aufnahme des Dialogs mit den Nutzern. Und dazu ist Social Media Monitoring der erste Schritt. Der Begriff bezeichnet die systematische und kontinuierliche Beobachtung aktueller Inhalte im Social Web.

Bevor das Social Web mit eigenen Inhalten gefüttert wird, ist eine Bestandsaufnahme nötig. Die meisten Unternehmen sind nämlich längst im Social Web und wissen es nur noch nicht. Nutzer diskutieren eifrig über die neuesten Produkte. In Facebook werden Tipps ausgetauscht. In Twitter hagelt es Beschwerden. Nur die betroffenen Unternehmen bekommen es nicht mit.

Für Social Media Monitoring gibt es eine Reihe kostenloser Tools wie Buffer, Mention, quintly oder Social Searcher. Beispiele für professionelle Lösungen sind neben der kostenpflichtigen Version von Buffer auch Hootsuite und Later.

Aber es geht auch viel einfacher. Twitter ist ein offenes System. Alles, was dort diskutiert wird, ist für jeden sichtbar. Die Suchmaschine von Twitter erfasst alle Gespräche, die in den letzten Tagen geführt wurden. Dazu geben Sie unter search.twitter.com einfach Ihren Unternehmens- oder Markennamen ein. In der »Advanced Search« gibt es diverse Operatoren und Verknüpfungen, um die Suche noch spezifischer zu gestalten. Den so definierten Suchbefehl speichern Sie als Lesezeichen und schauen jeden Tag nach, was es Neues gibt.

Abb. 3.104: Beispiele für Nutzerkommentare im Social Web

Sobald Sie ein Gefühl für die Gespräche im Social Web entwickelt haben, können Sie sich auch selbst beteiligen, indem Sie offene Fragen beantworten oder bei Problemen helfen. Das wird weitaus besser aufgenommen, als wenn Sie nur unpersönlich Ihre Nachrichten veröffentlichen.

Wichtig für die Bewertung der durch das Monitoring gefundenen Inhalte sind deren Autoren. Sind es Menschen, die nur wenige Zuhörer haben, oder sind es Influencer mit vielen Tausend Anhängern? Schließlich ist es ein großer Unterschied, ob Sie als Randnotiz auf der letzten Seite der Lokalzeitung erwähnt werden oder auf der Titelseite der FAZ oder des Handelsblatts.

3.3.3   Aktiv werden im Social Web

Im Vergleich zu vielen anderen Marketingkanälen zeichnet sich Social Media dadurch aus, dass ein direkter und schneller Dialog mit dem Kunden oder Interessenten möglich ist. Dadurch kann, im optimalen Fall, eine starke Kundenbeziehung und -bindung entstehen.

Natürlich gibt es eine ganze Reihe von Dingen, die Sie tun können. Ob es jedoch am Ende funktioniert, hängt sehr stark von der Akzeptanz bei Publikum ab. Vom Social Web profitieren Unternehmen, die sich mit Liebe und Engagement ihren Produkten und ihren Kunden widmen. Solche Unternehmen haben Fans, die gerne im Social Web Werbung für das Unternehmen machen.

Wer dagegen große Werbeversprechen produziert, die nur teilweise eingehalten werden können, muss mit Kritik rechnen. Diese Kritik wird im Social Web transparent. Jeder kann es lesen und weiterleiten. Gutes Social Media Marketing besteht daher weniger in der Beherrschung der entsprechenden Werkzeuge als vielmehr in der Fähigkeit, seine Marketingversprechen auch wirklich einzuhalten und den Dialog mit den Followern aufzubauen.

Das Social Web besteht aus einer Vielzahl von Foren und Portalen. Die größte Plattform ist weiterhin Facebook – Instagram holt jedoch langsam, aber sicher auf. Daneben gibt es jedoch eine Vielzahl weiterer Websites, auf denen sich Menschen treffen. Immer mehr dieser Plattformen im Social Web erweisen sich als wichtig für das Marketing. Auf der anderen Seite bedeutet es einen nicht zu unterschätzenden Aufwand, all diese Portale zu bespielen. Es ist wichtig darauf hinzuweisen, dass es keineswegs nur darum geht, Meldungen zu posten. Der größte Aufwand besteht darin, auf den selbst losgetretenen Dialog auch zu reagieren.

3.3.3.1   Ziele definieren

So vielseitig wie soziale Medien selbst können auch die Ziele sein, welche durch einen Auftritt in Social Media erreicht werden sollen.

Den aktiven Dialog suchen
Stellen Sie sich vor, alle Ihre Fans und/oder Kunden sitzen an einem großen Tisch vor Ihnen und Sie haben die Möglichkeit, alles zu fragen, was Sie nur möchten. Ganz so einfach ist Social Media natürlich nicht, aber es gibt Ihnen die einzigartige Möglichkeit, mit Ihrer Community zu interagieren, Fragen zu stellen und von direktem Feedback zu lernen! Ein kommunikativer Austausch auf Facebook, Instagram und Co. hilft Ihnen dabei, Ihre Zielgruppe besser verstehen zu können. Bieten Sie gezielt die Möglichkeit an, mit Ihrem Unternehmen zu interagieren, an Wettbewerben teilzunehmen, nutzereigene Inhalte zu veröffentlichen oder Ideen zu präsentieren. Das erhöht nicht zuletzt auch die Kundenbindung.

Näher am Kunden sein
Nicht nur die direkte Interaktion spielt eine Rolle beim Thema Kundenkommunikation in sozialen Medien. Es bietet sich auch die Möglichkeit, Usern einen Einblick zu geben, wer hinter der Marke und dem Unternehmen steckt. Takeover, in denen ein Mitarbeiter die Follower auf ein Event mitnimmt, virtuelle Bürorundgänge, kleine Teaser, an welchen Projekten gerade gearbeitet wird oder gar ein gesonderter Team- und HR-Account: Das alles kann dabei helfen, Ihrer Brand einen Charakter zu verleihen, greifbarer für den Kunden zu werden und das Vertrauen zu Ihrem Unternehmen zu stärken.

Steigerung der Markenbekanntheit

Ein professioneller und interessanter Social-Media-Auftritt kann einen massiven Einfluss auf die Bekanntheit einer Marke haben. Das Zugehen auf Menschen, welche sowohl positiv als auch negativ über das eigene Produkt oder Unternehmen sprechen, kann diesen zeigen, dass sie gehört werden. Diese Menschen können dadurch potenzielle Fürsprecher der Marke werden und diese im besten Fall sogar weiterempfehlen.

Das ist besonders wichtig, da viele Verbraucher resistent gegen klassische Marketingbotschaften von Unternehmen geworden sind. Eine Weiterempfehlung eines Freundes, welcher gute Erfahrungen mit der Marke gemacht hat, ist jedoch weiterhin ein großer Faktor für die Kaufentscheidung. Dieser Faktor kann durch eine glaubwürdige und überzeugende Social-Media-Präsenz positiv beeinflusst werden.

Umsatzsteigerung

Ein weiteres Ziel kann auch die Steigerung des Umsatzes sein. So kann das Veröffentlichen von Produktvideos, Testimonials oder Rabattaktionen über die unternehmenseigenen Social-Media-Kanäle dabei helfen, den Umsatz anzukurbeln.

Jedoch sollte der Abverkauf von Produkten und Dienstleistungen nicht im Vordergrund stehen, da soziale Medien in erster Linie Plattformen sind, auf welchen es um Gespräche geht. Vielmehr sollte es in erster Linie das Ziel sein, einen aktiven Dialog mit Kunden oder Interessenten anzustoßen und ihre Fragen zu beantworten.

3.3.3.2 Social Media Guideline erstellen

Social Media ist nicht nur eine Aufgabe für die Marketingabteilung, sondern durchzieht das ganze Unternehmen. Mitarbeiter sind privat wie auch beruflich in Facebook, Twitter und Xing. Hier gilt es, klare Regeln aufzustellen, was erwünscht ist und was nicht. Unternehmen, die im Social Web erfolgreich sind, zeichnen sich dadurch aus, dass sie ihren Mitarbeitern zunächst eine gute Schulung anbieten und ihnen anschließend weitgehende Freiräume anbieten. Authentisch schreibende Mitarbeiter sind die beste Visitenkarte einer Firma. Jeder Mitarbeiter kann so zum Sprachrohr werden. Herrscht jedoch eine Atmosphäre der Angst und des Misstrauens vor, so können die positiven Aspekte des Social Web auch ins Gegenteil umschlagen. Transparenz und Authentizität sollten die Grundpfeiler sein, wenn Mitarbeiter im Social Web aktiv werden. Zu den folgenden Punkten sollten Unternehmen ihre Mitarbeiten informieren:

- Wissen, worum es geht: Sammeln Sie eigene Erfahrungen, indem Sie sich bei Social-Media-Plattformen anmelden und diese beobachten.
- Transparent sein: Sagen Sie, wer Sie sind und für wen Sie arbeiten.
- Persönlich sein: Reden Sie wie ein normaler Mensch und nicht wie die Werbeabteilung Ihres Unternehmens.

- Regelmäßig schreiben: Wenn Sie schreiben, dann so regelmäßig, dass niemand glaubt, der Kanal sei eingeschlafen.
- Mehrwert bieten: Geben Sie Tipps oder verraten Sie Dinge, die für die Leser relevant sind.
- Antworten geben: Social Media sind keine Einbahnstraße der Kommunikation. Führen Sie Dialoge statt Monologe.
- Zuhören können: Nutzen Sie Social Media, um zu hören, was die Menschen zu sagen haben.
- Aus Fehlern lernen: Scheuen Sie sich nicht, Fehler zuzugeben. Ändern Sie schnell, was geändert werden sollte.
- Sich vernetzen: Verweisen Sie nicht immer nur auf Ihre eigenen Angebote, sondern auch auf andere.
- Spaß haben: Wenn Sie das Social Web nur als zusätzliche Aufgabe sehen, lassen Sie die Finger davon. Die Leute merken es früher oder später.

3.3.4 Die richtige Plattform finden

Die Auswahl an potenziellen Social-Media-Plattformen ist groß. Aber wie wählen Sie die richtge(n) Plattform(en) für Ihr Unternehmen aus? Der naheliegende Schritt ist zunächst ein Blick auf die Nutzerzahlen der einzelnen Portale.

Abb. 3.105: Social-Media-Nutzung in Deutschland (Quelle: ARD/ZDF Online-Studie, https://www.ard-zdf-onlinestudie.de/files/2020/Kacheln/16zu9/ARD-ZDF-Onlinestudie_2020_Infografik_16-9_06.jpg)

Somit lassen sich schon mal grundlegende Handlungsempfehlungen ableiten: Wollen Sie eine eher junge Zielgruppe ansprechen, sollten Sie auf jeden Fall über einen Auftritt in Instagram, Facebook und Snapchat nachdenken. Bei älteren Zielgruppen steht Facebook im Rampenlicht – Instagram und Snapchat werden dagegen seltener genutzt.

Eine weitere Herangehensweise ist zu schauen, was der Wettbewerb macht. Picken Sie sich Ihre wichtigsten Mitbewerber raus und schauen Sie, wie und wo diese auftreten. Welche Inhalte werden geteilt, wie gut sind die Engagement-Zahlen der Follower und wo sind mögliche Informations- oder Kommunikationslücken, welche Sie zu Ihrem Vorteil nutzen könnten? Wenn Sie rein im B2C unterwegs sind, wird es wahrscheinlich auch schwierig, neue Kunden auf Business-Netzwerken wie LinkedIn oder Xing zu finden.

Zudem macht es natürlich auch Sinn zu überlegen, welche Art von Inhalten Sie erstellen können und möchten. Haben Sie viele Videoinhalte wie Erklärvideos, Interviews oder Tutorials zur Verfügung? Dann sollten Sie sich auf jeden Fall mit YouTube beschäftigen! Haben Sie täglich viele Servicemeldungen zu bieten oder wollen mit Journalisten in Kontakt treten, dann schauen Sie sich mal Twitter an! Sie haben Bilder oder Kurzvideos mit Wow-Faktor? Dann ist Instagram »the way to go«.

Nicht wenige legen planlos eine Seite an und warten auf Fans. Das ist ein Weg, aber nicht der einzige bzw. eher kein empfehlenswerter. Eine Seite erfordert ein Konzept, welche Inhalte dort gepostet werden. Das ist mit nicht unerheblichem Aufwand verbunden. Viel wichtiger jedoch: Wenn Nutzer diese Inhalte kommentieren, sollte das Unternehmen den Dialog auch aufnehmen – denn ohne echten Dialog ist die Seite schnell tot. Und auch diese Kommunikation ist personalaufwendig und benötigt der (Ressourcen-)Planung.

Eine Sache, die über kurz oder lang bei allen sozialen Netzwerken bewährt ist: informieren und unterhalten – nicht plump werben. Erstellen und teilen Sie hochwertigen Content, mit welchem Ihre Follower gerne »interagieren«. Nutzen Sie die Plattformen nicht zur Resteverwertung von Werbebotschaften – das straft auch der Algorithmus mit einer sinkenden Reichweite ab. Oftmals ist die Rede von der 80/20-Regel: 80 Prozent der Inhalte sollen informieren oder unterhalten, 20 Prozent dienen der unmittelbaren Bewerbung der Marke oder eines Produkts.

3.3.4.1 Facebook

Facebook ist das weltweit führende soziale Netzwerk. Täglich schauen Millionen von Menschen dort nach, was ihre Freunde so treiben und was sonst noch los ist. Aber muss deshalb jetzt jedes Unternehmen dort eine Fanseite aufbauen?

Die gleiche Frage stellte sich 1995, als das World Wide Web seinen Siegeszug begann. Das WWW war und ist ein weltweites Informationsnetzwerk, von dem Menschen erwarten, dort jedwede Information zu erhalten. Daher ist die eigene Homepage für Unternehmen heute Pflicht. Wer nicht dabei ist, den gibt es nicht.

Facebook dagegen ist ein Informationsnetzwerk, in dem Menschen wie auch Unternehmen der Welt oder auch nur den Freunden mitteilen, was jetzt gerade los ist. Ein Unternehmen, bei dem nichts los ist, ist langweilig. Sowohl für Kunden wie auch für Bewerber und Geschäftspartner. Wer keine kontinuierliche Timeline seiner Aktivitäten vorweisen kann, dem wird bald Untätigkeit vorgeworfen. »Tue Gutes und rede darüber« ist das Motto der Zeit. Soziale Netzwerke sind die Orte, an denen heute kommuniziert wird.

Brauchen Unternehmen also ein eigenes Facebook-Profil? Die Antwort ist ein klares Ja. Genau wie die Homepage gehört die eigene Facebook-Seite mittlerweile zum Pflichtprogramm einer umfassenden Online-Präsenz.

Die organische Reichweite auf Facebook wird immer weiter gedrosselt. Wer Reichweite will, muss zahlen. Dennoch gibt es einige Tipps, um das Beste aus der organischen Reichweite Ihrer Beiträge rauszuholen:

Links in Beiträgen
Facebook möchte den Nutzer dazu bringen, möglichst viel Zeit auf der Plattform zu verbringen. Dadurch erhalten Beiträge mit Links auf externe Seiten Einschränkungen in ihrer organischen Reichweite. Behalten Sie das im Hinterkopf – nicht jeder Beitrag muss zwingend auf die Webseite verlinken.

Hashtags
Während Hashtags bei Instagram und Twitter ein wichtiger Faktor für die Reichweite sind, ergab eine Untersuchung von BuzzSumo, dass Facebook-Beiträge ohne Hashtags im Schnitt 34 Prozent mehr Interaktion ausweisen. Daher sollten Hashtags eher vermieden werden.

Facebook Insights nutzen
Facebook bietet Unternehmen durch die Insight-Funktion die Möglichkeit, mehr darüber zu erfahren, mit welchen Inhalten Fans am meisten oder intensivsten interagieren. Nutzen Sie dieses Tool, um relevante Inhalte für Ihre Zielgruppe zu identifizieren.

Bewegtbilder und Videos
Während die Reichweite von Beiträgen mit Bildern immer weiter gesenkt wird, erzielen Videos und Bewegtbilder weiterhin eine hohe organische Reichweite. Daher sollten Sie darauf achten, auch Videos in Ihren Content-Mix aufzunehmen.

Kundendialog durch den Facebook-Chat ankurbeln
Der Facebook Messenger bietet eine gute Möglichkeit, direkt mit Kunden und Interessenten in Kontakt treten zu können. Dabei kann die Kommunikation klassisch manuell von einem Mitarbeiter oder automatisiert durch einen Chatbot vorgenommen werden. Um den Besucher der eigenen Fanpage zum Kontakt zu animieren, können Sie

auch personalisierte Begrüßungsmeldungen über das Chatfenster ausspielen. Wichtig ist nur, dass klar erkennbar wird, worin der Vorteil besteht, mit Ihnen bzw. Ihrem Unternehmen in Kontakt zu treten.

Facebook-Gruppen als Community Building Tool

Eine gute Alternative, um organische Reichweite über Facebook aufzubauen, ist der Einsatz von Facebook-Gruppen. Unternehmen können dabei zwischen öffentlichen, privaten und geheimen Gruppen entscheiden. Diese können sowohl zur Interessenten-/Kundengewinnung als auch zur Kundenbindung eingesetzt werden. Wichtig ist aber die richtige Strategie und Herangehensweise – eine Gruppe, die den Mitgliedern keine erkennbaren Vorteile bringt, wird schnell von Inaktivität und Abwanderung geplagt. Aktive Communitys hingegen werden nicht nur öfter von Facebook selbst empfohlen, sondern können auch hochwertigere Leads für das Unternehmen bedeuten.

Lagerfeuer-Events schaffen

Mit Facebook Live können Sie direkt über Ihre Facebook-Seite einen Livestream veranstalten. Das bietet Unternehmen die Möglichkeit, noch enger und direkter in den Dialog mit ihren Followern zu gehen. Nutzen Sie diese Möglichkeit, um beispielsweise eine Live-Q&A-Session durchzuführen, ein neues Produkt vorzustellen oder gar eine Live-Show anzubieten. Sie haben sogar die Möglichkeit, weitere Personen zum Livestream dazuzuschalten.

Facebook Shops

Seit einiger Zeit bietet Facebook die Möglichkeit, Produkte und Dienstleistungen direkt in Facebook (und Instagram) listen zu können. Während diese bisher nur als reines Schaufenster gedient haben, gibt es in den USA bereits das Feature, die Waren direkt über einen nativen Check-out kaufen zu können. Wann diese Funktion auch in Deutschland ausgerollt wird, ist noch unklar.

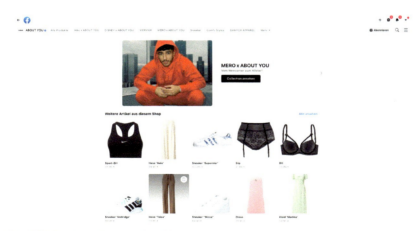

Abb. 3.106: Facebook-Shop von About You

3.3.4.2   Instagram

Obwohl Instagram im Vergleich zu Facebook, Twitter und YouTube noch eine relativ junge Plattform ist, hat sie die Welt im Sturm erobert – rund 20 Prozent der Deutschen nutzen die App mindestens einmal wöchentlich. In der Zielgruppe der 14–29-Jährigen sind es sogar ganze 65 Prozent. Ähnlich wie Facebook ist Instagram sehr vielseitig einsetzbar.

Einige Unterschiede gibt es aber:
*   Während der Beschreibungstext bei Facebook über dem Bild oder Video steht, welches gepostet wird, wird dieser bei Instagram unter dem Bild/Video angezeigt.
*   Instagram erlaubt keine klickbaren Links in Beiträgen. Sie sind nur möglich in der Profilbeschreibung und ab 10.000 Follower in Storys als »Swipe up«.
*   Hashtags auf Instagram sind deutlich wichtiger – hier gibt es oftmals auch eigene Hashtags für Marken oder Kampagnen.
*   Obwohl Facebook auch eine Storyfunktion hat, ist diese auf Instagram deutlich beliebter.
*   Während es auf Facebook relativ einfach ist, einen anderen Beitrag im eigenen Feed zu teilen, ist dies bei Instagram nicht ohne Dritt-App möglich – Beiträge können dafür per Direktnachricht an Freunde gesendet werden.
*   Das noch relativ neue Format »Instagram Reels« bietet die Möglichkeit, 15-sekündige Kurzvideos hochzuladen, diese mit verschiedenen Filtern zu bearbeiten, auf andere Reels zu reagieren oder an Challenges teilzunehmen. Dieses Format gibt es bei Facebook aktuell noch nicht.

Set-up Ihres Unternehmens-Accounts
Neben den persönlichen Profilen bietet Instagram auch die Möglichkeit, einen Unternehmens-Account anzulegen. Dieser hat den Vorteil, dass Sie zusätzliche Follower-Statistiken haben, direkte Call-to-Action-Buttons zu Ihrer Webseite einbauen und Werbeanzeigen schalten können. Achten Sie hier vor allem darauf, dass Sie einen aussagekräftigen Namen und eine prägnante Kurzbeschreibung wählen. Sinnvoll ist auch die Nutzung der »Highlight«-Funktion, mit der Sie Ihre geposteten Storys zu Themengebieten zusammenfassen können, welche dann direkt unter dem Profil eingeblendet werden.

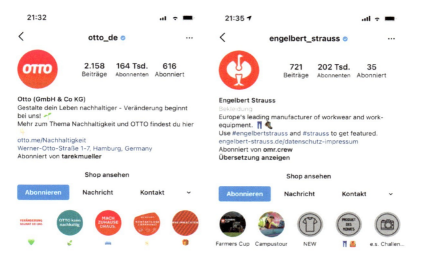

Abb. 3.107: Beispiele für Instagram Business Accounts

Die relevantesten Hashtags finden

Wie bereits erwähnt haben Hashtags eine hohe Relevanz auf Instagram. Insgesamt können pro Post bis zu 30 Hashtags angefügt werden. Dabei gibt es aber auch viele sogenannte »Hashtag-Generatoren«, welche die wichtigsten und reichweitenstärksten Hashtags zu einem bestimmten Thema anzeigen. Ein Beispiel hierfür ist der »Instagram Hashtag Generator« von Sistrix: https://app.sistrix.com/de/instagram-hashtags.

Abb. 3.108: Instagram Hashtag Generator von Sistrix

Das richtige Format wählen

Verschwenden Sie keinen Platz! Instagram Posts sind auf ein quadratisches oder 5:4-Format ausgelegt, Storys und Reels auf 9:16. Bevor Sie also das Bild oder Video mit einem Rahmen in das passende Format bringen oder über und unter dem Bild unbenutzter Platz übrigbleibt, versuchen Sie schon beim Erstellen der Bilder und Videos, das jeweilige Format, mit welchem die Inhalte veröffentlicht werden müssen, im Hinterkopf zu haben.

Interaktion herstellen

Vor allem die Storys von Instagram geben Ihnen die Möglichkeit, direkt mit Ihren Followern zu interagieren, Fragen zu beantworten und Marktforschung zu betreiben. Sie haben ein Event? Nutzen Sie die Countdown-Funktion, um die Follower darauf aufmerksam zu machen. Sie wollen herausfinden, wie gut Ihre Follower Ihre Produkte oder Ihr Unternehmen kennen? Erstellen Sie ein kleines Quiz! Sie wollen Feedback sammeln oder offene Fragen der Community klären? Dann greifen Sie zur Q&A-Funktion.

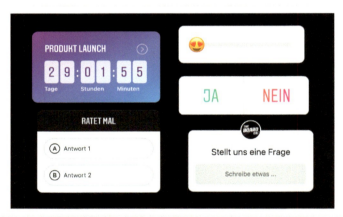

Abb. 3.109: Story-Funktionen von Instagram

Instagram Shopping

Wie auch Facebook bietet Instagram die Möglichkeit, eigene Produkte in einem eigenen Instagram-Shop zu präsentieren. Dieser ist aktuell noch eine Art Schaufenster, da es keine direkte Kauffunktion in der App gibt – sie soll bald aber auch in Deutschland verfügbar sein.

3.3.4.3   Twitter

Seit 2006 gibt es den Kurznachrichtendienst Twitter. Zunächst schrieben einzelne, was sie gerade tun. Heute schreiben viele, was sich gerade tut. Der Dienst ist zum Barometer der Weltereignisse geworden. Egal ob Fukushima, Arabischer Frühling oder Finanzkrise – wer Twitter liest, hat oft einen Informationsvorsprung.

Drei Möglichkeiten bieten sich, Twitter selbst zu nutzen.

1. Die erste würde ich heute jedem empfehlen: ein eigenes Konto einrichten und diejenigen Dienste und Personen abonnieren (Follower werden), die einen interessieren. Oft sind es engagierte Einzelpersonen, die einen interessanten Gegenpol zum professionellen Journalismus bieten. Wer meint, schon genug Zeit am Rechner zu verbringen, dem empfehle ich das Handy. Alle Smartphones bieten Apps für Twitter. Mit den Twitter-Nachrichten lassen sich z. B. wunderbar Wartezeiten überbrücken.

2. Schritt zwei ist das eigene Twittern. In 280 Zeichen dürfen Sie der Welt mitteilen, was Sie selbst bewegt. Wer das nicht will, sollte sich nicht gezwungen fühlen. Wer das jedoch gerne macht, kann seine Popularität so weiter steigern. Lady Gaga hat achtzig Millionen Follower, die jordanische Königin zehn Millionen und der deutsche Kabarettist Dieter Nuhr hat 800.000. Wer schreiben kann, sollte auch Twitter nutzen. Wenn Sie jedoch das Ziel verfolgen, mit Twitter Ihren Geschäftserfolg zu steigern, reicht plumpe Eigenwerbung nicht aus. Überlegen Sie sich sehr genau, ob das was Sie schreiben auch wirklich geeignet ist, einen eigenen Fanclub aufzubauen.

3. Schritt drei ist der Twitter-Feed Ihres Unternehmens. Haben Sie eine Homepage? Wenn Sie diese Frage – hoffentlich – mit Ja beantworten, dann kommen Sie über kurz oder lang auch nicht um Twitter und Facebook herum. Warum? Weil es zum Image einfach dazugehört. Und weil Neukunden oft nicht nur in Google, sondern auch im Social Web nachschauen, was Sie so treiben. Also informieren Sie die Welt, was Sie bewegt. Die billigste Lösung: die eigenen Presseinformationen einfach in Twitter einstellen. Aber ich bin sicher, Ihnen fällt noch etwas mehr ein, was sich gerade bei Ihnen tut. Und genau das wollen Menschen heute wissen. Je mehr Unternehmen das verstanden haben und in Twitter aktiv sind, desto mehr stehen Sie im Abseits, wenn Sie es nicht tun. Wer will schon mit einem Unternehmen zu tun haben, bei dem sich nichts tut.

Dabei gibt es verschiedene Möglichkeiten, wie Twitter genutzt werden kann. Die Berliner Verkehrsbetriebe halten ihre Passagiere auf dem Laufenden, bei welchen Straßenbahnen aktuell Verzögerungen oder Störungen vorliegen. Die Deutsche Bahn nutzt Twitter, um schnell auf Fragen rund um das Reisen mit der Bahn zu antworten. Auf dem Twitter-Kanal der Deutschen Telekom wird geholfen, wenn das Internet lahmt. Der Softwarekonzern SAP nutzt den Kurznachrichtendienst, um Investoren auf dem Laufenden zu halten.

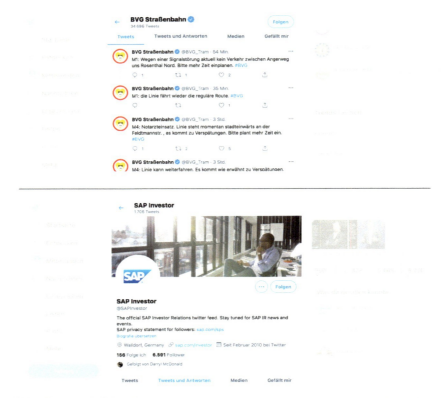

Abb. 3.110: BVG und SAP auf Twitter

Es ist die weltweit größte Sammlung von Lob und Tadel über fast alles. Derzeit steckt die semantische Analyse der Inhalte noch in den Kinderschuhen. In Zukunft jedoch wird das Image von Unternehmen entscheidend geprägt von den Erfahrungen der Nutzer mit den Produkten und dem Service dieser Firmen.

Profis nutzen Twitter selten über die Website Twitter.com. Eine Reihe von Werkzeugen erledigt vieles einfacher und besser. Hier eine Auswahl der Wichtigsten.

TWITTER-WERKZEUGE

- Tweetdeck.com für den besseren Überblick am Desktop.
- dlvrit.com, um RSS-Feeds wie Pressemitteilungen automatisch zu twittern.
- Feedburner.com als Googles Alternative zu Twitter Feed.
- Hootsuite.com, wenn Unternehmen mehrere Accounts managen müssen.
- Socialoomph.com, um zu einem späteren Zeitpunkt zu twittern.
- Twtpoll.com, um Umfragen in Twitter durchzuführen.
- Bit.ly, um lange URLs zu kürzen und diese zu tracken.

3.3.4.4   YouTube

Die Nummer-1-Anlaufstelle für Videoinhalte ist nach wie vor YouTube. Die Tatsache, dass das Medium Video immer weiter an Relevanz zunimmt, sieht man unter anderem auch daran, dass andere soziale Medien wie Facebook oder Instagram immer weiter versuchen, die Nutzer dazu zu bewegen, Videos statt statischer Fotos zu posten – so haben Videobeiträge auf Facebook nach wie vor eine bessere organische Reichweite, das Story-Format auf Instagram ist mittlerweile ähnlich beliebt wie das Posten im Feed. YouTube ist aber vor allem deswegen interessant, da es ähnlich wie Facebook sowohl von jung als auch alt genutzt wird.

Dabei gibt es auch verschiedenste Content-Formate, mit welchen Sie Ihre Zielgruppe unterhalten und informieren können. Hier einige Beispiele:

Erklärvideos/Tutorials
Wie funktioniert das Produkt? Wie kann ich es besser nutzen? Warum ist das Produkt wichtig? Was unterscheidet Produkt A von Produkt B? Sie führen regelmäßig Webinare durch? Dann stellen Sie diese doch im Nachgang auf YouTube zur Verfügung!

Interviews
Laden Sie spannende Gäste ein und stellen Sie ihnen Fragen aus der Community. Zeigen Sie Gesicht und interviewen Sie Mitarbeiter oder die Geschäftsführung. Ebenso möglich: Laden Sie Ihre Kunden ein und sprechen Sie gemeinsam darüber, wieso diese Ihr Produkt/Ihre Dienstleistung nutzen und welche Vorteile dies für den- oder diejenige hat.

Follow-me-around/Vlogs
Diese Art von Video ist zwar eher bei den Content Creators selbst beliebt, kann aber auch von Unternehmen genutzt werden. Woran arbeiten Sie gerade? Wie sieht eine typische Arbeitswoche aus? Sie bereiten gerade ein großes Event oder einen Messestand vor? Halten Sie doch mal die Kamera drauf!

Challenges
Von Flachwitz über Ice Bucket oder Mannequin – sogenannte Challenges gibt es viele. Das Prinzip ist einfach: Es gibt eine Herausforderung. die erfüllt werden muss oder mehrere Personen treten gegeneinander an. Natürlich müssen Unternehmen darauf achten, die Tonalität der Corporate Identity beizubehalten und weiterhin authentisch zu wirken. Als Friseur könnte man eine Challenge aufrufen, bei der selbstgeschnittene Frisuren bewertet werden. Als Apotheke könnte man auf Hausmittel gegen Schnupfen reagieren und kommentieren, inwiefern diese wirkungsvoll sind. Oder drehen Sie den Spieß um und fordern Ihre Kunden und Interessenten zu einer Challenge auf.

Neben dem richtigen Content-Mix gibt es noch weitere Kriterien, welche Sie beim Erstellen eines YouTube-Kanals für Ihr Unternehmen beachten sollten. Hier die wichtigsten Tipps und gleichzeitig Stolpersteine:

Das Kanal-Set-up
Wie auch in anderen sozialen Medien ist es wichtig, dass Sie darauf achten, einen aussagekräftigen Namen zu finden, sodass Ihr Kanal direkt erscheint, wenn man den Namen der Marke in YouTube oder auf Google sucht. Auch eine Kurzbeschreibung, in welcher steht, was Sie eigentlich machen, ist wichtig – aber auch hier bitte kurzfassen und den Impressumslink nicht vergessen! Zudem können Sie auch bis zu vier weiterführende Links in Ihr Profil integrieren, wie zum Beispiel Ihre Webseite oder Social-Media-Profile.

Letztlich können Sie auch einen ein Kanaltrailer hochladen – das ist das erste Video, das User sehen, wenn sie auf Ihren Kanal stoßen. Die simpelste Variante ist, immer das neuste Video zu nehmen. Falls Sie aber etwas mehr Zeit haben, drehen Sie doch ein 30- bis 60-sekündiges Video, in welchem Sie den Nutzern verdeutlichen, welcher Inhalt sie hier erwartet und warum sie genau Ihren Kanal abonnieren sollten.

Abb. 3.111: YouTube-Kanal von HubSpot

Titel, Videobeschreibung, Thumbnail und Metatags
Im E-Mail-Marketing entscheiden Absender, Betreff und Pre-Header darüber, ob die Mail geöffnet wird oder nicht. Bei YouTube ist es ähnlich – hier müssen der Videotitel,

die Videobeschreibung und das Thumbnail Lust auf mehr machen. Metatags dienen zusätzlich dazu, dass Ihr Video bei thematisch ähnlichen Videos vorgeschlagen wird.

Achten Sie also darauf, einen aussagekräftigen, spannenden oder informativen Titel zu wählen, welcher durch ein passendes Thumbnail ergänzt wird. Hier mal ein Beispiel zum Thema »Fliesen legen«: Hornbach hebt sich durch das Thumbnail klar von den anderen Videos ab. Branding-Elemente, Emotionen oder Wörter, die den Inhalt des Videos beschreiben, sind gute Anhaltspunkte für erfolgreiche Thumbnails. Aber bitte bleiben Sie ehrlich: Versprechen Sie im Titel oder Thumbnail nichts, was im Video nicht drin ist. Sonst klicken anfangs zwar viele Leute, schalten aber auch genauso schnell wieder ab.

Abb. 3.112: Videovorschläge zum Thema »Fliesen legen«

Die Watchtime ist das A und O

Einer der wichtigsten Faktoren für das Ranking Ihrer YouTube-Videos ist die Watchtime – das Verhältnis von Wiedergabedauer und Videolänge. Je mehr von Ihrem Video geschaut wird, umso besser rankt dieses auch. Klar, YouTube will natürlich, dass User so viel Zeit wie nur möglich auf der Plattform verbringen. Und wie können Sie Ihre Watchtime optimieren?

- Halten Sie das Intro kurz und informativ.
- Uninteressante Teile des Videos rausschneiden – One-Takes gehören der Vergangenheit an.
- Abwechslung: Nutzen Sie B-Roll Footage, Hintergrundmusik und mehr Bewegung im Schnitt.
- Bauen Sie einen Spannungsbogen auf.

Playlists sorgen für Ordnung

Falls Sie thematisch zusammenpassende Videos haben, lohnt es sich, diese in einer Playlist zusammenzufassen. Somit haben Nutzer direkt einen Überblick, welche Themen es gibt und müssen nicht erst aufwendig Ihre Videos durchsuchen. HubSpot macht dies zum Beispiel sehr vorbildlich.

Abb. 3.113: Playlists bei HubSpot

3.3.4.5 Business-Netzwerke

Während Business-Netzwerke wie Xing oder LinkedIn im B2C-Umfeld oftmals eher zu Zwecken des Employer Branding und der Mitarbeitergewinnung dienen, können diese im B2B-Sektor auch dazu genutzt werden, neue Kunden und Interessenten zu gewinnen. So gibt es bei beiden Plattformen die Möglichkeit, ein Unternehmensprofil anzulegen.

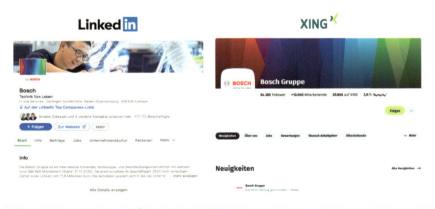

Abb. 3.114: Unternehmensprofile bei LinkedIn und Xing

Auf beiden Portalen können Sie Jobangebote ausschreiben, Unternehmensbewertungen sammeln, News teilen und Ihre Unternehmenskultur nach außen hin präsentieren. Ziel bei all diesen Möglichkeiten sollte es sein, sich als Experte seiner jeweiligen Branche zu etablieren – das hat gleich zwei positive Aspekte: Zum einen werden potenzielle Kunden auf Sie aufmerksam und zum anderen können Sie so interessierte Mitarbeiter anlocken.

Besonders interessant sind dabei auch diverse Gruppen, in welchen sich Gleichgesinnte aus verschiedensten Branchen und Fachbereichen austauschen können. Auch hier gibt es zwei Herangehensweisen: Werden Sie in einer der tausenden Gruppen selbst aktiv, helfen bei Fragen anderer User oder teilen passende Inhalte. Möglichkeit Nummer zwei: Erstellen Sie eine eigene Gruppe zu einem Thema, in welchem Sie Experte sind oder werden wollen. Aber Vorsicht: Eine Gruppe, in der keine Interaktion ersichtlich ist, wird schnell inaktiv und Mitglieder wandern ab. Versuchen Sie also, regelmäßige Formate zu etablieren, Interaktion zu belohnen und spannend für Ihre Zielgruppe zu bleiben.

Ein weiterer großer Vorteil von Business-Netzwerken sind die umfassenden Targeting-Möglichkeiten für bezahlte Anzeigen. Sie wollen Einkäufer aus der Branche »Maschinenbau« erreichen? Kein Problem!

Abb. 3.115: Anzeigen-Targeting auf LinkedIn

3.3.5   Was bringt das Social Web für die Suchmaschinen-Optimierung?

Suchmaschinen-Marketing ist wie das Wettrennen zwischen Hase und Igel. Mit großer Anstrengung denken sich Suchmaschinen neue Parameter für ihren Algorithmus aus. Aber es dauert nicht lang und schon haben die Suchmaschinenoptimierer herausgefunden, was sie tun müssen, um wieder vorne zu stehen.

Nun aber gibt es einen Faktor, der schwer zu manipulieren ist: die große Masse der Internetnutzer, die im Social Web aktiv sind. Daher beginnen Suchmaschinen nun, das Wissen der Massen anzuzapfen, um Relevanz zu ermitteln. Hier sind ein paar Dinge, die Sie in Zukunft beachten sollten.

Was im SEO die Links, sind im SMO die Empfehlungen
Bei der klassischen Suchmaschinen-Optimierung gilt: Jeder externe Link ist ein Empfehlung. Und nun zählen auch Empfehlungen aus dem Social Web. Aus SEO wird Social Media Optimization (SMO). Wenn explizit jemand seinen Freunden einen Hyperlink weiterleitet, zählt es am meisten – sowohl in Twitter wie auch in Facebook. Danach kommen Dinge wie »Gefällt mir« und Kommentare. Erhält ein Link auf eine Webseite viele Kommentare oder Likes, ist sie aus Sicht einer Suchmaschine zu Recht relevanter als eine Seite, für die sich kein Mensch interessiert.

Facebook ist anders als Twitter
Facebook hat zwar zehnmal mehr Nutzer, aber Twitter ist offener. Die meisten Twitter-Profile sind für Suchmaschinen frei zugänglich, weil sie öffentlich sind. In Facebook dagegen teilen die meisten Menschen Inhalte nur mit ihren Freunden. Da bleiben Suchmaschinen außen vor. Wobei Microsoft/Bing als Miteigentümer bessere Chancen bei Facebook hat.

Wie werde ich beliebt?
Ein boomendes Geschäftsfeld sind käufliche Fans und Follower. Aber ich rate davon ab, weil es zu leicht auffliegt. Das ist ja gerade der Unterschied zwischen SEO und SMO: Manipulation ist aufwändiger und gefährlicher. Deshalb ist Schummeln nicht nur verwerflich, sondern schlicht und einfach ineffizient. Worauf dann alle Kräfte fokussieren? Zudem eine zwar kleine, aber dafür aktive Community immer besser ist als hunderte von inaktiven Followern, die dazugekauft wurden.

Nicht neu: Content is King
Schon im SEO gab es eine einfache Regel: Mach gute Inhalte und du bekommst externe Links gratis. Diese Regel gilt im Social Web umso mehr: Was interessant ist, wird weitergeleitet, alles andere wird ignoriert.

»Gefällt mir« und »Tweet« auf allen Seiten
Wenn Sie interessante Webseiten haben, sollte jede einzelne Seite auch empfehlbar sein. Integrieren Sie die entscheidenden Buttons jedoch nicht, ohne vorher mit Ihrem Datenschützer darüber gesprochen zu haben. Ein einfacher Link zu Twitter und Facebook ist jedoch unproblematisch.

Inhalte per RSS-Feed bereitstellen
Weiter oben war bereits die Rede von RSS (Really Simple Syndication) als einer Technik, mit der Inhalte bequem in die Homepage eingebaut werden können. Umgekehrt sollten Sie auch Inhalte als RSS-Feed bereitstellen, die ganz einfach ins Social Web transferiert werden können.

Auf vielen Webseiten gibt es inzwischen diese magischen drei Buchstaben oder das Quadrat mit den drei Viertelkreisen. Darunter versteht man einen Dienst, der wie ein Newsticker funktioniert: Sobald es eine neue Meldung gibt, bekommen Sie diese zugeschickt. Auf Plattformen wie Netvibes oder Inoeader können Sie sich beliebige Nachrichtenkanäle abonnieren. Die wichtigsten Headlines werden dann auf Ihrem Monitor angezeigt. Auf netvibes.com können Sie sich Ihre ganz persönliche Startseite einrichten.

Inzwischen sind es nicht nur Tagesschau, Spiegel und die FAZ, die RSS-Feeds anbieten. Jeder Blogger, jeder, der etwas zu sagen hat, hat seinen RSS-Feed. Die Technik ist relativ einfach, wenn man seinen eigenen Server und das entsprechende CMS hat.

Der Nutzen für Unternehmen liegt auf der Hand: ein zusätzlicher Kanal, über den die eigenen Neuigkeiten automatisiert verbreitet werden können. Mit Diensten wie Twitter Feed lassen sich die Inhalte von RSS-Feeds auch automatisch in Twitter und Facebook einspielen. Sie sparen sich viel Zeit, wenn Sie Ihre Pressemeldungen oder Blogbeiträge per RSS automatisch ins Social Web übertragen.

3.3.6   Im Social Web mitdiskutieren

So, wie Sie im echten Leben aktiv in Verbänden, Gruppen und bei sozialen Events teilnehmen, können Sie das auch im Internet tun. Und so, wie Sie im echten Leben bei solchen Gelegenheiten interessante Geschäftskontakte knüpfen, können Sie das auch online. Die Bereitschaft, online proaktiv zu werden, steigt ständig. Genau davon lebt dieses Mitmach-Web: Je mehr mitmachen, desto interessanter wird es.

Das Social Web bietet vielfältige Möglichkeiten, als Person aktiv zu werden. Diese Aufgaben können jedoch nur schwer von der PR-Abteilung eines Unternehmens übernommen werden. Hier kommt es wirklich darauf an, dass echte Menschen authentisch kommunizieren.

Nur die wenigsten Unternehmen haben eine Kommunikationskultur, in der die eigenen Mitarbeiter Teil der Außenkommunikation sind. Wenn die eigenen Mitarbeiter das Unternehmen nicht aktiv im Social Web vertreten, können es allerdings die Kunden tun. Heute findet mehr Marketingkommunikation durch die Kunden selbst statt als durch die Marketingabteilungen der Unternehmen. Kunden loben und meckern online über Firmen und Produkte. Immer mehr macht sich eine Kultur der Online-Kommunikation breit, bei der Erfahrungen ausgetauscht werden. Wenn etwas gut ist, erfahren es auch andere. Wenn etwas nicht funktioniert, ebenso. Diese Mundpropaganda zu steuern, ist heikel und schwierig.

Etwas anders liegt die Situation beim Image-Aufbau von Marken. Hier werden alle Register der Online-Kommunikation gezogen: von YouTube-Videos über Blogs bis zu Social-Media-Aktivitäten. Richtig erfolgreich ist eine Kampagne, wenn nicht nur das Unternehmen selbst mit enormer Manpower »coole« Inhalte produziert, sondern vor allem auch die Fans mitmachen, wenn Kunden und Interessenten begeistert auf den Zug aufspringen und sich selbst beteiligen.

3.3.6.1   Fachportale

Die naheliegendste Tätigkeit ist die Aktivität dort, wo die meisten Kollegen sind. Auf Fachportalen wird gefachsimpelt und die Branche trifft sich. Immer mehr dieser Fachportale integrieren auch Komponenten des interaktiven Internets. So treffen sich auf der marketing-BÖRSE beispielsweise Marketing-Experten. Es gibt unter anderem kostenlose Webseminare, bei denen die Teilnehmer sich miteinander austauschen können. Webseminare sind Seminare, die über Telefon und Internet live stattfinden.

Abb. 3.116: Fachportale wie die marketing-BÖRSE bieten den Austausch unter Fachleuten an

Natürlich dient es auch Ihrem eigenen Bekanntheitsgrad, wenn Sie auf solchen Portalen präsent sind. Baunetz ist das Portal für Architekten und für die Baubranche. Auch die Bankbranche hat schon ihr Fachportal für den gegenseitigen Austausch, den BANKINGCLUB.

Abb. 3.117: Beim BANKINGCLUB vernetzen sich Banker on- und offline

3.3.6.2 Communitys und Foren

Das Web ist voll von Foren, die es zum Teil schon seit langer Zeit gibt. Hier muss man sehr vorsichtig mit Eigenwerbung sein. Trotzdem ergeben sich viele interessante Kontakte. Auch auf Plattformen wie Xing bilden sich immer mehr Foren, wie zum Beispiel die Gruppe »Franchise« mit über 13.000 Mitgliedern.

Abb. 3.118: Auf Xing gibt es viele Foren – der Franchiseclub ist eines davon

Übrigens sind Foren nicht nur für Ihr Fachgebiet gut. Die meisten Foren gibt es natürlich zum Thema Internet. Diese Foren gibt es zum Teil schon länger als das WWW: Zunächst waren es die Mailinglisten, in denen die interessantesten Infos standen. Heute findet dieser Austausch in den Foren statt. Hier ist eine Auswahl, nach Themen geordnet:

WICHTIGE INTERNET-FOREN

Suchmaschinen-Marketing
- ABAKUS Suchmaschinen-Optimierung – https://forum.abakus-internet-marketing.de/
- SEO Forum – https://www.seo-analyse.com/seo-forum/
- SEO Portal – https://seo-portal.de/forum/

Grafikdesign
- PSD-Tutorials.de – Die Grafik-Community – https://www.psd-tutorials.de/forum/
- DesignTalk – https://www.designtalk.de/
- Das Auge – https://dasauge.de/forum/designforum/

Programmierung
- HTML Forum – https://www.html-forum.de/
- Coder Forum AJAX, Perl und Ruby – https://www.easy-coding.de/
- JSWELT – das deutsche JavaScript Forum – http://forum.jswelt.de/

Webdesign
- PHP script resource – http://www.php-resource.de/forum
- TYPO3 Forum – https://www.typo3forum.net/
- WordPress – https://forum.wpde.org/
- Unixboard – Das Linux/Unix Forum – https://www.unixboard.de/
- Linuxforen – https://www.linuxforen.de/forums/index.php

Eine umfassend gegliederte Übersicht aller wichtigen deutschsprachigen Foren gibt es hier: https://www.beliebte-foren.de/

Solange Sie als Privatperson im Forum aktiv sind, müssen Sie die Entscheidung treffen, ob Sie unter Ihrem Echtnamen oder unter Pseudonym (Nickname) unterwegs sind.

Sobald Sie beruflich unterwegs sind, sollten Sie immer deutlich machen, vor welchem Hintergrund Sie das tun. Es gibt immer eine Möglichkeit, ein Profil einzustellen. Hier sollten Sie klar darauf hinweisen, dass Sie Mitarbeiter der Firma XY und dort im Bereich Öffentlichkeitsarbeit beschäftigt sind. Wenn Sie so transparent arbeiten und dann auch noch hilfreiche Kommentare schreiben, hilft das auch Ihrer Firma: Ihr Image als »cooles Unternehmen« wird gefestigt.

Ein Sonderthema ist Wikipedia. Hier mit einem Firmeneintrag nicht gelöscht zu werden, ist schon eine Kunst. Ihr Unternehmen sollte in der weltgrößten Online-Enzyklopädie trotzdem nicht fehlen. Und wenn Sie drin sind, beobachten Sie den Eintrag regelmäßig, damit sich keine unternehmensschädigende Bemerkung einschleicht. Ihr Nutzen des Wikipedia-Eintrags: Sie erhalten zusätzlich Besucher und verbessern Ihre Position in Suchmaschinen.

Bevor Sie aber mit Ihrer Eigenwerbung beginnen, bauen Sie sich erst einmal einen guten Ruf als jemand auf, der sich konstruktiv um die Qualität von Wikipedia bemüht. Einen der ersten Pioniere im Bereich Content-Management hatte ich einmal in Wikipedia gesucht und leider nicht gefunden. Wenn es also irgendein Verdienst oder irgendeine wirkliche Besonderheit bei Ihnen gibt, ist es schon sinnvoll, in der Enzyklopädie auch mit einem eigenen Beitrag vertreten zu sein. Wichtig ist es, sachlich und beschreibend, anstatt werblich-subjektiv zu schreiben.

Abb. 3.119: Manche Unternehmen sind mit einer Beschreibung in der Online-Enzyklopädie vertreten

Suchergebnisse

🔍 Infopark	⊗	**Suchen**

Erweiterte Suche: Sortieren nach Relevanz ✕   ⌄

Suchen in: (Artikel) ✕   ⌄

Der Artikel „Infopark" existiert in der deutschsprachigen Wikipedia nicht. Du kannst den Artikel erstellen (Quelltext-Editor, Anleitung).
Wenn dir die folgenden Suchergebnisse nicht weiterhelfen, wende dich bitte an die Auskunft oder suche nach „Infopark" in anderssprachigen Wikipedias.

Abb. 3.120: Einige Unternehmen erscheinen nur passiv: Sie werden in anderen Beiträgen erwähnt

3.3.6.3   Blogs kommentieren

Auch wenn Sie selbst mit der Online-Präsenz »nichts am Hut haben« wollen – andere reden über Sie. Also recherchieren Sie regelmäßig in der Blogsuchmaschine trusted-blogs.com nach Ihrem Firmennamen. Das Suchergebnis können Sie als RSS-Feed abonnieren. Ihr Nutzen: Sie erhalten wertvolles Feedback zu Ihrem Unternehmen. In solchen Blogs können Sie beginnen, auch einmal Ihre Sicht der Dinge darzustellen. Achten Sie immer darauf, dass die Leser aus dem, was Sie schreiben, einen Nutzen ziehen. So gewinnen Sie Freunde.

Wann Sie sich in welcher Art und Weise an einer Diskussion beteiligen, ist eine nicht ganz einfache Entscheidung. Wollen Sie Ihr Geschäftsmodell und Ihre Marge wirklich en détail online erläutern? Konsequente Kundenorientierung würde bedeuten: Ja. Erläutern Sie, wie Sie was warum machen, und Ihre Kunden werden es verstehen und akzeptieren.

3.3.6.4   Social Sharing & Bookmarking

Im Social Web leben Unternehmen nicht nur davon, dass sie ihre eigenen Inhalte ausschließlich selbst posten. Ziel sollte es sein, dass begeisterte Leser Ihres Blogs oder zufriedene Kunden Ihre News oder Produkte mit den eigenen Followern und Freunden teilen. Sei es privat per WhatsApp oder öffentlich auf Facebook, Twitter und Co. Dadurch kann sich Ihre Reichweite deutlich multiplizieren – Sie erreichen nicht nur Menschen, welche Ihr Unternehmen bereits kennen, sondern indirekt auch neue Personen, die möglicherweise noch nichts von Ihnen gehört haben.

Um zum Teilen von Inhalten zu animieren, können sogenannte »Sharing Buttons« auf Ihrer Webseite eingebaut werden – eher schlicht am Anfang der Seite oder etwas auffälliger am Seitenende.

Eine weitere Möglichkeit ist eine Seitenleiste, welche sich beim Scrollen mitbewegt. Der Vorteil: Die Bottons zum Teilen der Inhalte sind immer direkt erreichbar, egal wie tief man scrollt.

Abb. 3.121: Hinweis auf Social Media Sharing

Eine weitere Möglichkeit des Teilens von Inhalten sind Social-Bookmarking-Dienste wie beispielsweise Diigo, Digg oder Scoop.it. Bookmarks sind digitale Lesezeichen, mit denen im Browser eine Webseite markiert wird, um sie später wiederzufinden. Social Bookmarks sind Lesezeichensammlungen, die gemeinsam mit anderen geteilt werden.

Geben Sie auch Ihren Besuchern die Möglichkeit, interessante Seiten Ihres Internet-Auftritts direkt bei solchen Diensten zu speichern. Ihr Nutzen: Sie erhalten zusätzlich Besucher und verbessern durch die entstehenden Backlinks Ihre Position in Suchmaschinen.

3.3.6.5   Videoportale

Nutzer verbringen viel Zeit auf Video- und Fotoportalen. Schauen Sie, was über Sie selbst schon drinsteht und geben Sie einmal Ihren Firmennamen ins Suchfeld ein. Stellen Sie selbst eigene Videos und Fotos ein. Ihr Nutzen: Sie bieten Menschen Informationen, die gezielt nach Ihnen suchen. Sicher gibt es auch schon einige Videos über Ihre Themen oder gar Ihre Produkte. Vorteilhaft kann es sein, wenn Sie eine große Fangemeinde haben, die Videos für Sie ins Netz stellt. Scheuen Sie sich also nicht, diese kreativen Ideen und Inhalte Ihrer Community zu kommentieren oder auch über Ihre eigene Online-Präsenz zu teilen.

Abb. 3.122: User-generated Content bei der Lufthansa

Neben Facebook, Twitter, Blogs und YouTube gibt es noch eine Reihe weiterer wichtiger Orte im Internet. Diese Portale sind oft auf bestimmte Themen oder Regionen fokussiert. Wer hier präsent ist, kann oft interessante Kontakte gewinnen. Oft gibt es auch interessante Möglichkeiten für Unternehmen, sich selbst und seine Produkte zu präsentieren. Oft gibt es Unternehmensverzeichnisse oder Newsbereiche und immer auch die Möglichkeit, Anzeigen zu schalten.

3.3.6.6   Online-Verzeichnisse

Der Eintrag in Verzeichnisse ist aus zwei Gründen wichtig: Erstens bringt ein gutes Verzeichnis auch interessierte Besucher und zweitens erhöht jeder Hyperlink die Reputation der Website aus Sicht von Suchmaschinen.

In den Urzeiten des Internets gab es eine Vielzahl von Initiativen, die alle das Ziel hatten, das Internet zu katalogisieren. Am bekanntesten war der Katalog von Yahoo. Die wenigsten dieser Verzeichnisse existieren noch. Und selbst wenn sie irgendwo im Internet vor sich hindämmern, so haben sie doch keine Bedeutung mehr.

Niemand kann sich wirklich noch die Mühe machen, das Internet manuell zu durchforsten und zu sortieren. Stattdessen werden automatisierte Pseudokataloge angelegt, die jedoch wertlos sind, was bedeutet, dass sie weder für Menschen noch für die Suchmaschinen eine besondere Hilfe bei der Bewertung der Qualität von Webseiten haben.

Nur ein Katalog hat überlebt und wird fleißig genutzt: dmoz.org. Das Verzeichnis wird von vielen ehrenamtlichen Helfern gepflegt und ist für Suchmaschinen durchaus eine Informationsquelle. Alexa nutzt es beispielsweise als Gliederungsbasis.

Der Internet-Messdienst Alexa ist ebenfalls eine weitere Informationsquelle. Dort werden Daten über Webseitenzugriffe durch an das Messsystem angeschlossene Benutzer gesammelt und dargestellt. Alexa ist ein Tochterunternehmen von Amazon.com. Für kleine Websites liefert das System jedoch keine validen Daten. Die Zugriffszahlen von Alexa bieten zumindest einen groben Anhaltspunkt über die Bedeutung einer Website.

Ein ebenfalls wichtiges Verzeichnis ist Wikipedia. So schwer es ist, hineinzukommen, so bedeutend kann es auch sein, dort in Erscheinung zu treten. Allein wegen der strikten redaktionellen Kontrolle stellt die Enzyklopädie einen Wert dar. Besonders für Unternehmen erfordert es jedoch extrem viel Fingerspitzengefühl, um einen Eintrag dort zu platzieren, der nicht sofort als Werbung gelöscht wird.

3.3.6.7 Shopping-Portale

Wenn Sie Produkte verkaufen, sollten Sie über eine Präsenz in den virtuellen Einkaufszentren des Internets nachdenken. Das meiste Geld geben die Käufer bei eBay und Amazon aus. Beides sind eigentlich nur Kataloge, die die Firmen bereitstellen. Es liegt an Ihnen, diese Kataloge mit Produkten zu bestücken. Für eBay gilt das schon immer, für Amazon in letzter Zeit immer mehr.

Sie können dort Ihren eigenen Shop einrichten und Ihre eigenen Produkte verkaufen. Viele Händler nutzen diese Portale nicht nur, um ihre Produkte zu verkaufen, sondern auch, um das eigene Angebot bekannt zu machen und neue Kundenkreise anzusprechen. Dies sind neben eBay und Amazon die bekanntesten Shoppingportale:

- Avocadostore
- Bücher.de
- Etsy
- Notebooksbilliger
- Otto
- Kaufland
- Thalia
- Weltbild
- Zalando

Daneben gibt es Preisvergleichsmaschinen, die sich ebenfalls immer größerer Beliebtheit erfreuen. Auch hier kann eine Präsenz Sinn machen, um eventuell neue Kunden anzusprechen.

Hier die bekanntesten Preisvergleichsanbieter:

- Billiger.de
- Check24.de
- Geizhals.at
- Guenstiger.de
- Idealo.de
- Preis.de
- Preissuchmaschine.de
- Preisvergleich.de
- mydealz.de

3.3.6.8 Fachverzeichnisse

Nun kommt die interessanteste Kategorie von Portalen, nämlich die Fachverzeichnisse. Sie sind deshalb so wichtig, weil sich hier die Zielgruppe trifft. Diesen spezialisierten Portalen gehört die Zukunft. Allerdings müssen sie es schaffen, mit den großen Portalen technisch Schritt zu halten.

Auf Fachportalen lohnt es sich, dabei zu sein. Viele Spezialportale bieten den Branchenmitgliedern die Möglichkeit, sich in einem Verzeichnis selbst darzustellen.

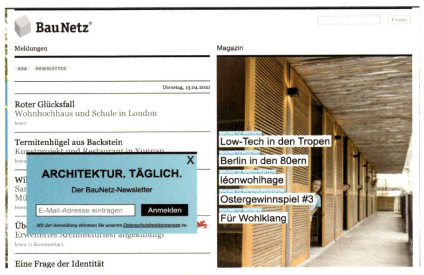

Abb. 3.123: Fachportale bieten den Branchenunternehmen oft auch eine Möglichkeit, sich einzutragen

Zu der Kategorie zähle ich ebenso die vielen Online-Foren sowie Communitys, mit einem wesentlichen Unterschied: Während die Fachverzeichnisse meist davon leben, dass Sie sich selbst werblich darstellen, ist dies in Foren verpönt. Diese Foren reagieren auf Eigenwerbung mindestens so sensibel wie Wikipedia. Also schauen Sie sich erst mal ganz in Ruhe an, was die anderen tun, bevor Sie selbst etwas sagen. Grundregel: Schreiben Sie nur, wenn Sie Lesern etwas Wichtiges mitzuteilen haben, das ihnen nützt – und nicht primär Ihnen.

Um Foren zu finden, recherchieren Sie einfach in Suchmaschinen nach Ihren Branchenfachworten und dem Wort »forum«. Wenn Sie zum Beispiel Strickwaren verkaufen, schauen Sie doch mal, welche Foren es dazu gibt.

https://www.handarbeitsfrau.de › ... › Foren › Stricken ▾

StrickForum - Handarbeitsfrau

StrickForum. Strick-Foto-Galerien. Themen: 16. Beiträge ...

https://www.pinterest.de › ... › Rundwebmaschine ▾

Willkommen im Strickforum! - strickforum.de | Stricken ...

Anleitung f r M biusschal oder M biusstirnband. **Strickforum** Blog » Anleitung für Möbiusschal oder Möbiusstirnband.

https://forum.junghanswolle.de › viewtopic ▾

Strickforum - Junghans-Wolle Handarbeitsforum

12.06.2013 — Die Hunde und Katzen werden doch gar nicht im **Strickforum** eingestellt, sondern im OFF TOPIC-Bereich. Und da gehört so was hin. Also alles ok ...

6 Posts · Leider muß ich mal was loswerden: Als ich vor einigen Tagen was eingestellt hatte u...

Abb. 3.124: Foren zum Thema GPS gibt es zuhauf

Fotoportale

Für Fotoportale gilt das Gleiche wie für Videoportale: Stellen Sie alles online, was Sie an Bildern haben, das erwartet man von Ihnen. Auch Pressefotos können Sie auf Flickr zur Verfügung stellen. Noch besser ist es natürlich, wenn Fans und Kunden Ihres Unternehmens Bilder online stellen.

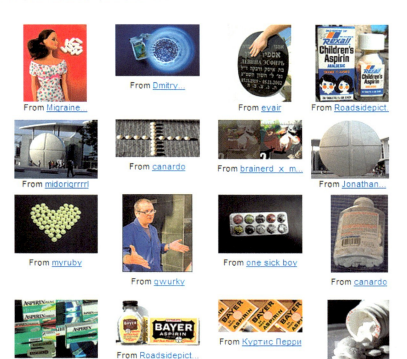

Abb. 3.125: Bilder zum Suchwort »aspirin« auf dem Fotoportal Flickr

Regionale Portale

Ein nicht unbeachtliches Potenzial für die regionale Suchmaschinen-Optimierung haben regionale Portale. Neben den zusätzlichen Suchergebnissen, welche durch das Erstellen diverser Verzeichniseinträge entstehen, können die Rückverlinkungen der Verzeichnisse auf Ihre Seite auch ein wertvolles Signal für Google sein, was mit einer besseren Sichtbarkeit belohnt wird.

Wenn Sie als Anbieter einen regionalen Schwerpunkt haben, schauen Sie regelmäßig auf den diversen Portalen vorbei, um keine Neuerungen zu verpassen. Diese sind z. B.:

- GelbeSeiten.de
- GoYellow.de
- Klicktel.de
- Maps.google.de
- Meinestadt.de
- Yelp.de
- Suchen.de
- Wetter.de
- Yellowmap.de

Im nächsten Kapitel ist ausführlich beschrieben, wie Sie die verschiedenen regionalen Portale am besten für sich und Ihr Unternehmen nutzen können.

3.4 Mobile und Local Marketing

3.4.1 Wie Smartphones das Nutzerverhalten ändern

Eine der wohl einschneidendsten Veränderungen der letzten Zeit ist die Nutzungsverlagerung von stationären Desktop-PCs zu mobilen Endgeräten wie Smartphone oder Tablet. Damit kommt es auch zu einer verstärkten Internet-Nutzung bei der Recherche nach Produktangeboten in der unmittelbaren Umgebung. Die Art und Menge von standortbezogenen Diensten nimmt ständig zu und bietet stationären Händlern vielfältige Möglichkeiten, online auf das eigene Angebot aufmerksam zu machen. Dieses Buch verwendet den Begriff »Mobile und Local Marketing« in seiner erweiterten Form für alle Aspekte des »Location Based Marketing«.

3.4.1.1 ROPO: Online suchen und im Geschäft kaufen

Bereits heute geht jedem dritten Einkauf im stationären Handel eine Informationssuche im Internet voraus. Weitaus interessanter ist jedoch, dass der Umsatzanteil dieser vorab recherchierten Käufe 78 % beträgt. Online-Vergleiche und Produktrecherche sind somit keineswegs Umsatzkiller, sondern genau das Gegenteil: Ein stationärer Händler kann heute davon ausgehen, dass bei zwei Dritteln seines Umsatzes das Internet mit im Spiel war. Der Begriff dafür heißt ROPO: Research online, purchase offline; auf Deutsch: online Informationen suchen und anschließend stationär im Geschäft kaufen. Unter https://www.thinkwithgoogle.com/intl/de-de/ können Sie sehen, welche Produkte, in welchen Ländern online recherchiert werden. Ein Beispiel: In Großbritannien wird bei 46 % aller stationär verkauften Fernseher zuvor im Internet recherchiert.

ROPO – ONLINE SUCHEN UND IM GESCHÄFT KAUFEN

- 56 % der Einkäufe im stationären Handel geht eine Informationssuche im Internet voraus (ECC Handel)
- 66 % des Umsatzes im stationären Handel geht eine Informationssuche im Internet voraus (ECC Handel)
- 46 % aller stationär verkauften Fernseher in England werden vorher im Internet recherchiert (consumerbarometer.com)
- 88 % der Smartphone-Nutzer haben schon einmal nach lokalen Informationen gesucht (Google: Our Mobile Planet)
- 31 % der Suchanfragen bei Google haben einen lokalen Bezug
- 52 % der Suchanfragen auf Smartphones haben einen lokalen Bezug (Google)
- 80 % der Smartphone-Nutzer gehen unmittelbar nach der Recherche zur Folgehandlung über (Google: Our Mobile Planet)

3.4.1.2   Smartphones sind wandelnde Suchmaschinen

Der Großteil aller Handys sind heute internetfähige Smartphones. Die meisten sind zudem mit einer Flatrate permanent online. Damit ist Information jederzeit für jeden Nutzer auf Abruf verfügbar. 82 % der deutschen Smartphone-Nutzer haben laut Googles »Our Mobile Planet« schon einmal nach lokalen Informationen gesucht. Bei Google insgesamt hat jede dritte Suchanfrage einen lokalen Bezug, auf Smartphones ist es die Hälfte. Derzeit sind es vor allem Restaurants, Ladengeschäfte, Hotels und Ärzte, die online gesucht werden. Die Suche selbst wird immer bequemer und die Spracheingabe immer genauer. Umso wichtiger wird es für lokale Geschäfte, bei einer solchen Suche adäquat angezeigt zu werden. Der Grund: 80 % der Smartphone-Nutzer gehen unmittelbar nach der Recherche zur Folgehandlung über: Sie rufen das gesuchte Unternehmen an oder besuchen es.

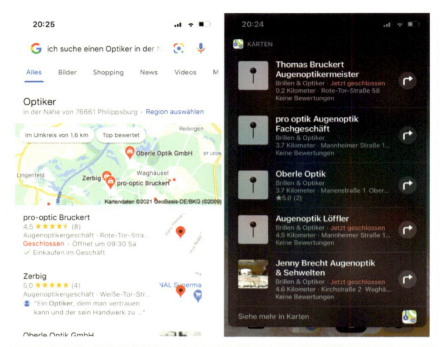

Abb. 3.126: Suche nach lokalem Geschäft per Spracheingabe bei Apple und Google

Praktisch an der lokalen Suche über das Smartphone ist die automatische Lokalisierung. Der GPS-Empfänger weiß auf den Meter genau, wo sich das Smartphone befindet, und kann entsprechend detailliert auf Angebote in der unmittelbaren Umgebung hinweisen.

3.4.1.3   Welches Geschäft empfehlen Sie?

Neben der räumlichen Nähe ist bei der lokalen Anbietersuche ein weiterer Aspekt wichtig: Wie beliebt ist der Anbieter bei seinen Kunden? Beliebtheit äußert sich in zunehmendem Maß in der Anzahl der öffentlichen Bewertungen im Internet. Immer mehr Apps integrieren daher nicht nur die Lokalisierung, sondern auch die Bewertung von Anbietern. Für Kunden ist das in vielen Fällen eine große Hilfe, denn wer will schon zu einem Anbieter, den keiner mag?

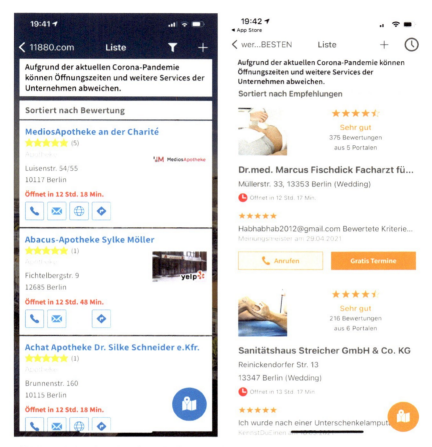

Abb. 3.127: 11880.de und werkenntdenbesten.de bieten eine Sortierung nach Beliebtheit an

3.4.1.4 Social Commerce: Was empfehlen meine Freunde?

Soziale Netzwerke gehen noch einen Schritt weiter. Dort zählt nicht nur die reine Anzahl von Empfehlungen, sondern auch, wer die Empfehlungen abgegeben hat. Dies
geht sogar so weit, dass man bei der Suche nach einer Pizzeria im Umkreis direkt auswählen kann, ob diese schon mal von einem seiner Facebook-Freunde besucht wurde
oder nicht.

Abb. 3.128: Facebook verrät, welche Restaurants meine Freunde gerne besuchen

3.4.1.5   Verändertes Verbraucherverhalten zwingt stationäre Händler zum Handeln

Die Menschen werden bequemer und sie bestellen Waren immer öfter online. 2004 lag der Umsatz im deutschen Online-Handel das erste Mal über einer Milliarde Euro – mittlerweile sind es über 50 Milliarden Euro. Den größten Anteil am Kuchen haben dabei die Bereiche Elektronik und Fashion. Die Wachstumsraten des Online-Umsatzes sind zwar nicht mehr ganz so hoch wie noch vor 2010, aber dennoch im zweistelligen Bereich.

Abb. 3.129: Wachstum des Online-Umsatzes am deutschen Einzelhandelsumsatz (Quelle: https://einzelhandel.de/component/attachments/download/10433)

Der Anteil an Verbrauchern, die einen Teil ihrer Einkäufe online abwickeln, wächst kontinuierlich. Seit 2007 hat sich der Online-Anteil am deutschen Einzelhandelsumsatz fast vervierfacht: Jährlich werden für knapp sechzig Milliarden Euro Waren online bestellt.

MARKTANTEILE

Abb. 3.130: Online-Anteil am deutschen Einzelhandelsumsatz (Quelle: https://einzelhandel.de/component/attachments/download/10433)

Das kontinuierliche Wachstum des Online-Handels darf jedoch über eines nicht hinwegtäuschen: Das meiste Geld wird nach wie vor im stationären Handel ausgegeben. Der Online-Anteil liegt gerade einmal bei etwas über 11 Prozent. Vor allem im Food-Bereich ist dies sehr spürbar – hier liegt der Anteil gerade einmal bei 1,4 Prozent.

Nichtsdestotrotz ist die Verknüpfung von Online und Offline auch für (lokale) Unternehmen wichtig. Das reicht einerseits von Beratungsterminals im Shop bis zur Online-Bestellung im Laden. Andererseits suchen viele Menschen die Waren online, wollen sie dann aber gleich mit nach Hause nehmen.

In Großbritannien ist Click and Collect im Handel bereits gängige Praxis. Kunden schauen sich online die Produkte an und holen diese im Anschluss im Laden ab. In England sind es Einzelhandelsunternehmen wie Marks & Spencer oder die Supermarktkette Tesco, die in ihrem Online-Shop auch eine Abholung vor Ort anbieten. Dieser Trends schwappt langsam aber auch nach Deutschland. Beispiele hierfür sind real, MediaMarkt, dm und IKEA.

Die größte Veränderung besteht somit nicht in der Zunahme der Online-Bestellungen, sondern in der Online-Recherche. Wer etwas kaufen will, sucht zunächst online und kauft dann möglicherweise offline. Somit brauchen stationäre Händler im ersten Schritt weniger einen eigenen Online-Shop als vielmehr eine stärkere Internetpräsenz und Sichtbarkeit für die Recherchephase vor dem eigentlichen Kauf.

3.4.2   Wie das Smartphone dem stationären Handel Kunden bringt

In Zukunft werden die Datenbanken und Algorithmen von Unternehmen wie Google, Facebook, Yelp und Foursquare Verbraucher über das Navigationssystem Smartphone auf interessante Angebote in der nächsten Umgebung aufmerksam machen.

Der Mechanismus funktioniert ganz ähnlich wie bei der Suchmaschine Google, die dem Nutzer Seiten vorschlägt, die zu seiner Suchanfrage am besten passen. Schon heute werden auf diese Weise Anbieter angezeigt, sobald jemand in einem der Systeme zum Beispiel einen Optiker sucht. Dabei werden diejenigen Treffer bevorzugt, die sich in den jeweiligen Systemen auch optimal präsentieren. Wie das genau funktioniert, dazu kommen wir gleich.

In einem Punkt gleichen sich die normale Suchmaschine und die regionale Suche: Je mehr der Anbieter über Sie weiß, desto passendere Suchergebnisse kann er Ihnen liefern. Aus diesem Grund sammeln alle Systeme möglichst viele Nutzerdaten. Es gibt jedoch einen wichtigen Unterschied: Anders als eine Suchmaschine kann Ihnen die regionale Suche Vorschläge machen, ohne dass Sie sagen, wonach genau Sie suchen. In Zukunft lautet die Frage nur: »Hier bin ich, liebe Suchmaschine, und jetzt verrate mir bitte mal, welche Läden in der Umgebung du mir empfehlen kannst.« Damit Ihr eigenes Geschäft jetzt genannt wird, muss eine Reihe von Bedingungen erfüllt sein, die es aus Sicht des Empfehlungssystems empfehlenswert machen.

3.4.2.1   Wer nicht dabei ist, kann nicht empfohlen werden

Der erste Schritt zu einer Empfehlung ist zweifellos, dass Sie in dem jeweiligen System enthalten sind. Der Begriff dafür heißt »claimen«. Sie beanspruchen damit Ihr in dem System vorhandenes Profil. Anschließend befüllen Sie das System mit möglichst vielen Informationen über Ihr Geschäft.

Derzeit gibt es zwei Arten von Systemen, die für Sie als stationärer Händler relevant sind.
- Google, Facebook, Yelp, Apple und Foursquare sind die größten Sammlungen von Nutzerinformationen über Orte: Wer ist wo schon einmal gewesen und wem hat es gefallen? Gelbe Seiten, MeineStadt.de, 11880, Cyclex und Yellowmap sind Branchenverzeichnisse. Hier sollten Sie darauf achten, dass Ihre Daten jeweils aktuell sind.
- Schließlich gibt es noch GoLocal und Kennst-Du-Einen, die sich auf die Fahnen geschrieben haben, gezielt Bewertungen zu sammeln.

Im Folgenden werden die wichtigsten Dienste beschrieben und gezeigt, worauf es ankommt, um die Außendarstellung des eigenen Unternehmens dort zu verbessern.

Google MyBusiness

Der kostenlose Dienst Google MyBusiness ermöglicht Unternehmen, eine Branchenein-trag zu erstellen, welcher nativ in den Suchergebnissen ausgespielt wird, sobald eine Person direkt nach dem Unternehmen oder der jeweiligen Branche des Unternehmens in der ansässigen Stadt sucht. Der Vorteil dieser Art von Suchergebnissen ist, dass sie sehr prominent dargestellt und noch vor den organischen Suchergebnissen oder alternativ auf der rechten Seite als »Knowledge-Panel« ausgespielt werden. Zudem werden die lokalen Unternehmen mit einem MyBusiness-Profil auch in Google Maps angezeigt, wenn man nach der Kategorie des Unternehmens sucht – zum Beispiel »Pizzeria«.

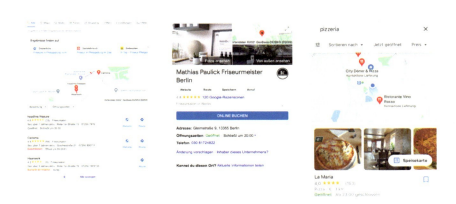

Abb. 3.131: Google-MyBusiness-Einträge in den Suchergebnissen

Neben der prominenten Darstellung werden die wichtigsten Daten wie Fotos, Adresse, Telefonnummer oder der Link zur Webseite direkt in den Suchergebnissen angezeigt. Ein weiterer Vorteil eines MyBusiness-Profils ist, dass Stoßzeiten, häufige Fragen und die Bewertungen direkt in den Suchergebnissen angezeigt werden können.

Abb. 3.132: Google MyBusiness kumuliert Bewertungen

Es bietet sich auch die Möglichkeit an, über Google Posts kleine Beiträge zu verfassen, welche dann unterhalb des MyBusiness-Eintrags ausgespielt werden. Jedoch werden diese, mit Ausnahme von Events, nach sieben Tagen automatisch gelöscht und bieten sich daher besonders für zeitlich begrenzte Aktionen und Angebote an. Letztlich können auch gleich die angebotenen Produkte mit angezeigt werden. Diese fallen dem Suchenden direkt ins Auge, ohne dass er erst die Webseite aufrufen muss.

Produkte   Alle anzeigen

Wimpernlifting   Drama Look   Mascara Look
55,00 €   199,00 €   169,00 €

Abb. 3.133: Produktansicht in Google MyBusiness

Die Kombination aus einer sehr prominenten Position der MyBusiness-Einträge in den Suchergebnissen und dem Einbinden der wichtigsten oder meist gefragten Informationen in Form eines Google Posts können die lokale Sichtbarkeit enorm steigern und potenzielle Interessenten direkt auf das eigene Angebot aufmerksam machen. Auf https://www.google.com/business/ können Sie in nur wenigen Schritten selbst ein solches MyBusiness-Profil anlegen.

Ein weiterer Vorteil: Sie können über Google MyBusiness einen einzigartigen Link erstellen, welcher direkt zum Bewertungsformular des Unternehmens führt. Dieser Link kann dann als verhaltensbezogenes Pop-up auf der Webseite, in automatisierten E-Mails oder als QR-Code im Laden selbst oder auf Visitenkarten platziert werden. So ersparen Sie dem Kunden das lästige Suchen und er kann ganz einfach eine Bewertung mit einem Klick abgeben. Kunden, die begeistert Folgekäufe tätigen, sowie wiederkehrende Besucher der Webseite können somit schnell und unkompliziert um ihr Feedback gebeten werden.

Hier mal ein Beispiel aus der Praxis: Eine Pizzeria in Kenn, einem Vorort der Stadt Trier, hatte keinerlei Online-Präsenz und keine Zeit, eine Webseite aufzubauen. Um dennoch online gefunden zu werden, wurde eine Google-MyBusiness-Seite aufgesetzt. Behalten Sie im Hinterkopf: Die Pizzeria war vorher nicht im Internet zu finden. Nach knapp zwei Monaten konnte dieser Eintrag knapp 2.000 indirekte Suchanfragen verzeichnen – also Suchanfragen, bei denen nach irgendeiner Pizzeria in Kenn und Umgebung gesucht wurde und nicht nach dem Namen »PizzaBar«. Mit etwas Einsatz, nämlich durch das Sammeln von Bewertungen, den Upload der Speisekarte und weiterer Bilder, ist diese Pizzeria nun das erste Ergebnis, wenn man in Kenn nach einer Pizzeria sucht.

Abb. 3.134: Suchergebnisse für »Pizza« in Kenn

Als lokales Unternehmen lohnt es sich also in jedem Fall, die Zeit zu investieren, ein vollständiges MyBusiness-Profil anzulegen und dieses kontinuierlich zu pflegen.

Apple Maps

Seit Ende 2014 bietet Apple neben der Yelp-Integration auch einen eigenständigen Dienst zum Eintragen von Firmendaten für sein Kartensystem Apple Maps an. Die Prozedur ist einfach und bequem: Unter mapsconnect.apple.com meldet man sich mit seiner Apple-ID an und sucht anschließend den eigenen Unternehmensnamen.

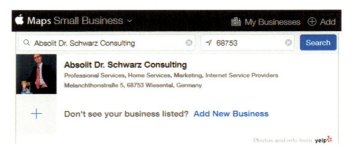

Abb. 3.135: Verifizieren des bestehenden Geschäftseintrags und Anlage eines neuen Eintrags bei Apple Maps

Anschließend kann der bestehende Eintrag bestätigt werden. Er wird dann über einen Telefonanruf verifiziert. Ebenso kann auch ein neues Geschäft angelegt werden, sofern keine bestehenden Daten im System vorliegen. Zwar kann der Eintrag auf Apple Maps bei Weitem nicht so umfangreich gestaltet werden, wie es bei Googles Pendant der Fall ist, aber der große Vorteil liegt darin, dass Sie so auch in der Apple-eigenen Navigations-app »Karten« gefunden werden können. Eine weitere Möglichkeit, hier präsent zu sein, bietet das Portal Yelp.

Yelp

Während Sie bei Facebook kontinuierlich ein klein wenig tun sollten, genügt es bei Yelp, einmal seine Seite aufzuhübschen. Dann können Sie sich bequem zurücklehnen und sich auf Ihre Facebook-Präsenz konzentrieren.

Yelp ist ein 2004 gegründetes Empfehlungsportal für stationäre Geschäfte. Nutzer können hier Rezensionen über Geschäfte schreiben. In Deutschland wurde 2005 das Empfehlungsportal Qype gegründet, das 2012 von Yelp übernommen wurde. Ähnlich wie die Gelben Seiten basiert Yelp auf den Daten etablierter Branchenverzeichnisse, die mit nutzergenerierten Informationen angereichert wurden.

Abb. 3.136: Branchensuche beim Empfehlungsportal Yelp

Bei einer Branchensuche in Yelp werden die Ergebnisse in Listen- wie auch in Kartenform angezeigt. Dazu kommt eine Benotung mit maximal fünf Sternen sowie der Anzahl der Rezensionen und einem Foto. Bis 2013 war Qype in Deutschland das mit Abstand größere Empfehlungsportal. Leider wurden bei der Integration von Qype in Yelp viele Daten nicht übertragen, sodass die Zahl der Bewertungen derzeit relativ gering ist. Weltweit jedoch ist Yelp das größte Bewertungsportal, sodass davon auszugehen ist, dass sich die Zahl der Rezensionen weiter erhöhen wird.

In Deutschland hatte Qype eine recht aktive Community. Yelp konnte diese Rezensenten teilweise für sich gewinnen. Yelp setzt verschiedene Methoden ein, Verfasser von Rezensionen zu motivieren. So gibt es die Kennzeichnung »Erstbewerter«, damit überhaupt erst einmal Bewertungen zustande kommen. Die bevorzugte Platzierung für beliebte Rezensionen ist ebenfalls ein Anreiz. Geschäftsinhaber können über private Mitteilungen oder öffentliche Anmerkungen mit ihren Bewertern kommunizieren. Yelp ermutigt Verfasser von Bewertungen, dies unter ihrem eigenen Namen und mit echtem Foto zu tun. Dies erzeugt eine partizipative Kultur, in der die Benutzer ihre persönlichen Erfahrungen teilen und den lokalen Geschäften somit ein kollektives Feedback geben.

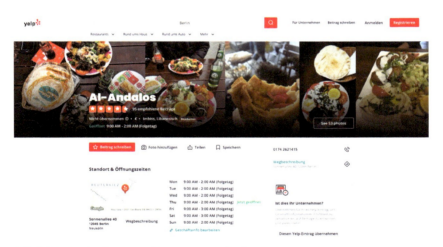

Abb. 3.137: Beispiel einer Unternehmensseite auf dem Empfehlungsportal Yelp

Wenn ein Unternehmen oder eine Unternehmerin ihr Geschäft mit Herzblut betreibt, spüren das auch die Kunden. Entsprechend hoch ist die Motivation, diese Leistung zu honorieren. Immer mehr Menschen nutzen ihr Smartphone nicht nur dazu, interessante Geschäfte zu finden, sondern auch zu bewerten. Entsprechend gibt es zunehmend mehr Rezensionen und Fotos. Portale wie Yelp generieren aus diesen Informationen eine Online-Seite über das Geschäft, die professionell aussieht und relevante Informationen enthält. All dies geschieht ohne Zutun des Geschäftsinhabers. Aber natürlich kann dieser sich ebenfalls an der Gestaltung der Seite beteiligen und eigene Fotos hochladen oder die Kategorisierung verbessern. Dazu klicken Sie einfach auf »Geschäftsinfo bearbeiten«. Besser aber ist, sich selbst als Geschäftsinhaber anzumelden.

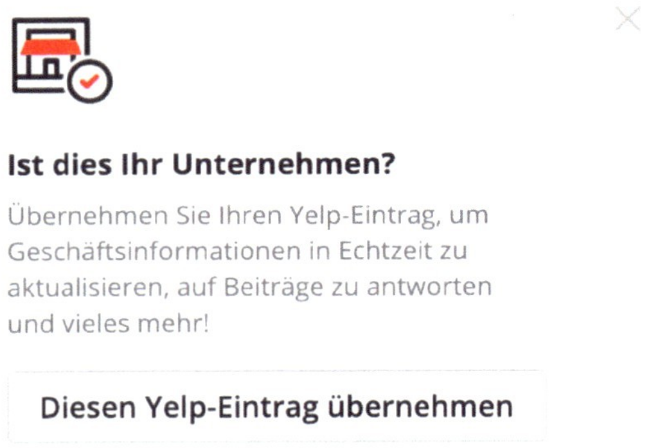

Ist dies Ihr Unternehmen?

Übernehmen Sie Ihren Yelp-Eintrag, um
Geschäftsinformationen in Echtzeit zu
aktualisieren, auf Beiträge zu antworten
und vieles mehr!

Diesen Yelp-Eintrag übernehmen

Abb. 3.138: Mit der Registrierung verwalten Sie Ihren Geschäftseintrag bei Yelp selbst

Um als Geschäftsinhaber Ihre eigene Seite bei Yelp zu verwalten, müssen Sie diese zunächst einmal »claimen«: Suchen Sie Ihre Seite, indem Sie Namen und Ort suchen. Sobald Sie auf der Seite sind, klicken Sie auf »Entsperre diesen Geschäftseintrag«. Sie werden nun gebeten, sich mit Ihrem Namen und Ihrer E-Mail-Adresse zu registrieren und ein Passwort zu wählen. Sodann wird Ihre E-Mail-Adresse bestätigt. Im Anschluss erhalten Sie einen Telefonanruf, um zu verifizieren, dass Sie auch wirklich der Inhaber dieses Geschäfts sind.

Sobald Sie diese Prozedur erledigt haben, können Sie Ihr Profil selbst pflegen. Sie können auf Beiträge antworten und mit Ihren Rezensenten in Dialog treten, interessant ist aber auch die Statistik. Sie sehen genau, wie viele Besucher wann Ihre Seite gesehen haben. Angezeigt wird auch, über welche Kanäle Kontakt aufgenommen wurde, ob also Interessenten über die Seite bei Ihnen angerufen haben oder auf Ihre eigene Webseite geklickt haben. Zudem ist es möglich zu analysieren, wie viele der Seitenbesucher über mobile Geräte wie Smartphones kamen. In Zukunft ist davon auszugehen, dass dieser Anteil erheblich steigen wird, da Brancheneinträge verstärkt in Navigationssysteme integriert werden.

Der wichtigste Grund, sich intensiver mit Yelp auseinanderzusetzen, ist dessen Integration in den Kartendienst von Apple. Wer sein iPhone als Navigationssystem nutzt, erhält bequem Informationen zu Restaurants in der nächsten Umgebung. Die Brancheninformation bezieht Apple dabei von Yelp. Wer sich nun die Unternehmensdarstellung im Apple-Kartendienst näher anschaut, staunt über die ansprechende Gestaltung. Die von Yelp übernommenen Fotos werden animiert dargestellt, sodass es fast wie ein kleiner Unternehmensfilm aussieht. Die Telefonnummer kann durch einfaches Antippen angewählt werden. Wer nach unten scrollt, bekommt alle Bewertungen und Kommentare angezeigt.

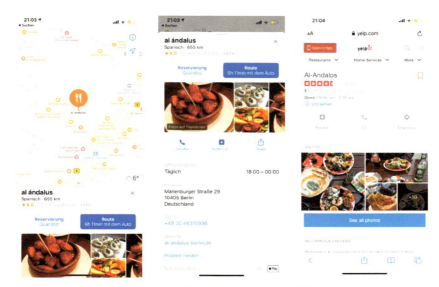

Abb. 3.139: Ein Eintrag, drei Darstellungen: links die Karte des Apple iPhone, Mitte: Geschäftsseite der Apple-Karte, rechts: original Yelp-Geschäftseintrag

Yelp selbst hat in seiner Smartphone-Darstellung des Geschäftseintrags noch eine weitere Funktion: das Check-in. Damit können angemeldete Nutzer ihren Freunden anzeigen, wo sie sich gerade befinden. Auch kann natürlich bequem ein Beitrag geschrieben, das Geschäft oder ein Foto hochgeladen werden.

Foursquare

Der letzte der aus meiner Sicht wichtigsten internationalen regionalen Dienste ist Foursquare. Dies war ursprünglich ein Dienst, mit dem man seinen Freunden mitteilen kann, wo man sich gerade befindet. Dazu gab es einen »Check In«-Knopf, um zu zeigen, dass man an einem bestimmten Ort war. Das Einchecken wurde mit persönlichen Auszeichnungen (Badges) belohnt. Die Person, die am häufigsten an einem Ort eincheckte, wurde zum »Bürgermeister« dieses Orts ernannt. Manche Geschäfte vergaben Boni (Freibier, Gratiskaffee), wenn jemand eincheckte.

Die Vergangenheitsform des Geschriebenen beruht darauf, dass das 2009 gestartete Foursquare 2014 seine Kernfunktion »Check In« abschaltete und an die neue App »Swarm« übertrug. Foursquare ist nunmehr ähnlich wie Yelp ein Empfehlungsportal für lokale Unternehmen. Durch die Fülle der bereits aggregierten Bewertungsdaten liegt die Qualität der Empfehlungen jedoch oft über der des Portals Yelp.

Abb. 3.140: Branchensuche beim Empfehlungsportal Foursquare

In der Mobilversion gibt es eine Reihe interessanter Vorschlagsoptionen und die Vielfalt ist größer als bei Yelp. Dafür scheint der Algorithmus von Foursquare stärker von der Besucherfrequenz gesteuert zu sein als von qualitativen Bewertungen. Yelp kann durchaus interessante Abendessensvorschläge für den kleinen Ort Waghäusel vorweisen, in dem ich lebe. Foursquare dagegen schlägt auf Platz eins und drei einen Burger King und als vierten Vorschlag die Autobahnraststätte Bruchsal vor, die nun wirklich keine gute Empfehlung ist.

Nur die wenigsten Unternehmen, die im alten Foursquare als Orte markiert waren, wurden nach der Abspaltung von Swarm übernommen. Wenn Sie Ihr Unternehmen finden, drücken Sie auf den Button »Jetzt in Besitz nehmen«, um Ihren Geschäftseintrag zu verwalten. Wenn Sie Ihr Geschäft nicht finden, benötigen Sie die App Swarm, um dieses neu anzulegen. In Swarm suchen Sie nach dem Namen Ihres Geschäfts und drücken, da dieser nicht gefunden wird, auf den Button »Diesen Ort hinzufügen«. Anschließend wählen Sie die Kategorien, unter denen Sie erscheinen möchten und ergänzen Adressdaten, Telefonnummer und Ihren Twitternamen. Der neue Ort erscheint dann automatisch auch bei Foursquare.

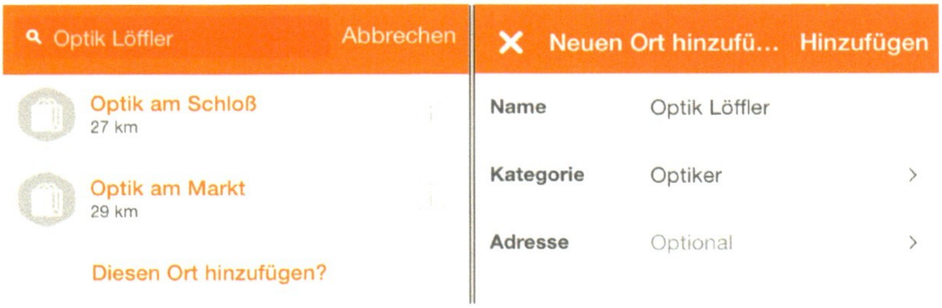

Abb. 3.141: Hinzufügen eines neuen Orts bei Foursquare funktioniert über die App Swarm

Auf Deutschland fokussierte Branchenverzeichnisse

Neben den vier großen internationalen Regionalportalen gibt es noch die Gruppe der nationalen Branchenverzeichnisse, die inzwischen alle auch über mehr oder weniger gute Webseiten und Smartphone-Apps verfügen. In der Reihenfolge abnehmender Besucherzahl sind dies:

- Dasoertliche.de
- MeineStadt.de
- GelbeSeiten.de
- 11880.de
- goYellow.de
- goLocal.de
- Kennst-Du-Einen.de
- Unternehmensverzeichnis.org

Bei all diesen Diensten können Sie sich anmelden und Fotos, Logos sowie Informationen hochladen. Meine Empfehlung: Setzen Sie sich, wenn das Wetter schlecht ist oder Sie nicht schlafen können, an den Rechner und entledigen sich dieser Pflichtaufgabe in einem Schwung. Man weiß nie, wo ein potenzieller Kunde eventuell sucht, und so ein Brancheneintrag kann nicht schaden. Allein die Tatsache, dass ein Unternehmen professionell bei den wichtigsten Branchenverzeichnissen präsent ist, ist bereits ein Qualitätskriterium.

Bei MeineStadt.de geht die Registrierung recht einfach. Die meisten Daten sind bereits vorhanden, weil sie von einem großen Datenbankanbieter gekauft wurden. Sie ergänzen nur noch Fotos und was sonst noch fehlt. In diesem Zusammenhang werden Sie auch gefragt, ob Sie der Inhaber des Geschäfts sind. Nach all den nutzeroptimierten US-Portalen werden Sie über die etwas holprige Usability stolpern. Nur mit Tricks gelangen Sie immer wieder auf Ihre Firmenseite zurück. Es dauert zudem ein paar Tage, bis Ihre Änderungen öffentlich sichtbar sind.

Auch bei den Gelben Seiten ist es mittlerweile sehr einfach, ein neues Firmenprofil anzulegen oder ein bestehendes zu »claimen«. Ähnlich bequem ist die Verlinkung zum Eintrag auf den Bewertungsportalen goLocal.de sowie 11880.de. Generell sind die meisten Lokalverzeichnisse sehr ähnlich aufgebaut und das Eintragen der eigenen Firma ist in den meisten Fällen mit wenig Aufwand verbunden. Nehmen Sie sich an einem ruhigen Abend mal die Zeit und klappern die wichtigsten Portale ab.

Wenn Sie all diese Einträge erledigt haben, scheint womöglich draußen wieder die Sonne und Sie haben das gute Gefühl, etwas für die Reputation Ihres Unternehmens getan zu haben. Über kurz oder lang spiegelt sich dies auch in Ihrem Suchmaschinen-Ranking wider, sobald jemand einen lokalen Anbieter recherchiert.

3.4.2.2   Wie Sie mit Gutscheinen Laufkundschaft herbeizaubern

Vor einigen Jahren war Couponing ein großes Thema: Menschen holen sich im Internet einen Gutschein, um damit im Ladengeschäft einen Rabatt zu erhalten. Stationäre Händler gewinnen damit neue Kunden, die hoffentlich wiederkommen. Vorreiter ist das 2008 gegründete Portal Groupon, das bei seinem Börsengang 2011 mit 13 Milliarden US-$ bewertet wurde. Groupon wurde 2010 durch die Übernahme von MyCityDeal auch in Deutschland Marktführer und ist inzwischen in mehr als 40 Städten und Regionen aktiv. Weitere Gutscheinportale mit regionalen Angeboten sind Gutschein.de, Sparwelt.de oder auch mydealz.de.

Abb. 3.142: Lokale Angebote zu Dienstleistungen in Berlin auf dem Gutscheinportal groupon.de

Da sich immer mehr Menschen im Internet zu neuen Dingen inspirieren lassen, können auf diesem Weg durchaus interessante Neukontakte entstehen. Andererseits besteht auch die Gefahr, dass Sie einen ausschließlichen Schnäppchenjäger aufsammeln, den Sie als lokaler Anbieter nach der Aktion nie wieder sehen.

Um Interessenten von der eigenen Website in den Laden zu holen, bieten sich zwei Verfahren an: Mobile Coupons und Click and Collect. Mobile Coupons werden direkt auf das Smartphone übertragen und sind dann immer mit dabei, wenn jemand Einkaufen geht. Das wohl bekannteste System ist Payback. Weitere Anbieter solcher Systeme sind z. B. vouchercloud, COUPIES und scondoo.

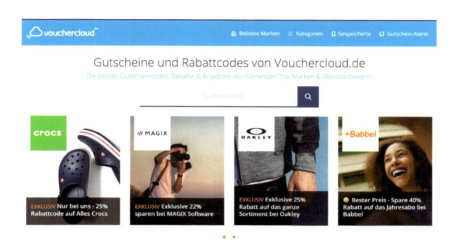

Abb. 3.143: Coupons bequem auf dem Smartphone sammeln auf der Website von vouchercloud

3.4.2.3   Wie Sie in Trefferlisten immer oben stehen

All die beschriebenen Systeme haben eines gemeinsam: Sie offerieren Kunden, die sich erlebnishungrig im öffentlichen Raum bewegen, eine Vorschlagsliste. Die gleiche Situation gab es zu Anfang des Jahrtausends, als die ersten Suchmaschinen aufkamen: Kunden strebten nach einer guten Trefferliste und Unternehmen wollten möglichst weit oben stehen. So entstand das Geschäftsfeld Suchmaschinen-Optimierung. Auch hier gibt es eine Dinge, welche Sie beachten sollten, um bei der lokalen Suche bestmöglich gerankt zu werden:

- Platzieren Sie den Unternehmensnamen, die Adresse und Telefonnummer im Footer der wichtigsten (Unter-)Seiten.
- Stellen Sie im Title und der Meta Description einen lokalen Bezug her: »Friseur in Philippsburg« oder »Fliesenleger in Karlsruhe«.
- Schauen Sie bei der Keyword-Analyse vor allem auf regionale Trends. Wenn Sie Handwerker sind, analysieren Sie, welche Suchworte in Ihrer Region am wichtigsten sind.
- Sammeln Sie Backlinks von lokalen Partnern oder Webseiten – auch das kann helfen, Sie auf der Trefferliste nach oben zu bringen.
- Alle Daten Ihrer Profile (Social Media, lokale Verzeichnisse, Google MyBusiness oder Branchenbucheinträge) sollten konsistent sein und auf Ihre Webseite verlinken.

Bewertungen zeigen, wer beliebt ist und wer nicht
Einfache Systeme wie das Branchenverzeichnis 11880 sortieren Anbieter nach zwei Kriterien: Entfernung oder Bewertung. Aber auch bei Systemen mit komplexen Al-

gorithmen wie Google oder Yelp spielen Bewertungen eine zentrale Rolle. Warum auch nicht? Was vielen Menschen gefällt, kann nicht ganz schlecht sein. Bewertungen im regionalen Marketing sind somit das, was beim klassischen Suchmaschinen-Marketing die Backlinks sind (siehe Kapitel 3.2.1): eine valide Messgröße, deren Bedeutung auch in Zukunft bleiben wird. Genau wie bei den Backlinks geht es auch bei den Bewertungen nicht nur um Masse, sondern um die Qualität der einzelnen Bewertungen.

Für Sie als Unternehmen bedeutet das: Unterlassen Sie alle Maßnahmen, um viele künstliche Bewertungen zu generieren. Bewertungen dürfen keinesfalls incentiviert oder erkauft sein, sonst ist die Freude von kurzer Dauer, da dieser Betrug über kurz oder lang auffliegt. Bitten Sie stattdessen alle Ihre Kunden, Ihnen auf den entsprechenden Portalen Feedback zu geben. Ich kenne Unternehmen, die an der Theke Postkarten liegen haben, auf denen erläutert ist, wie man sich bei den Bewertungsportalen anmeldet und wie man dort Rezensionen verfassen kann. Auf der Postkarte sind häufig QR-Codes zu den wichtigsten Bewertungsportalen enthalten.

Abb. 3.144: QR-Codes mit direktem Link zum eigenen Geschäftseintrag bei Google MyBusiness (links) und Yelp (rechts) (Quelle: qrcode-monkey.de)

Wichtig ist es, dem eigenen Kunden das Bewerten so leicht wie nur möglich zu machen. Heutzutage brauchen Nutzer auch keine Apps von Drittanbietern mehr, um QR-Codes einscannen zu können. Das geht bei den meisten Smartphones ganz unkompliziert über die Kamera App. Um einen eigenen QR-Code zu entwerfen, kopieren Sie die Internetadresse (URL) Ihres Geschäftseintrags in einen QR-Code-Generator – wie etwa qrcode-generator.de – und drucken diesen dann beispielsweise auf eine Postkarte.

Das massenhafte Sammeln von Bewertungen allein ist allerdings kein Garant für ein gutes Ranking. Jemand, der außer Ihrem Unternehmen noch keine anderen Firmen bewertet hat, ist wenig glaubwürdig. Er gleicht einem Restaurantkritiker, der nur in einem einzigen Restaurant gegessen hat. Aus Sicht der Portale sieht es aus, als ob der Geschäftsinhaber seine Freunde gebeten habe, ihn doch einmal zu bewerten. Sie sollten somit versuchen, nach Möglichkeit Rezensenten anzusprechen, die auf dem Portal bereits über eine hohe Reputation verfügen. In der Praxis funktioniert das, indem Sie innerhalb des Bewertungsportals Werbung schalten, um die regelmäßigen Nutzer des Portals dazu zu bewegen, auch Ihr Geschäft zu besuchen. Wenn alles klappt, werden diese begeistert sein und Ihnen eine Rezension schreiben. Ebenso können Sie Ihre begeisterten Kunden dazu ermuntern, auf Bewertungsportalen auch andere Geschäfte zu bewerten und sich damit eine eigene Reputation aufzubauen.

Es sei an dieser Stelle noch einmal ausdrücklich betont, dass Sie mehr Energie in die Verbesserung Ihrer Produkte stecken sollten, als in die Bemühungen, positive Bewertungen zu erhalten. Nur authentische Bewertungen sind nachhaltig. Schon jetzt gibt es linguistische Analysen, mit denen versucht wird, echte Bewertungen von Gefälligkeitsbewertungen zu unterscheiden. Bei der Übernahme von Qype durch Yelp wurden unzählige Bewertungen gelöscht, weil sie den Anforderungen des Yelp-Algorithmus nicht entsprachen. Auch hier gibt es Analogien zu den Backlinks im Suchmaschinen-Marketing: Google hat inzwischen große Erfahrungen darin, ein »natürliches« Linkprofil zu erkennen und zu belohnen.

> **TIPP**
>
> Ein Tipp zum Schluss: Versuchen Sie im Geschäft, mit Ihren Kunden auch zum Thema Internet und Smartphone ins Gespräch zu kommen. Outet sich einer Ihrer Kunden als begeisterter Nutzer von Shopping- und Bewertungsapps, so laden Sie ihn zumindest einmal auf eine Tasse Kaffee ein und tauschen Sie sich darüber aus, was Sie noch besser machen könnten. Trotz aller guten Methoden der Online-Werbeerfolgskontrolle: Nichts ist besser als das direkte, persönliche Gespräch mit Kunden.

Sollte es bei Ihnen zu negativen Bewertungen kommen, nehmen Sie diese ernst. Oft stammen diese von Menschen, die sich im direkten Kontakt benachteiligt oder nicht ernst genommen fühlten. Daher sollten Sie sie jetzt ernst nehmen und folgende Punkte beachten:

- Ruhe bewahren und tief durchatmen.
- Zügig und zeitnah, aber nicht hektisch reagieren.
- Versetzen Sie sich in die Sichtweise des Kunden.
- Bedanken Sie sich für das Feedback.
- Bleiben Sie in jedem Fall professionell und respektvoll.
- Bemühen Sie sich um den Kunden und sein Problem.
- Zeigen Sie sich ehrlich und verständnisvoll.
- Geben Sie gegebenenfalls Fehler zu und
- erklären Sie, wie Sie den Fehler künftig vermeiden wollen.

Je größer die Präsenz, desto wichtiger

Neben Anzahl und Qualität der Bewertungen gibt es einen weiteren Faktor, der in den Ranking-Algorithmen eine Rolle spielt: Wie oft taucht die Adresse Ihres Unternehmens online auf? Dazu durchsucht Google diverse Branchenverzeichnisse und

Bewertungsportale und je häufiger Sie mit identischem Namen, Adresse und Telefonnummer zu finden sind, desto wichtiger sind Sie im Verständnis der Suchmaschine. Allein das ist schon ein Grund, die in den vorausgegangenen Seiten erläuterten Prozeduren auf sich zu nehmen, um in allen wichtigen Portalen Präsenz zu zeigen. Interessant werden hier auch branchenspezifische Verzeichnisse wie Anwalt.de, Jameda.de oder Marketing-Boerse.de. Auch das Portal Ihrer Stadtverwaltung kann eine Rolle spielen. Ihr Auftauchen in Verzeichnissen regionaler Organisationen wie der IHK belegen ebenfalls, dass Sie bedeutsam sind. Achten Sie darauf, dass Sie eine einheitliche Schreibweise Ihres Firmennamens sowie Ihrer Adresse und Telefonnummer gewährleisten, damit Ihr Unternehmen von automatisierten Systemen richtig zugeordnet werden kann.

3.4.3   Handyortung – das Pendant zum Online-Tracking

Auf Webseiten kann gemessen werden, welche Besucher wie lange bleiben und was sie sich anschauen. Solange diese Messung anonym geschieht, ist dies datenschutzrechtlich unbedenklich. Für Anbieter ist das ein großer Vorteil, denn sie können genau nachvollziehen, welche Angebote im Web auf das größte Interesse stoßen.

Seit einiger Zeit gibt es diese Technik auch für stationäre Geschäfte. Immer mehr Menschen haben ein Smartphone, das geortet werden kann. Das Prinzip ist einfach: Smartphones senden kontinuierlich Signale, weil sie auf der Suche nach dem nächstgelegenen Drahtlos-Netzwerk (WLAN) sind. Ist Bluetooth eingeschaltet, so wird auch hier ein Signal gesendet. Beide Signale können genutzt werden, um nachzuvollziehen, wie viele Besucher in ein Geschäft gehen und wo genau sie sich wie lange aufhalten. So kann ein Anbieter herausfinden, welche Angebote in einem Laden besonders gefragt sind. Solange diese Auswertung anonym verläuft, ist datenschutzrechtlich nach derzeitiger Rechtsprechung nichts dagegen einzuwenden. Problematisch daran ist jedoch, dass die Handys eine Kennung senden, die spezifisch für dieses Handy ist, sodass mit dieser Technik auch eine nutzerspezifische Identifikation möglich wäre. So etwas erfolgt im Web beispielsweise mit Cookies, deren Verwendung zustimmungspflichtig ist.

Die WLAN-Ortung kann auch eingesetzt werden, um Kunden gezielt Informationen auf ihr Smartphone zu liefern. In Museen ist es beispielsweise möglich, dem Besucher beim Durchlaufen an jedem Exponat jeweils spezifische Informationen direkt auf das Smartphone zu spielen. Als weltweit erstes Museum setzte das Museum Industriekultur in Nürnberg ein Führungssystem ein, welches neben der Navigationsfunktion mithilfe von WLAN-basierter Ortung lokalisierte Angebote bereitstellt. Das mobile Multimedia-Führungssystem bietet vertiefendes Hintergrundwissen an – abgestimmt auf den jeweiligen Standort des Besuchers. Das Gerät erkennt, wo sich der Besucher gerade aufhält, und zeigt ihm den aktuellen Standort sowie umliegende Ausstellungsstücke mit Zusatzinformationen an.

Eine andere Herangehensweise hatte die Firma Maggi: In mehreren real-Märkten wurde mithilfe von Kaufdaten aus der Payback-App und dem Einsatz von digitalen Displays mit eingebauten Beacons personalisiert Werbung im Supermarkt ausgespielt. Personen, die laut App noch nie oder länger schon kein Maggi-Produkt mehr gekauft haben, erhielten Werbung für Produkte der Marke auf den digitalen Displays. Laut eigenen Aussagen konnte Maggi somit in neun Supermärkten insgesamt 24.000 neue Kunden gewinnen.

Damit eine genaue Ortung möglich wird, müssen in den Räumlichkeiten überall WLAN-Sender installiert werden. Alternativ funktioniert statt der WLAN-Funktechnik auch Bluetooth. Dies nutzt auch der von Apple 2010 eingeführte proprietäre Standard iBeacon, der basierend auf dem akkusparenden Bluetooth Low Energy (BLE) die Navigation in geschlossenen Räumen erlaubt.

Payback bietet mit PAYBACK GO einen Service, der basierend auf dem Standort direkt die Coupons des jeweiligen Partners anzeigt. Somit muss nicht lange in der App gesucht werden: Die Aktionen, welche in der Umgebung des Users am relevantesten sind, erscheinen automatisch.

So funktioniert's

Schritt 1: Klicken Sie auf der Startseite der PAYBACK App oben auf „GO Partner erkunden" und wählen Sie im folgenden Menü das dm-Logo

Schritt 2: Sie checken automatisch bei dm ein und die PAYBACK App passt ihre Inhalte entsprechend an dm an

Schritt 3: Erhalten Sie interessante Neuigkeiten, aktuelle Aktionen, Coupons und Services von dm auf einen Blick

Abb. 3.145: Funktionsweise von PAYBACK GO (Quelle: https://www.dm.de/services/kundenprogramme-services/payback/payback-go-635500)

Auch die Lufthansa nutzt Beacons am Flughafen Frankfurt. Die kleinen Bluetooth-Sender sollen dafür sorgen, dass der Nutzer der iOS-App standortrelevante Informationen erhält. Auf dem iPhone erscheinen beispielsweise Hinweise zur nächsten Lufthansa-Lounge, zum Kundencenter oder zur voraussichtlichen Wartezeit bei den Sicherheitskontrollen. Auch am Hamburger Flughafen sind alle Läden mit Beacons ausgerüstet.

Abb. 3.146: Die Lufthansa-App zeigt beim Betreten des Frankfurter Flughafens automatisch wichtige Hinweise zum Standort an

Die Brauerei Carlsberg geht mit der Technik noch einen Schritt weiter. In 250 ausgesuchten dänischen Bars und Bierstuben werden mit NFC-Chip versehene Bierdeckel ausgegeben, zudem sind in den Lokalen Beacons installiert. Berührt das Smartphone eines Besuchers einen der Bierdeckel, erscheint eine Aufforderung zum Download der App. Damit erhält der Gast über Beacon spezielle Angebote der Kneipe, in der er gerade sitzt.

In Zukunft werden uns sicher noch weitere, innovative Ideen mit diesen neuen Technologien begegnen und sich damit weitere Geschäftsfelder und Marketingchancen öffnen.

4 Wie arbeiten Sie mit einer Online-Marketing-Agentur zusammen?

4.1 Wann ist eine Agentur sinnvoll?

Grundsätzlich gilt im Online-Marketing: Sie können alles auch selbst machen, aber besser ist es, eine Agentur einzuschalten. »Selbermachen« heißt, dass Sie HTML lernen, wunderbare Open-Source-Programme gratis nutzen und unzählige Foren finden können, auf denen Sie wirklich gute Tipps bekommen. Aber Sie haben trotzdem ein Problem: Die anderen sind Ihnen immer eine Nasenlänge voraus.

Eine gute Webagentur macht den ganzen Tag nichts anderes, als sich mit Web-Applikationen zu beschäftigen. Sie dagegen müssen das neben Ihrem Alltagsgeschäft tun.

In der Vergangenheit gab es leider einige klassische Werbeagenturen, die etwas HTML gelernt und dann ihren Kunden schlecht gemachte Homepages für teures Geld verkauft haben. Wer heute noch mit solch einer Agentur zusammenarbeitet, muss für jede kleine Textänderung gleich einen Auftrag schreiben und eine Rechnung begleichen. Das ist natürlich nicht empfehlenswert.

Wenn Sie kleine Textänderungen benötigen, richtet Ihnen eine seriöse Agentur Templates für ein Content-Management-System ein, welche mit einigen Handgriffen selbst bearbeitet werden können (siehe Kapitel 3.1.3.1 Content). Da gibt es keine laufenden Kosten und wenn Sie wollen, können Sie alle Texte selbst schreiben, indem Sie sich einloggen und ohne HTML-Kenntnis einfach schreiben. So stimmt zumindest die Grafik, auch wenn die Texte vielleicht noch nicht perfekt sind. Aber möglicherweise kennen Sie ja einen guten Texter – der nicht unbedingt aus der Agentur sein muss, deren Kernkompetenz die Webentwicklung ist.

»Ein bisschen Suchmaschinen-Optimierung« können alle. Wenn Sie aber knallhart Produkte online verkaufen wollen, brauchen Sie mehr. Eine darauf spezialisierte Performance-Marketing-Agentur kann zielgerichtet Leadgenerierung betreiben und weiß, wann SEO und wann SEM besser sind (siehe Kapitel 3.2.1 Suchmaschinen-Marketing). Außerdem erhalten Sie Tipps, ob nicht auch noch Affiliate-Marketing Sinn macht. Vielleicht kommt bei der von Ihnen anvisierten Zielgruppe auch eine Standalone-Mail an angemietete Adressen in Betracht (siehe Abschnitt Werbemails an Fremdadressen in Kapitel 3.2.3.2.2)?

Für solche Fragen brauchen Sie Spezialisten, die den ganzen Tag nichts anderes tun. Ihre Design-Agentur ist damit überfordert. Auch eine durchschnittliche Online-Agentur kann da schnell viel Geld »verbrennen« und erzählt Ihnen hinterher, warum das ja alles nicht gut gehen konnte.

Abb. 4.1: Suchmaschinen-Agenturen im BVDW müssen eine Reihe von Qualitätskriterien erfüllen

Zum Thema E-Mail gibt es auch ganz spezielle Erfahrungen, sowohl zur Versandtechnik wie auch zur Adressgenerierung und Gestaltung von Newslettern und E-Mailings. Nutzen Sie Expertenwissen. Üblicherweise wird der Versand eines Newsletters von darauf spezialisierten Technik-Dienstleistern – den E-Mail-Marketing-Serviceprovidern – durchgeführt. Auch sollten Sie darauf achten, dass der Versand nur von zertifizierten Servern aus läuft. Hier ist eine Liste: https://www.marketing-boerse.de/Marktuebersicht/details/Newsletter-Software-1/9032

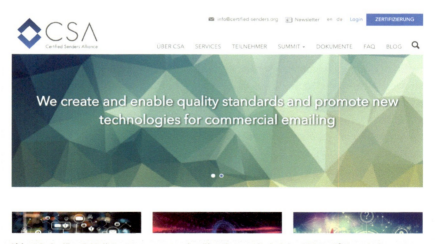

Abb. 4.2: Seriöse E-Mail-Agenturen versenden über Server, die bei der CSA zertifiziert sind

Schwarze Schafe bei Suchmaschinen-Agenturen

Zunächst eines: Auch wenn Sie dieses und andere Bücher sowie alle Foreneinträge zu Suchmaschinen-Marketing lesen – einen Dienstleister kann das nicht ersetzen. Professionelle Suchmaschinen-Optimierer haben Erfahrung damit, mit welchen Webseiten Sie sich verlinken sollten und welches Schwarze Schafe sind. Sie kennen die gefürchteten Updates des Google-Index und wissen, wie darauf zu reagieren ist. Und sie haben die Zeit, sich mit all den Änderungen zu beschäftigen, die dieses Geschäft mit sich bringt.

Um es deutlicher zu sagen: Google mag es nicht, dass sich Ihre Webseite vordrängeln will. Wer das trotzdem tut, sollte es professionell machen, weil Google permanent bestrebt ist, Drängler wieder zurückzudrängen. Die wichtigste Anforderung an einen Dienstleister lautet daher: Er sollte sich den ganzen Tag mit nichts anderem beschäftigen als mit Suchmaschinen-Optimierung. Wenn Ihr Suchmaschinenoptimierer den neuesten Eintrag im Matt Cutts (Entwickler bei Google) Weblog (https://www.mattcutts.com/blog/) nicht kennt, suchen Sie sich einen anderen.

Ein weiteres Kriterium bei der Dienstleistersuche sind Verbandsmitgliedschaften. Es gibt zwar keine wirklichen Gütesiegel der Verbände, aber doch eine gewisse Sicherheit: Kein Verband will Mitglieder, die unlautere Methoden anwenden. Die Verbandsmitgliedschaft reduziert die Wahrscheinlichkeit, dass Sie an einen Suchmaschinen-Optimierer geraten, der unseriöse Optimierungsmethoden einsetzt. Hier sind einige Indikatoren: https://seo-scout.org/nachschlag/woran-erkennt-man-einen-schlechten-seo.html.

4.2   Wie gehen Sie bei der Agenturauswahl vor?

Je nachdem, was Sie vorhaben, sollten Sie vor Beginn eines Projekts zunächst einmal möglichst präzise Ihre Anforderungen festlegen. Schreiben Sie konkret und detailliert auf, was Ihre Anforderungen sind und wie Sie sich das Ergebnis vorstellen. Aber bitte seien Sie nicht zu unflexibel. Agenturen verdienen ein Heidengeld damit, dass Kunden unbedingt »auf Teufel komm raus« ihre Anforderungen zu 100 Prozent erfüllt haben wollen. Deswegen gehen Sie im nächsten Schritt zu Vorgesprächen mit einigen Spezialanbietern und präzisieren Sie Ihre Anforderungen – oder schrauben Sie sie auch einmal zurück. Behalten Sie auch im Hinterkopf, dass Agenturen Experten auf ihrem Gebiet sind und es sich durchaus lohnen kann, auf ihre Vorschläge einzugehen.

Für folgende Bereiche sollten Sie zu Spezialagenturen gehen:
- Grafisches Design der Homepage: Designagentur oder auch Online-Agentur
- Usability-Konzept der Homepage: Online-Agentur
- Aufsetzen eines Content-Management-Systems: Online-Agentur
- E-Mail-Response-Management: Spezialanbieter
- Produktkonfigurator: Spezialanbieter
- Suchmaschinen-Marketing: Suchmaschinen-Agentur, Performance-Marketing-Agentur

- Leadgenerierung, Verkauf: Performance-Marketing-Agentur
- Banneranzeigen: Mediaagentur
- E-Mail-Marketing: E-Mail-Marketing-Serviceprovider
- Online-PR: PR-Agentur
- Social Media: Social-Media-Agentur, PR-Agentur

Mit diesen Spezialagenturen gemeinsam entwickeln Sie dann die Details für die Ausschreibungsunterlagen. Die Ausschreibung platzieren Sie auf Fachportalen wie zum Beispiel der marketing-BÖRSE. Sie können auch in Frage kommende Agenturen direkt ansprechen. Informieren Sie sich über Verzeichnisse, Marktübersichten, Suchmaschinen, Bekannte und Fachartikel, welche Anbieter es gibt und welche davon in Frage kommen. Auf der marketing-BÖRSE finden Sie zu allen Bereichen komplette Listen aller wichtigen Spezialanbieter.

Präzisieren Sie dann Ihre Anforderungen, Erwartungen und Rahmenbedingungen schriftlich in verständliche, strukturierte Form und holen Sie schriftliche Angebote ein. Vergleichen Sie Referenzen, Auszeichnungen und Projekte. Lassen Sie sich Informationsmaterial zusenden. Fragen Sie im Unternehmen, ob es bereits Kontakte zu Mitarbeitern der Agentur gab.

4.3   Wie können Sie die Agentur briefen und steuern?

Machen Sie sich aufgrund der vorliegenden Informationen und eventueller persönlicher Gespräche ein Bild über Charakter, Eigenarten und die Unternehmenskultur der Agentur: flippig oder konservativ, technisch oder kreativ, chaotisch oder geordnet, wild oder angepasst, Spezialisten oder Generalisten?

Bewerten Sie anhand eines Punktesystems, wie wichtig Ihnen folgende Eigenschaften sind und auf welche Agenturen diese zutreffen. Bitte kreuzen Sie für jede in Frage kommende Agentur an, ob und welche Eigenschaften auf diese zutreffen:

Checkliste für die Agentursuche			
verbindlich	☐	kreativ	☐
perfekt	☐	kostenbewusst	☐
initiativ	☐	pünktlich	☐
professionell geführt	☐	schnell reagierend	☐
strategisch denkend	☐	kennt unseren Markt	☐

Checkliste für die Agentursuche			
immer erreichbar	☐	preisgünstig	☐
in der Nähe	☐	Chefbetreuung	☐
Kreativpreise	☐	international	☐
Umsatzgröße	☐	flexibel	☐
lösungsorientiert	☐	sympathisch	☐
kompetent	☐	stilvoll	☐
seriös	☐	zuverlässig	☐
alteingesessen	☐		

Wenn es zu einem Pitch, einem Vorstellungsgespräch kommt, achten Sie auf Informationsgleichheit und darauf, dass die Aufgabe gleichlautend schriftlich an mindestens drei Agenturen geht. Vereinbaren Sie ein Pitch-Honorar in gleicher Höhe für alle. Achten Sie darauf, dass beim Pitch alle Ihre Entscheider anwesend sind.

Beschreiben Sie beim Briefing, also bei den genauen Anweisungen, die Anforderung, Anwendungsbereiche sowie den von Ihnen erwarteten Nutzen. Liefern Sie alle verfügbaren Informationen über Ihr Unternehmen und die bereits erfolgten Agenturarbeiten. Beschreiben Sie Ihr Unternehmen, Ihre Produkte, Ihren Markt, Ihre Zielgruppe, Ihre Mitbewerber und Ihre Marketing- und Kommunikationsziele.

Schaffen Sie bei einem zweiten Treffen eine offene Gesprächsatmosphäre und stellen Sie sicher, dass alle Fragen der Agentur gestellt und beantwortet werden. Legen Sie gemeinsam Milestones, zu erreichende Zwischenziele, fest. Fertigen Sie ein Protokoll an, das Sie sich bestätigen lassen. Vereinbaren Sie eventuell regelmäßige Folgetreffen.

5 Wie können Sie den Erfolg von Online-Marketing überprüfen?

5.1 Wie können Sie einzelne Maßnahmen controllen?

Eine der großen Stärken des Online-Marketing sind die Möglichkeiten der präzisen Erfolgskontrolle. Logfiles, Zählpixel und Cookies erlauben eine präzise Auswertung vieler Online-Aktivitäten. Diese Daten werden im Normalfall nicht personengebunden, sondern anonymisiert gemessen, sodass keine datenschutzrechtlichen Aspekte zum Tragen kommen.

Will man die Abbildung der Unternehmensziele auf den Teilbereich der Internet-Aktivitäten erzielen, muss dagegen noch weit mehr ausgewertet werden. Wichtig ist es auch Bezahl- und Bonitätssysteme, externe Datenbanken und Warenwirtschaftssysteme einzubinden. Web-Controlling endet nicht mit den Standardmetriken PageViews, Visits und Visitors. Weit mehr Kennwerte können quantifiziert werden. Key-Performance-Indicators (KPI) liefern aussagekräftige Erfolgsfaktoren.

Zwar liefern auch die proprietären Systeme, beispielsweise von Google Ads, eigene Auswertungen. Ebenso gibt es Zahlen aus dem Affiliate-Programm. Dann haben Sie vielleicht noch Zahlen aus Ihrer E-Mail-Marketing-Software. Trotzdem ist es besser, alle diese Zahlen zusammenzuführen. Für eine ganzheitliche Auswertung ist es ratsam, alle Kennzahlen zentral in einem System zu aggregieren. Ein Web-Analytics-Projekt steht und fällt mit der Konzeption der Online-Aktivitäten. Unterschiedliche, in die Webseite zu integrierende HTML-Elemente wie Tracking Pixel und Landmarks liefern die Messwerte, die dann zentral in einem System ausgewertet werden.

Durch den Einsatz von Web Analytics kann zum einen das Besucherverhalten der Webseite, des Blogs oder Online-Shops ausgewertet werden. Dabei werden Kennzahlen wie die Anzahl der Besucher, die Verweildauer oder die Anzahl der Einkäufe im Online-Shop erfasst. Darüber hinaus kann betrachtet werden, welche Kanäle den meisten Traffic auf die Webseite bringen und wie groß die Sichtbarkeit des Unternehmens in Suchmaschinen wie Google ist. Zum anderen kann der eigene Social-Media-Auftritt analysiert werden, um herauszufinden, welche Inhalte besonders gut bei den Followern ankommen und über welche Themen in Bezug auf das Unternehmen auf Social-Media-Plattformen diskutiert wird. Auch der Erfolg der durchgeführten Online-Marketing-Maßnahmen kann durch Web Analytics quantifiziert und bewertet werden.

Bei den Daten, welche zur Analyse der Webseite verwendet werden können, kann zwischen Server- und clientbasierten Daten unterschieden werden. Während die serverbasierte Datenauswertung auf Informationen aus den Logdateien im Webserver-protokoll basiert, bezieht sich die clientbasierte Datenauswertung auf Informationen, welche anhand von Trackingpixeln oder Tags im Quellcode der Webseite generiert werden.

Zur Analyse der Webseitendaten gibt es verschiedenste Tools auf dem Markt. Das am häufigsten genutzte Tool ist Google Analytics. Obwohl es keine genauen Daten gibt, wird angenommen, dass das Webanalysetool einen Marktanteil von 80 Prozent besitzt.

Ein großer Vorteil von Google Analytics ist, dass dieses zum einen kostenlos nutzbar ist und das Einbauen von Trackingcodes durch den Google Tag Manager deutlich vereinfacht wird. Nach dem einmaligen Einbauen des Tag Manager-Codes im Quelltext der Webseite können alle weiteren Trackingcodes direkt über das User Interface des Tag Managers implementiert werden. Somit bleiben Unternehmen mit wenig IT-Expertise oder Programmierkenntnissen flexibel und können Änderungen selbst vornehmen, ohne auf einen externen Dienstleister angewiesen zu sein. Der Tag Manager unterstützt zusätzlich die Integration einer Vielzahl verschiedener Tracking- und Marketing-Tools.

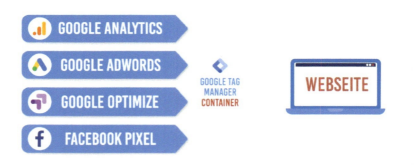

Abb. 5.1: Trafficanalyse bei einer Eventanmeldung

Ein üblicher Web-Analytics-Stack kann dabei wie folgt aussehen: Google Analytics kann dazu verwendet werden, das Besucherverhalten auf der Webseite nachvollziehen zu können. Zusätzlich wird Google Ads verwendet, um den Erfolg von bezahlten Werbekampagnen über das Google-Netzwerk zu messen. Google Optimize dient dazu, A/B-Tests auf der Webseite durchzuführen, um herauszufinden, wie die User Experience der Webseite optimiert werden kann. Letztlich kann der Erfolg von Werbekampagnen auf Facebook und Instagram mithilfe des Facebook-Pixels gemessen werden. Andere soziale Medien wie Twitter oder Pinterest bieten ebenfalls einen Trackingpixel an, der auf der Webseite platziert werden kann. Da Facebook hinsichtlich des datengetriebenen Marketing den größten Umfang bietet, liegt der Fokus der vorliegenden Arbeit auf Facebook als Social-Media-Kanal.

5.2   Welche Kennzahlen sind für Ihre Webseite wichtig?

Visits

Wie häufig wird meine Seite besucht, sprich wie viele Besuche wurden im entsprechenden Zeitraum generiert?

Unique Visitors

Wie viele eindeutige Besucher haben meine Seite besucht?

Returning Visitors

Wie viele Besucher kehren mehrmals auf meine Seite zurück?

Pageimpressions

Anzahl der Sichtkontakte mit einer Webseite. Ein Besucher kann beispielsweise drei oder mehr Unterseiten aufgerufen haben.

Demografie

Von welchen Standorten kommen meine Besucher? Wie ist deren Altersverteilung?

Traffic Source

Woher kommt der Traffic auf meine Webseite? Über welches Endgerät wird auf die Website zugegriffen?

Bounce Rate

Wie viele Besucher rufen nur eine einzelne Seite auf und verlassen meine Webseite dann wieder?

Time on Site

Wie lange verweilen die Besucher im Durchschnitt auf meiner Webseite?

Conversion Rate

Sie gibt an, wie viele Webseiten-Besucher eine gewünschte Aktion durchgeführt haben. Das kann beispielsweise die Anmeldung zu einem Newsletter, der Download eines PDFs oder der Kauf eines Produkts sein.

Anzahl der Bestellungen

Wie viele Bestellungen sind eingegangen?

Warenkorbabbrüche

Wie viele Personen haben etwas in den Warenkorb gelegt oder den Kaufprozess angefangen, diesen aber nicht abgeschlossen?

5.3   Welche Kennzahlen gibt es im Social-Media-Marketing?

Follower und Fans

Social-Media-Nutzer, die sich auf Ihrem Social-Media-Account angemeldet haben, damit sie die Inhalte in Ihren Feeds sehen können.

Post-Reichweite

Die Reichweite, die ein einzelner Post in einem sozialen Medium erreicht.

Social-Media-Engagement

Retweets, Video Views, Likes, Kommentare und Social Shares.

Anzahl der Erwähnungen

Das Taggen des Social-Media-Namens oder -Accounts eines anderen Benutzers in seinem Beitrag.

Share of Voice/Share of Buzz

Wie häufig wird eine bestimmte Marke im Vergleich zu den Mitbewerbern erwähnt? Wie viel Prozent des Gesprächsanteils zu einem bestimmten Thema entfallen auf ein Unternehmen oder dessen Produkte und Dienstleistungen?

Stimmung

Was empfindet ein bestimmtes Publikum für eine Marke, ein Unternehmen oder Produkt? Sind Kommentare eher positiv oder negativ?

5.4   Welche Kennzahlen gibt es beim E-Mail-Marketing?

Der unschätzbare Vorteil von E-Mail-Marketing sind die präzisen Messmöglichkeiten auf Empfängerebene.

- Wie viele E-Mails wurden nicht ausgeliefert?
- Wie viele meiner Newsletter wurden überhaupt geöffnet?
- Wie viele Leser haben etwas angeklickt?
- Welche Themen kommen am besten an?

Eine gute Newsletter-Software beantwortet diese Fragen auf Knopfdruck. Wichtige Anforderung dabei: Die Auswertung der angeklickten Hyperlinks geschieht konform zum deutschen Datenschutz anonymisiert. Wenn Ihre Software Ihnen verrät, welche E-Mail-Adresse auf welchen Link geklickt hat, entspricht das nicht den Anforderungen des Telemediengesetzes.

Kennzahlen im E-Mail-Marketing sind besonders interessant. Sie werden oft und gerne für die Beurteilung von Marketing-Erfolgen genutzt. Besonders im E-Mail-Marketing sind sie bequem erfassbar und damit meistens verfügbar. Solche Kennzahlen können jedoch unterschiedlich erhoben werden. Ein Blick hinter die Kulissen von Öffnungs- und Klickrate lohnt sich also.

Oft sind die Zahlen nicht bekannt. Nicht selten werden Systeme verwandt, die überhaupt keine Erfolgsmessung erlauben. Nicht wenige Unternehmen betreiben ihr E-Mail-Marketing mit selbst gestrickten Lösungen, weil die Unternehmens-IT ja auch ihre Existenzberechtigung haben will. Wenn Sie nun endlich die Zahlen haben, geht das Rätseln los: Was messen wir eigentlich?

Adressaten
Erheben Sie die Anzahl der E-Mail-Adressen, an die ein E-Mailing geht. Viele Firmen versenden mit einer Software, die kein vernünftiges Bounce-Management hat. Bounce-Management bedeutet, dass viele »tote« Adressen im Verteiler enthalten sind. Tote Adressen sind nicht aktiv. Wenn E-Mails an diese Adressen geschickt werden, ist das wie bei falsch adressierten Briefen: Es kommt ein Rückmeldung, dass der Empfänger unter dieser Adresse nicht zu ermitteln war. Vorteil aus Versendersicht: Der Verteiler sieht richtig groß aus. Nachteil: Erstens sind die Öffnungs- und Klickraten niedriger

und zweitens werden Mailings, die viele Fehler produzieren, von manchen Providern als vermeintlicher Spam geblockt.

Werden wichtige Kenngrößen wie Öffnungs- und Klickrate auf der Basis der Adressaten ermittelt, sollte dieser Wert als »brutto« gekennzeichnet werden. Besser ist es, gleich mit der Anzahl der Empfänger – also netto – zu arbeiten.

Empfänger

Dies ist die Anzahl der Adressaten, die das E-Mailing erhalten. Eine gute Software weist aus, welche E-Mails den Empfänger erreicht haben und welche mit Fehlermeldungen zurückkamen. Nach definierten Regeln werden E-Mail-Adressen aus dem Verteiler entfernt, wenn eine Zustellung mehrmals fehlgeschlagen ist.

Öffnungsrate unique

Der Begriff bezeichnet den Anteil der Empfänger, die eine E-Mail geöffnet haben. Jeder redet von Öffnungsraten, aber nicht immer ist klar, was gemeint ist. Der vom Deutschen Direktmarketing-Verband definierte Begriff »Öffnungsrate« bezieht sich auf sämtliche Öffnungen, das heißt, wenn jemand mehrfach öffnet, wird auch mehrfach gezählt.

Einfache Software kann nämlich nur messen, dass eine E-Mail geöffnet wird. Öffnet die gleiche Person zweimal, wird auch zweimal gemessen. Professionelle Software misst die Öffnungsrate unique: Das ist der Anteil der Empfänger, die eine E-Mail geöffnet haben.

Klickrate unique

Dies ist der Anteil der Empfänger, die mindestens einen Link in einer E-Mail angeklickt haben. Auch bei der Klickrate gibt es oft Unklarheiten. Es gibt mehrere anklickbare Links und jeder Empfänger kann mehrfach klicken. Einfache Software misst nur, wie viele Klicks es insgesamt gab. Das ist die Klickrate. Professionelle Software kann messen, wie viele Links der Empfänger mindestens einmal geklickt hat. Das ist die Klickrate unique.

Öffnungs- und Klickraten verbessern

Beobachten Sie sich doch einmal selbst: Welche Newsletter öffnen Sie und welche löschen Sie ungelesen? Bei welchen sind Sie neugierig? Immer mehr Menschen erhalten immer mehr E-Mails. Konstant bleibt nur das Zeitbudget, um die E-Mails zu lesen. Der Wettbewerb um die Aufmerksamkeit wird also härter. Hier gewinnt nur derjenige, der dauerhaft etwas Interessantes anbietet.

Messen Sie, welche Themen oder Angebote bei welchen Kundensegmenten besonders gut ankommen. Gute Software macht es möglich, genau zu messen, ob es Männer oder Frauen waren, die auf einen Link klickten. Sie können auswerten, ob eine Betreffzeile bevorzugt die Modebewussten oder die Technikliebhaber angesprochen hat, auch wenn der Betreff vom Thema Gesundheit handelte.

Je besser Sie die Interessen Ihrer Zielgruppe kennen, desto exakter können Sie die Inhalte Ihrer Mailings darauf abstimmen. Nur so gewinnen Sie langfristig im Kampf um Aufmerksamkeit. Leser sagen: Ja, diesen Newsletter lese ich, weil es da immer etwas Interessantes für mich gibt.

Eine Kenngröße, die auf dem Weg dorthin weiterhilft, ist die relative Klickrate: Das ist der Anteil der öffnenden Empfänger, die auch geklickt haben. Dieser Wert misst am besten die Zufriedenheit mit dem Newsletter. Berechnet wird er, indem Sie die Klickrate durch die Öffnungsrate teilen. Beispiel: 50 % Öffnungsrate und 15 % Klickrate ergeben eine relative Klickrate von 30 %.

Vergleichen Sie einmal alle Ihre Mailings und finden Sie heraus, welche am besten ankamen. Das sind die Benchmarks. Solche Inhalte sorgen für nachhaltig hohe Kennzahlen.

5.5   Noch genauer messen

Wertvollen Traffic erkennen

In der Regel bleibt in den meisten Unternehmen nicht die Zeit, alle Online-Marketing-Kanäle mit vollem Aufwand zu bespielen. Diejenigen, die spürbar mehr Kunden oder Interessenten bringen, werden mit besonders viel Liebe gehandhabt und der Rest läuft nebenbei mit oder wird vernachlässigt. Woher wissen wir nun aber, welche Kanäle, Verzeichnisse oder Social-Media-Plattformen die meisten und besten Besucher bringen? Dabei kann uns Google Analytics helfen!

Zuerst einmal müssen wir eine sogenannte »Conversion« definieren – mit anderen Worten: Welche (Inter-)Aktion wollen wir einem User bieten bzw. wünschen wir uns mit dem, der unsere Webseite besucht? Das kann ein Kauf, ein Download, ein Anruf oder das Ausfüllen eines Kontaktformulars sein. In Google Analytics können Sie unter Verwaltung → Zielvorhaben diese Ziele anhand von verschiedenen Parametern definieren. Nachdem Sie Ihr Zielvorhaben angelegt haben, können Sie nun auswerten, welcher Kanal jene Besucher anlockt, die besonders oft »konvertieren«. Hier ein Beispiel einer Eventanmeldung:

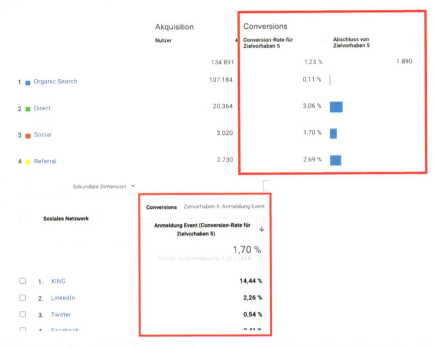

Abb. 5.2: Trafficanalyse einer Event-Anmeldung

Die Zahlen zeigen, dass sich 1,7 Prozent aller Besucher über Social Media zu dem Event angemeldet haben. Bei genauerer Betrachtung der einzelnen sozialen Medien wird deutlich, dass jene Besucher, welche über Xing auf die Webseite bekommen sind, besonders an der Veranstaltung interessiert waren – fast 15 Prozent haben sich zum Event angemeldet.

Solche Betrachtungen helfen Ihnen dabei, wirklich herauszufinden, welche Kanäle oder Verzeichnisse wertvolle Kontakte liefern, sodass Sie Ihre Marketingaktivitäten zielgerichteter planen und durchführen können.

Kampagnen tracken

Standardmäßig unterscheidet Google Analytics die Herkunft der Besucher nach Quellen – wie direkte Webseitenaufrufe, soziale Medien, die organische Suche oder Verweise über andere Webseiten. Das Tracken einer bestimmten Kampagne ist somit nicht direkt möglich. Mithilfe von UTM-Parametern (UTM = Urchin-Tracking-Modul), welche an Links angehängt werden, lässt sich in Google Analytics genau nachvollziehen, wie sich Besucher verhalten, die auf einen spezifischen Link geklickt haben. Die Erfolgsmessung der eignen Marketingaktivitäten kann so detaillierter untersucht werden.

Abb. 5.3: Link-Tracking mithilfe von UTM-Parametern

Die Abbildung zeigt einen Link, welcher in einem Facebook-Post am 20. Mai 2019 verwendet wurde und ein Webinar beworben hat. Mithilfe der UTM-Parameter kann in Google Analytics geprüft werden, wie sich Besucher bezüglich dieses Links verhalten und wie viele der Interessenten sich letztlich zu dem beworbenen Webinar angemeldet haben.

Diese UTM-Parameter können auch in Newslettern verwendet werden, um gezielt die Interaktionen der Leser zu filtern oder für Einträge in Branchenverzeichnissen, um zu messen, wie viel qualitativer Traffic über jedes spezifische Verzeichnis generiert wurde. Darüber hinaus kann ein Link mit entsprechenden UTM-Parametern in einen QR-Code umgewandelt werden, um den Erfolg einer Printkampagne messen zu können.

Funnel aufbauen

Zusätzlich bietet Google Analytics auch die Möglichkeit, sogenannte »Funnel« zu erstellen und zwar benutzerdefiniert für verschiedene Vorgänge. Somit können beispielsweise Kauf- oder Anmeldungsprozesse Schritt für Schritt nachverfolgt werden. Der große Vorteil eines solchen Funnels ist, dass Sie genau nachvollziehen können, wie ein Besucher mit der Webseite interagiert, bevor er einen Kauf oder eine Anmeldung tätigt. Außerdem lässt sich auch nachvollzielen, an welchen Punkten entlang des Kaufprozesses ein potenzieller Kunde abspringt.

Jene Besucher, welche den gewünschten Prozess vollständig ausgeführt haben, können dann in einer Zielgruppe zusammengefasst werden, um sich detailliert deren Verhalten auf der Webseite anzusehen.

Nehmen wir als Beispiel einen Sales Funnel, welcher mit Google Analytics erstellt wurde. Hierbei besteht der Kaufprozess aus drei verschiedenen Schritten. Der erste Schritt ist das Aufrufen des Warenkorbs (Cart, siehe Abbildung 5.4). Um die Bestellung abschließen zu können, muss anschließend ein Profil erstellt werden, welches die Zahlungs- und Lieferinformationen beinhaltet (Cart Profile). In Schritt drei muss der Warenkorbinhalt noch ein letztes Mal bestätigt werden (Cart Confirmation). Nachdem diese Schritte durchlaufen wurden, ist der Kauf abgeschlossen.

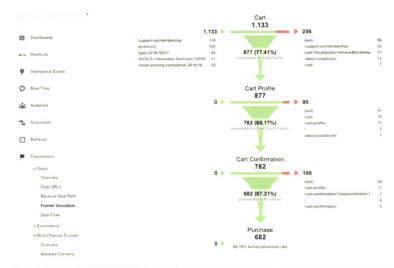

Abb. 5.4: Beispielhafter Funnel in Google Analytics

Anhand dieser Erkenntnisse können Sie beispielsweise nachvollziehen, über welche Quelle die Käufer die Webseite besucht haben und welches die letzte Unterseite war, die vor dem Kauf besucht wurde. Weiterhin können Sie auch untersuchen, an welchem Punkt entlang des Kaufprozesses ein Besucher mit einer Kaufabsicht abgesprungen ist und den Kauf somit nicht abgeschlossen hat. Durch diese Informationen kann der Kaufweg für Neukunden optimiert und die Anzahl an Warenkorbabbrechern nachhaltig reduziert werden.

A/B-Testing

Was erwarten Besucher von der Webseite und was bringt sie dazu, dort etwas zu kaufen, eine Kontaktanfrage zu senden oder sich zum Newsletter anzumelden? Antworten auf diese Fragen lassen sich sehr gut durch A/B-Testing ermitteln. Dabei werden zwei (gelegentlich auch mehrere) Varianten einer einzelnen Seite parallel gegeneinander vertestet. Der Erfolg einer Seitenvariante wird in Form einer im Vorhinein festgelegten Conversion gemessen. Im Anschluss an die Testphase kann dann verglichen werden, welche Seitenversion die meisten Conversions erreichte. Ist für beide Versionen kein zufriedenstellendes Ergebnis erzielt, kann ein weiterer Test mit neuem Seitenaufbau gefahren werden. Es gibt eine Vielzahl von Tools, welche eingesetzt werden können. Eine kostenlose Variante ist Google Optimize. Ein Vorteil: Die Daten des A/B-Tests werden automatisch auch in Google Analytics geladen, sodass keine zweite »Dateninsel« entsteht.

Grundsätzlich lässt sich zwischen zwei verschiedenen Testarten unterscheiden: einfache A/B-Tests und multivariante Tests. Bei ersteren werden einzelne Elemente einer Webseite nacheinander verändert, wie beispielsweise die Formulierung einer Handlungsaufforderung oder die Farbe einer Schaltfläche. Bei multivarianten Tests hingegen werden beispielsweise fünf unterschiedliche Texte für die Handlungsaufforderung und fünf Farben für die Schaltflächen hinterlegt. Danach werden jegliche Kombinationen der Texte und Farben gegeneinander getestet. Aber Achtung: Für ein aussagekräftiges Ergebnis eines solchen multivarianten Test wird viel Webseiten-Traffic benötigt, da jede Variante ausreichend getestet werden muss.

Abb. 5.5: Beispielhafter A/B-Test für eine Newsletter-Anmeldung

Die Abbildung zeigt einen beispielhaften A/B-Test, bei dem geprüft werden soll, welche Formulierung zu den besten Anmelderaten für einen Newsletter führt. Weitere Elemente, die getestet werden können, sind Größe, Position und Inhalt von Call-to-Action-Buttons, Anordnung und Anzahl von Formularen, Überschriften, Preise und Angebote, Bilder oder der Einsatz von Produktvideos. Jedoch ist es ratsam, immer nur einzelne Elemente oder kleine Veränderungen gegeneinander zu testen, da man so genau nachvollziehen kann, welche konkrete Änderung welchen Einfluss auf das Endergebnis hat.

5.6   Customer-Relationship-Management

Der Friseur um die Ecke redet seine langjährigen Kunden mit Namen an und fragt, wie es den Kindern geht. Der Bäcker des Vertrauens packt immer noch ein Brötchen extra mit in die Tüte und auch Tante Emma weiß genau, wer ihre Stammkunden sind und was sie gerne in den Einkaufskorb legen – Customer-Relationship-Management ist keine neumodische Erscheinung, welche erst im Rahmen der Digitalisierung erblühte.

Schon immer galt und noch immer gilt, wenn nicht gar heute mehr denn je: Nur wer seine Kunden und deren individuelle Bedürfnisse kennt, kann sie langfristig binden und begeistern. Denn die Kunden von heute sind sprunghaft – das Überangebot sowie das Internet machen es ihnen leicht, spontan und jederzeit zu wechseln.

Persönlicher Kontakt und individuelle Kundenkenntnisse sind das A und O einer nachhaltigen Unternehmung. Das gilt sowohl für kleine Betriebe als auch für internationale Großkonzerne. Nur wer seine (potenziellen) Käufer wirklich kennt, kann das Angebot passgenau auf sie zuschneiden, sie bestmöglich beraten, entsprechenden Service bieten – und damit auch langfristig binden. Innerhalb eines Unternehmens werden dahingehend täglich wichtige Daten generiert, sei es ein Telefonanruf, eine Bestellung oder ein neuer Kontakt, welcher auf einer Veranstaltung geknüpft wurde (auch wenn das in Zeiten von Corona nicht die häufigste Form ist). Diese müssen unter allen Umständen zentral erfasst werden, um den Informationsverlust durch dezentrale Datenspeicherung zu verhindern – dies kann beispielsweise mithilfe eines CRM-Systems, von Excel-Tabellen oder physischer Buchführung á la Schmierzettel realisiert werden.

Während der Einsatz von CRM-Systemen zur Kontaktpflege in vielen Großunternehmen zum Standard gehört, sind kleine und mittlere Unternehmen (KMUs) dahingehend noch etwas zurückhaltend. Eine Nutzerstudie des Softwareherstellers Capterra von 2018 (siehe https://www.capterra.com.de/blog/256/crm-markt-deutschland-verbraucherstudie-2018) zeigte, dass rund 77 Prozent der befragten kleinen und mittelständischen Unternehmen noch kein CRM-System einsetzen. Als beliebteste Methoden zur Kunden- und Kontaktpflege haben sich Microsoft Excel mit 30 Prozent und E-Mail-Clients wie Outlook mit 31 Prozent herauskristallisiert.

Abb. 5.6: Herausforderungen bei der Kundenverwaltung

Gleichzeitig werden die Herausforderungen deutlich, welche mit der manuellen Kundenverwaltung verbunden sind. Neben veralteten und falschen Kontaktinformationen liegt ein weiteres großes Problem bei der Nachverfolgung von Leads. 22 Prozent geben das Nachverfolgen dieser Leads und das Planen von geeigneten Marketingmaßnahmen zur Aktivierung von qualifizierten Kontakten als große Herausforderung an. Hier zeigt sich ein Vorteil der Nutzung eines CRM-Systems im Vergleich zu den manuellen Methoden. Alle Informationen über Kunden, Interessenten oder Partner können strukturiert in einem zentralen System gespeichert und systematisch ausgewertet und bewertet werden. Gleichzeitig kann eine Vielzahl von qualitativen und quantitativen Kundendaten gesammelt und verwaltet werden.

Beispiele für quantitative Daten:
- persönliche Daten (Name, Alter)
- Kontaktdaten (E-Mail, Telefonnummer, Adresse)
- Kontaktquelle und -punkte
- Kaufverhalten

Beispiele für qualitative Daten:
- Interessen
- Gespräche und Notizen
- individuelles Feedback
- Supportanfragen

So können Interaktionsdaten wie getätigte Anrufe, gesendete E-Mails, stattgefundene Besprechungen oder erhaltene Anfragen für jede Person einzeln erfasst und gespeichert werden. Alter, Name, Wohnort oder Vorlieben von Kunden und Interessenten können ebenfalls im CRM-System gebündelt werden.

Eine weitere wichtige Information sind die Transaktions- und Kaufinformationen der Kunden. So lassen sich Aussagen über die Intensität der Produktnutzung treffen. Zusätzlich kann ausgewertet werden, welchen Wert ein durchschnittlicher Warenkorb hat, welche Produkte am beliebtesten sind oder welche Kundendurchdringungsrate (Customer Penetration Rate) erreicht wird.

Viele CRM-Systeme bieten außerdem eine umfangreiche Such- und Filterfunktion an, um Personen nach spezifischen Kriterien zu selektieren, z. B. nach der Altersgruppe, den Käufern eines bestimmten Produkt oder den Neukunden im letzten Monat. Eine umfangreiche Berichts- und Analysefunktion hilft dabei, eine Marketingkampagne zielgerichteter durchzuführen, Rücklaufraten oder die potenziellen Verkaufschancen in einer bestimmten Region oder Altersgruppe zu messen.

Darüber hinaus bietet ein CRM-System weitere Vorteile, welche vor allem hinsichtlich der Ressourcenknappheit in KMUs attraktiv sein können. Durch eine einheitliche und gepflegte Kundendatenbank können Suchzeiten beispielsweise nach Kundendaten sowie Auftrags- oder Bestelldetails reduziert werden. Statt Streuwerbung mit einer großen Reichweite zu betreiben, können gezielt Personen im CRM-System ausgewählt und per E-Mail, Telefon oder Printmailing angesprochen werden. Die Möglichkeiten hinsichtlich der Kundenorientierung, welche ein CRM-System bietet, kann daher helfen, eine zeit- und kosteneffizientere Marketingkommunikation zu betreiben.

Auch wenn ein CRM-System viele Vorteile gegenüber anderen Methoden wie Excel oder der physischen Buchführung zur Speicherung von Kundendaten besitzt, muss die Sinnhaftigkeit eines solchen Systems hinsichtlich der Kundenanzahl betrachtet werden. Während ein CRM-System bei einer großen Anzahl an Kunden oder Leads deutlich zu einem effizienteren Kundenbeziehungsmanagement beitragen kann, ist der Mehrwert einer Implementierung bei einem Betrieb mit drei oder vier Kunden nur begrenzt – vor allem in Anbetracht der Ressourcen, welche zur regelmäßigen Pflege der Kundendaten benötigt werden. In diesem Fall kann das Managen der Kundenbeziehung in den meisten Fällen mit einem Text- oder Datenverarbeitungsprogramm wie Microsoft Excel oder Word realisiert werden. Letztlich muss noch erwähnt werden, dass es viele kleinere branchenspezifische CRM-Lösungen gibt, welche nicht gleich mehrere hundert Euro kosten. Hier ein beispielhafter Überblick:

- **Buchungs- und Datenmanagement-Tool für Einzel- oder Kleinunternehmen**: https://www.shore.com/
- **Für Handwerker:** https://hero-software.de/
- **Für Werkstätten, Autohäuser und Autohändler:** https://loco-soft.de/
- **Für Versicherungsmakler:** https://www.smartinsurtech.de/
- **Für Fitnessstudios:** https://www.perfectgym.com/

5.6.1   CRM-Systeme im hochfrequentierten Handel

Neben Unternehmen mit einem sehr kleinen Kundenstamm kommt das Konzept eines klassischen CRM-Systems innerhalb von Geschäftsfeldern mit einem hohen Anteil an Laufkundschaft ebenfalls an seine Grenzen. Es wäre im stationären Einzelhandel zwar möglich, jeden Kunden nach dem Einkauf nach seinen Kontaktdaten zu fragen und diese direkt in ein CRM-System zu schreiben. Realistisch stellt es aber einen großen Einschnitt in den Geschäftsablauf dar und die Bereitschaft der Kunden, ihre persönlichen Daten ohne erkennbaren Grund preiszugeben, ist ebenfalls fraglich. Dennoch gibt es Möglichkeiten, Kundendaten im laufenden Geschäftsbetrieb zu sammeln, ohne einen unverhältnismäßigen Aufwand betreiben zu müssen.

Die erste Möglichkeit ist, den Kunden am Point of Sale die Möglichkeit zu geben, sich zu einem Newsletter einzutragen, welcher über exklusive Vorteile wie Rabattaktionen, Events oder neue Produkte informiert. Die Anmeldung kann direkt vor Ort per Tablet vom Kunden selbst vorgenommen werden. Oder er erhält einen Flyer, welchen er mitnehmen kann und der mit einem QR-Code auf die Anmeldeseite verweist. Gleichzeitig können mit dem Newsletter auch Adressen über die Unternehmenswebseite gesammelt werden. So können Unternehmen einen Pool von Adressen aufbauen, welcher für weitere Marketingaktionen genutzt werden kann.

Die zweite Möglichkeit, die vor allem für Geschäfte interessant sein könnte, beispielsweise Friseure, Restaurants oder Einzelhändler mit Produkten, welche beratungsintensiv sind: Die Terminvereinbarung findet ausschließlich online statt. Durch eine Online-Buchungsfunktion kann der Interessent einen Termin vereinbaren und hinterlässt dabei seine Kontaktdaten wie Name, E-Mail-Adresse und/oder Telefonnummer. Dieses Online-Formular kann mit einer Checkbox versehen werden, bei welcher der Interessent seine Werbeeinwilligung für den Newsletter oder ähnliches bejaht. Diese Buchungsfunktion kann entweder selbst erstellt oder durch einen Dienstleister umgesetzt werden. Ein Tool, welches diese Funktion kanalübergreifend anbietet, ist Shore. Mit der Integration von Shore können Kleinstunternehmen die Buchung von Terminen automatisieren und den Personalaufwand reduzieren. Alle vereinbarten Termine werden zusammen mit den Kundendaten in einer Online-Datenbank hinterlegt und können nachträglich durch Notizen oder weitere Informationen aktualisiert werden.

Die dritte Möglichkeit ist eine Kundenkarte, welche genutzt werden kann, um eine Stammkundendatenbank aufzubauen. Neue wie bestehende Kunden können eine Kundenkarte beantragen, welche ihnen exklusive Vorteile bietet. Die Interessenten registrieren sich mit ihren Kontaktdaten und erhalten die Kundenkarte entweder direkt am Point of Sale oder per Post.

5.6.2 Systeme verknüpfen

Wie schon eingehend erwähnt wurde, gibt es innerhalb eines Unternehmens verschiedene Datenquellen, welche in verschiedensten Bereichen verwendet werden können. Eine große Gefahr, welche diese Menge an Datenquellen mit sich bringen kann, ist die Bildung von isolierten Datensilos. So kommt es vor, dass innerhalb eines Unternehmens verschiedene Abteilungen mit verschiedenen Programmen arbeiten, zwischen denen kein Datenaustausch herrscht oder ein interner Prozess sich über mehrere Systeme erstreckt und auf dem Weg immer mehr Informationen verloren gehen.

Eine solche dezentrale Datenspeicherung ist keine Seltenheit und kann mehrere Gründe haben. So nutzen die Buchhaltung, der Vertrieb und die Marketingabteilung jeweils ein anderes Programm, welches auf die jeweiligen Anforderungen angepasst ist. Im ungünstigsten Fall werden Datensilos sogar bewusst geschaffen – etwa, weil einzelne Abteilungen untereinander konkurrieren und bewusst Informationen zurückhalten.

Das Problem mit isolierten Datentöpfen ist, dass reibungslose, abteilungsübergreifende Prozesse kaum bis gar nicht realisierbar sind. Existiert also beispielsweise ein und derselbe Datensatz gleichzeitig in zwei Systemen, ist es unvermeidlich, dass diese kurz- oder langfristig auseinanderdriften. Aber denken Sie bitte nicht, dass nur große Konzerne mit mehreren Abteilungen und Systemen von diesem Problem geplagt werden. Der Kern des Ganzen liegt oft in den einfachsten Aspekten: Laufen alle Kontaktformulare, die man auf der Unternehmenswebseite hat, in einem Postfach zusammen? Wird dieses regelmäßig geprüft? Werden neue Kunden und Interessenten richtig und vor allem regelmäßig erfasst? Kann nachverfolgt werden, bei welcher Aktion wirklich lukrative und nachhaltige Kunden gewonnen wurden?

Die Capterra-Nutzerstudie 2019 (siehe https://www.marketing-boerse.de/news/details/1906-Nur-22-Prozent-sind-mit-ihrem-CRM-System-zufrieden/153653) brachte die größten Herausforderungen im Zusammenhang mit dem Management von Kundendaten ans Licht:
- 23 % veraltete oder falsche Kontaktinformationen,
- 17 % Interaktionen mit Kunden nachverfolgen,
- 17 % Versand von Marketingmaterialien ist aufwendig,
- 12 % Schwierigkeiten bei der Verfolgung von Leads.

Die Lösung dieser Probleme heißt Systeme verknüpfen und automatisierte Prozesse schaffen. Was nach großer Marketing-Sprache klingt, kann aber, in reduzierter Form, auch dem Friseur um die Ecke helfen. Behalten Sie immer im Hinterkopf, dass Automatisierung und Digitalisierung, sowohl im Großen als auch im Kleinen, immer das Ziel verfolgt, Ihnen repetitive oder unnötige Arbeit abzunehmen, sodass Sie sich auf das wirklich Wichtige im Tagesgeschäft konzentrieren können.

Und was bedeutet das nun für Sie? Müssen Sie sich ein umfassendes CRM-System mit vierstelligen Lizenzgebühren ins Haus holen und zusätzlich noch ein paar Mitarbeiter einstellen, welche nichts anderes machen, als für die Aufrechterhaltung und Pflege der im Unternehmen vorhandenen Daten zu sorgen und neue Schnittstellen zu vorhandenen Systemen zu programmieren? Das wäre wohl der vorbildlichste aller Wege, ist in der Realität aber mehr als unwahrscheinlich und rein wirtschaftlich für kleine

Unternehmen nicht tragbar. Aber: Das bedeutet natürlich nicht, dass Sie nichts tun können. Es gibt verschiedenste Automatisierungstools, welche eine Schnittstelle zwischen allen nur vorstellbaren Softwareapplikationen bieten, nur einen Bruchteil von »Enterprise-Grade«-Software kosten und teilweise in abgeschwächter Form sogar kostenlos sind. Eines dieser Tools ist Zapier. Mithilfe des Tools lassen sich über 3000 (Web-)Applikationen miteinander verknüpfen.

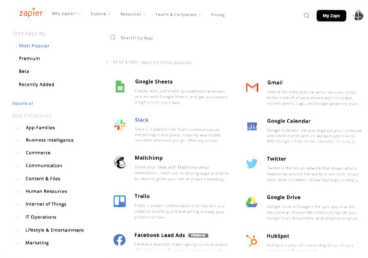

Abb. 5.7: Auswahl an Apps, die mithilfe von Zapier miteinander verknüpft werden können

Somit können eine Reihe von Prozessen, welche sonst Schritt für Schritt manuell erstellt werden müssen, automatisiert im Hintergrund ablaufen. Hier einige Beispiele, wie Sie sich das Leben etwas erleichtern können:

RSS-Feed in sozialen Medien teilen

Sie vergessen immer, Ihre neusten Blogbeiträge auch im Social Web zu teilen? Dann haben Sie die Möglichkeit, den RSS-Feed Ihres Blogs mit Ihren Social-Media-Profilen zu verknüpfen, sodass Ihre Follower immer auf dem neusten Stand sind.

Terminverwaltung einfacher gestalten

Bieten Sie Ihren Kunden per Formular auf Ihrer Webseite an, digital einen Termin zu vereinbaren. Der gebuchte Termin kann automatisch mit einer netten Mail bestätigt und in Ihrem Kalender hinterlegt werden. Wenn Sie etwas mehr Zeit haben, können Sie auch versuchen, die neu generierten Termine automatisch in eine Excel-Liste laufen zu lassen und sich am Anfang jeder Woche eine Übersicht aller gebuchten Termine automatisch per Mail zukommen zu lassen.

Bewertungen sammeln

Nach einem Termin oder Kauf erhält der Kunde automatisch eine »Nachfassmail«, welche einen Link zu der Bewertungsfunktion Ihres Google MyBusiness-Accounts enthält. Als Quelle können Sie die Excel-Liste aus dem vorherigen Beispiel nehmen, welche wiederum automatisch mit neuen Kundendaten befüllt wird.

Je nachdem, wie viel Spaß Sie am Erstellen neuer digitaler Workflows haben, sind die Möglichkeiten der Nutzung unbegrenzt. Das extremste Beispiel, welches mir bisher untergekommen ist, bot ein Seminarteilnehmer, der mithilfe eines CRM-Systems, eines professionellen Versandtools und Zapier über 170 verschiedene Kontaktstrecken und Prozesse zusammengebastelt hat.

Nehmen Sie sich demnächst einmal die Zeit und prüfen Sie, ob und wie Automatisierungstools wie Zapier, Integromat oder Automate.io in Ihrem Business von Nutzen sein können.

6 Welche rechtlichen Rahmenbedingungen und welche Sicherheitsaspekte sollten Sie beachten?

6.1 Übersicht

Ein grundsätzliches Merkmal unterscheidet das Internet von anderen Werbemedien: Jeder Verstoß kann blitzschnell recherchiert werden. Bestimmte Anwälte wissen sehr genau, welche Suchphrasen sie eingeben müssen, um »abmahnreife« Websites zu recherchieren. Rechtsmängel können im Internet viel schneller entdeckt werden als anderswo.

Ein wichtiger Aspekt ist das Markenrecht. Ihre eigenen Marken sollten Sie schützen. Sie dürfen die Namen Ihrer Mitbewerber nicht im versteckten Text Ihrer Website (Meta-Tags) verwenden. Auch beim Suchmaschinen-Marketing dürfen keine Marken verletzt werden.

Vorsicht ist bei Google Ads angesagt: Dort ist zum Teil die Option »weitgehend passende Keywords« vorausgewählt. Damit kann es sein, dass Sie zwar nur »Papiertaschentuch« gebucht haben, Ihre Anzeige aber trotzdem bei einer Suche nach »Tempotaschentuch« erscheint.

Wichtig ist auch das Impressum. Die Angaben im Impressum müssen komplett sein. Auch E-Mail-Adresse und Telefonnummer sollten angegeben werden. Ihre AGB sollten der herrschenden Rechtsauffassung entsprechen. Sie dürfen hier keine Rechte einschränken.

Hinweise zum Umgang mit persönlichen Daten sind gefordert. Kunden müssen wissen, was mit ihren Daten geschieht. Der Umgang mit der Preisangabenverordnung im Business-to-Business-Bereich (B2B) sollte Ihnen vertraut sein, wenn Ihre Zielgruppe Geschäftsleute sind. Im Privatbereich (B2C) ist die Angabe von Versand- und Zusatzkosten wichtig. Werbung und Information sollten klar voneinander getrennt sein, wenn Sie ein redaktionelles Angebot bereithalten. Übertriebenes Anlocken ist verboten.

6.2 Rechtslage bei Online-Shops

Shopbetreiber sind am häufigsten Opfer von Abmahnungen. Um dies zu vermeiden, sollten Sie in jedem Fall die aktuellen Meldungen zu diesem Thema verfolgen. Eine der vielen Websites, die zu diesem Thema aktuell informieren, ist shopbetreiber-blog.de.

An diesen Blog angelehnt sind auch die in diesem Buch wiedergegebenen Informationen zum Thema »Allgemeine Geschäftsbedingungen«. Mangelhafte AGBs sind nämlich das häufigste Einfallstor von »Abmahnanwälten«.

Das Versandrisiko tragen Sie und Sie können es auch nicht auf den Käufer abwälzen. Das Risiko einer Transportbeschädigung im Handel mit Verbrauchern trägt laut Landgericht Landau der Händler. Nicht die Übergabe an das Versandunternehmen, sondern die tatsächliche Ablieferung beim Verbraucher ist entscheidend.

Die Angaben zur Lieferzeit müssen verbindlich sein und dürfen nicht in das Belieben des Händlers gestellt werden. Die Formulierung »Eine Übergabe an den Paketdienst erfolgt in der Regel 1 bis 2 Tage nach Zahlungseingang« ist laut Kammergericht Berlin unwirksam. Die Formulierung »Angaben über die Lieferfristen sind unverbindlich« ist laut OLG Frankfurt ebenfalls unzulässig.

Gewährleistungsansprüche aufgrund von Transportschäden können auch nach zwei Jahren noch geltend gemacht werden. Der Satz »Der Kunde hat die angelieferte Ware unverzüglich nach Lieferung auf Transportschäden zu untersuchen« ist unzulässig.

6.3   Rechtslage im E-Mail-Marketing

Dass E-Mail-Marketing nur mit vorheriger Einwilligung erlaubt ist, weiß inzwischen fast jeder. Aber es gibt hier eine ganze Reihe weiterer rechtlicher Vorschriften.

Einwilligung

E-Mail-Werbung ohne Einwilligung des Adressaten (Permission Marketing) ist eine unzumutbare Belästigung. Das gilt für Privatbereich wie auch bei Geschäftskunden. Einzige Ausnahme sind bestehende Geschäftsbeziehungen (§ 7 UWG). Die Publikation der eigenen E-Mail-Adresse im Internet mit dem Hinweis auf eine erwünschte Kontaktaufnahme ist kein Einverständnis zum Erhalt von Werbung. Diese Angabe der E-Mail-Adresse soll lediglich individuellen Interessenten der angebotenen Leistungen den Kontakt ermöglichen.

Offline-Einwilligung auf bestehenden Formularen

Die Einwilligung muss eine aktive Zustimmung sein. Die sogenannte passive Zustimmung reicht nicht aus. Wenn Sie Einwilligungstexte haben, bei denen es nur um die Werbung per E-Mail geht, reicht dazu die Angabe der E-Mail-Adresse. Wenn der Text sich auf ein Gewinnspiel, eine Kundenkarte oder den Kauf eines Produktes bezieht, ist ein Extra-Kreuzchen gefragt. In unmittelbarer Nähe zum E-Mail-Feld muss noch einmal explizit nachgefragt werden, ob auch dem Erhalt von E-Mail-Informationen zugestimmt wird. Dieses Feld darf nicht vorangekreuzt sein.

Online-Anmeldung

Am einfachsten ist die Adressgewinnung per Formular auf der Homepage. Das Gesetz sieht die Möglichkeit einer solchen elektronischen Einwilligung vor. Wichtig bei der Einwilligung ist, dass

1. sie eine eindeutige und bewusste Handlung ist,
2. sie protokolliert werden muss und
3. der Inhalt der Einwilligung jederzeit abgerufen werden kann (§ 13 TMG).

Punkt drei erfüllen Sie zum Beispiel, indem Sie den Inhalt der Einwilligung noch einmal als Bestätigungsmail zusenden. In dieser Bestätigungsmail muss meist noch ein Bestätigungslink angeklickt werden. Dieses »Double Opt-In« genannte Verfahren stellt sicher, dass es wirklich der Adressinhaber war, der sich angemeldet hat.

Abbestellmöglichkeit

Schon bei der Adresserhebung sollten Sie darauf hinweisen, dass Ihr Newsletter jederzeit bequem wieder abbestellt werden kann. Und natürlich muss jede E-Mail am Ende auch immer eine Abbestellmöglichkeit enthalten (Hinweis auf Widerspruchsrecht nach § 28 BDSG, § 13 TMG).

Keine Pflichtfelder

Sammeln Sie in Ihren Online-Formularen nur Daten, die Sie wirklich benötigen (Datensparsamkeit). Außer der E-Mail-Adresse darf es keine Pflichtfelder geben, damit anonyme Nutzung möglich ist (§ 3 BDSG, § 14 TMG, Art. 5 Abs. 1 lit. c DSGVO).

Datenschutzhinweis

Wenn Sie Daten, wie zum Beispiel eine E-Mail-Adresse, speichern, müssen Sie auf die Zweckbestimmung der Erhebung, Verarbeitung und Nutzung hinweisen. Sagen Sie also, welche Inhalte Sie in welcher Frequenz zu versenden gedenken. Unterrichten Sie den Nutzer, wie Sie mit seinen Daten umgehen (§ 13 TMG, Art. 13 DSGVO).

Anbieterkennzeichnung

Ein Newsletter braucht wie eine Website ein Impressum mit Namen, Anschrift, Vertretungsberechtigten, Telefonnummer, E-Mail-Adresse, Handelsregister- und Steuernummer (§ 5 TMG). Schreiben Sie all das direkt in die E-Mail und nicht nur mit einem Hyperlink auf die Website.

Absender und Betreff

Eine Werbemail muss als solche klar erkennbar sein. Aus Absender und Betreff muss der kommerzielle Charakter deutlich werden (§ 6 TMG). Als Absendername sollte also am besten Ihr Firmenname genannt werden.

Nutzungsprofile

Wenn Sie messen, welche Angebote von welchem Nutzer angeklickt werden, erstellen Sie Nutzungsprofile. Ihr E-Mail-System muss gewährleisten, dass die Nutzungsprofile pseudonymisiert sind und nicht mit den E-Mail-Adressen zusammengeführt werden können (§ 13 TMG, Art. 22 DSGVO).

Koppelungsverbot: Sie dürfen die Bereitstellung von Telemedien nicht von der Einwilligung des Nutzers in eine Verwendung seiner Daten für andere Zwecke abhängig machen (§ 12 TMG, Art. 7 DSGVO).

Der Verband der deutschen Internetwirtschaft hat zu diesem Thema eine Broschüre herausgegeben, in der die wichtigsten Fragen ausführlich mit Praxisbeispielen beantwortet werden:
- Liegt die Einwilligung der Empfänger vor?
- Kann die Einwilligung nachgewiesen werden?
- Wissen die Empfänger, worin sie eingewilligt haben?
- Wurden die Empfänger auf die Abbestellmöglichkeit hingewiesen?
- Erhalten die Empfänger eine E-Mail-Bestätigung ihrer Einwilligung?
- Können E-Mails bequem abbestellt werden?
- Wird auf Anfragen und Beschwerden reagiert?
- Ist der Betreff nicht irreführend?
- Ist der Absender klar erkennbar?
- Ist das Impressum vollständig?

Weitere Informationen auf https://www.eco.de.

7   Anhang

ZUSAMMENFASSUNG

Die folgenden Unterlagen unterstützen Sie darin, die in dem Buch bespro-
chenen Themen unmittelbar für Ihr Unternehmen in die Praxis umzusetzen.
Sie können diese als digitale Extras von der Website zu diesem Buch herunterladen.

1. Rufen Sie die Website https://mybook.haufe.de/ auf.
2. Geben Sie den Buchcode von der vorderen Umschlaginnenseite ein. Sie
   finden ihn am Ende des eBooks.
3. Los geht's!

DIGITALE EXTRAS

- **Online-Marketing-Werkzeuge**
  ist eine Übersicht und Bewertung aller Instrumente.
- **Hyperlinks**
  enthält sämtliche im Buch aufgeführten Links bequem zum Anklicken.
- **Praxisbeispiele**
  enthält alle im Buch aufgeführten, sowie ergänzende Praxisbeispiele
  von Unternehmens-Websites ebenfalls direkt zum Anklicken.
- **Checkliste Anforderungen Online-Shop**
- **Checkliste Agenturauswahl**

Als Leser dieses Buches haben Sie zudem unter www.onlinemarketing-wissen.de Zu-
gang zu einigen Werkzeugen, die Ihnen das Lesen erleichtern.

8 Gesamtübersicht der Werkzeuge und Marketing-Pakete

Die folgende Gesamtübersicht (Online-Marketing-Werkzeuge.pdf) sollten Sie während der Lektüre des Buches neben sich liegen haben. Kreuzen Sie an, welche Instrumente für Sie in Frage kommen. Die ersten drei Spalten entsprechen der Gliederung des Kapitels 3 im Buch. Spalte 4 bis 8 entspricht den Marketing-Paketen in Kapitel 2. Folgende Pakete beziehungsweise Ziele sind beschrieben:

- Unternehmen bekannt machen
- Kunden binden
- Online-Shop betreiben
- Produkt bekannt machen
- Marke bekannt machen

»Kein Punkt« heißt, dass Sie sich das Instrument sparen können. »Ein Punkt« bedeutet, dass Sie den Einsatz in Erwägung ziehen können und »zwei Punkte« bedeuten, dass dieses Instrument unbedingt zum Einsatz kommen sollte.

Erläuterungen zur Tabelle

Beim Thema »bekannt machen« wird zwischen dem Unternehmen, den Produkten und der Marke unterschieden. Das Unternehmen muss in jedem Fall auch online bekannt gemacht werden. Damit werden automatisch auch die Marken und die Produkte des Unternehmens bekannt gemacht. Zusätzliche Aktivitäten sind dann möglich, wenn zum Beispiel ein Produktmanager in seinem Bereich besonders aktiv sein möchte. Der Zugriff auf die Unternehmenshomepage ist da nicht immer gegeben. Stattdessen gibt es jedoch eine Reihe von Chancen, online aktiv zu werden. Die Marketingabteilung wäre damit überfordert. Auch wenn das Ziel die Bekanntmachung einer einzelnen Marke eines Unternehmens ist, gelten zum Teil eigene Regeln. Oft sind es größere Unternehmen, die sich für jede Marke einen eigenständigen Webauftritt und eigene Online-Kampagnen leisten.

Damit kommen Sie schon zu den letzten drei Spalten der Tabelle: dem Budget. Das Interessante am Internet im Gegensatz zu klassischer Werbung ist ja, dass vieles auch ganz ohne Budget machbar ist. Dafür gehe ich jedoch in der ersten Spalte davon aus, dass Sie umso mehr Zeit mitbringen. Diese »selbstgestrickten Lösungen« sind jedoch für ein richtiges Unternehmen nicht immer ausreichend. Andererseits muss ein kleines Unternehmen alle Maßnahmen mit spitzem Bleistift durchrechnen. Der Chef hat auch nicht immer Zeit und Muße, alles selbst zu machen. In der mittleren Spalte steht daher, was Sie als kleines Unternehmen machen sollten, wenn Sie ein begrenztes Budget haben und keine Zeit, sich selbst in alles einzuarbeiten. Wenn Sie als mittleres Unternehmen etwas mehr Budget haben, finden Sie sich in der letzten Spalte wieder:

Sie haben kompetente Mitarbeiter, die für Online-Marketing zuständig sind, und können für spezielle Aufgaben auch eine Agentur einschalten.

GESAMTÜBERSICHT ONLINE-MARKETING-WERKZEUGE

Gesamtübersicht

Kategorie	Werkzeug	Möglichkeit des Werkzeugs	Unternehmen bekannt	Kunden binden	Online-Shop	Produkt bekannt machen	Marke bekannt machen	Viel Zeit kein Budget	Keine Zeit wenig Budget	Mitarbeiter und Budget
Die Homepage	Domain-Marketing	Domain-Weiterleitung		●	●	●		●●		
		Eigene Domain	●●	●●	●●	●●	●	●	●●	●●
		Mehrere Domains	●			●	●●			●
	Hosting	Homepagebaukasten						●●	●	
		Webspace mieten	●●	●				●	●●	●●
		Eigener Server			●●		●			●
	Webdesign	Content	●●	●	●			●●	●	●
		RSS-Inhalte einbauen				●	●	●●	●	
		Usability	●	●●	●●			●	●●	●●
		Barrierefreiheit	●	●	●			●	●	●
		Suchmaschinen-Optimierung	●●		●●			●	●	●●
		Landingpages			●●	●		●		●
	Online-Shop	Shop mieten			●					●●
		Open-Source-Shop			●●					●
		Professionelles Shopsystem			●●					
	Beratungssysteme	FAQ-System		●●	●			●	●	●
		E-Mail-Response-Management		●	●		●			●
		Chat und Telefonrückruf		●	●		●			●
		Wiki		●		●				
		Produktvergleich		●	●●	●●			●	●
		Produktkonfigurator			●	●●				
	Community	Log-in-Bereich		●●	●		●			●
		Forum		●●			●	●		
		Kommentare		●	●●		●	●		●
	Weblogs	Blog mieten	●			●		●●		
		Blog selbst hosten	●	●		●	●	●●	●●	●●
		Blogroll	●●					●●		●●
	Podcast, Video & TV	Podcast					●	●		●
		Video	●	●	●		●●	●	●	●
		RSS-Feed anbieten	●	●			●	●●	●	●

Gesamtübersicht

Kategorie	Werkzeug	Möglichkeit des Werkzeugs	Unternehmen bekannt	Kunden binden	Online-Shop	Produkt bekannt machen	Marke bekannt machen	Viel Zeit kein Budget	Keine Zeit wenig Budget	Mitarbeiter und Budget
Klassische Online-Werbung	Suchmaschinen-Marketing	Suchworte finden	●●					●●		●●
		Onpage-Optimierung	●●					●	●●	●●
		Offpage-Optimierung	●●					●●	●●	●●
		Suchmaschinen-Anzeigen	●			●●	●		●	●
	Online-Werbung	Banner schalten	●		●		●●			
		Bannertauschprogramme	●					●		
		Textanzeigen im Kontext	●●						●	●
		Affiliate Marketing	●		●●					●
	E-Mail-Marketing	Verteiler aufbauen	●●	●●	●●		●●	●●	●●	●●
		E-Mailings und Newsletter	●	●●	●●	●●	●	●	●	●
		Werbemails an Fremdadressen	●		●●	●●	●			●
Social Web	Online-PR	Marktbeobachtung	●●	●	●	●●	●●	●●	●	●●
		Presseverteiler	●●						●	●●
		Pressebereich	●		●					●●
		Presseportale	●●			●				●●
	Social Media	Social Media Monitoring	●●	●●	●●	●●	●●	●●	●	●●
		Eigene Seiten erstellen	●●	●●		●●	●●	●●	●	●●
		Fachportale	●●					●●	●	●
		Communities und Foren	●			●		●●		●
		Wikipedia	●					●		●
		Blogs kommentieren	●					●●		●
		Social Bookmarking	●●					●●		●
		Videoportale	●		●	●●	●	●●		●
		Fotoportale	●		●	●●	●	●●		●
	Portale	Online-Verzeichnisse	●●		●			●●	●	●
		Shopping-Portale			●●	●		●		
		Fachverzeichnisse	●●		●		●	●●	●	●
		Regionale Verzeichnisse	●●					●●	●●	●●

● Kann-Werkzeug   ●● Muss-Werkzeug

9 Checklisten

Checkliste Anforderungen Online-Shop	
Welche Shop-Funktionen sind Ihnen wichtig?	☐
Ist die Software plattformübergreifend oder nur auf bestimmten Plattformen lauffähig?	☐
Gibt es einen Installationssupport durch den Hersteller?	☐
Gibt es einen dauerhaften Telefonsupport durch den Hersteller?	☐
Ist eine möglichst hohe Anzahl an Warengruppen für Sie wichtig?	☐
Gibt es einen frei konfigurierbaren Warenkorb?	☐
Ist eine Merkliste für Produkte vorhanden?	☐
Sind verschiedene Varianten von Produkten bestellbar?	☐
Kann man Versandeinheiten (6 Flaschen pro Karton) festlegen?	☐
Gibt es die Möglichkeit zur Errechnung von Brutto- und Nettopreisen?	☐
Benötigen Sie eine aufwendige Bildverwaltung?	☐
Wollen Sie mehrere Bilder pro Produkt anzeigen?	☐
Brauchen Sie eine Schnittstelle zu Ihrer Newsletter-Plattform?	☐
Gibt es eine Funktion zum Weiterempfehlen von Produkten?	☐
Können Kunden Produkte bewerten?	☐
Können Kunden Produkte kommentieren?	☐
Gibt es ein CMS mit der Möglichkeit, Freitext einzugeben?	☐
Ist manuelles Anlegen von Kundendaten möglich?	☐
Gibt es frei konfigurierbare E-Mail-Vorlagen?	☐
Ist Kauf auch ohne vorherige Registrierung als Kunde möglich?	☐
Ist eine Kennzeichnung des Lagerbestands möglich (Verfügbarkeit)?	☐
Benötigen Sie den Shop in mehreren Sprachen?	☐
Können Staffelpreise abgebildet werden?	☐
Können Rabatte eingebaut werden?	☐
Lassen sich zusätzliche Währungen im Shop anzeigen?	☐
Lassen sich Mengeneinheiten zur Grundpreisberechnung anlegen?	☐
Können Produktempfehlungen eingegeben werden?	☐

Checkliste Anforderungen Online-Shop	
Ist Bundling möglich: Komplettpakete aus mehreren Artikeln?	☐
Ist Artikelimport und -export in den Standardformaten CSV und/oder XML möglich?	☐
Gibt es Designvorlagen?	☐
Gibt es die Möglichkeit zur Auswahl von Sprache und Währung per Mausklick?	☐
Gibt es die Anzeige »versandkostenfrei« bei Überschreiten einer definierten Summe?	☐
Gibt es eine Gutscheinfunktion?	☐
Gibt es eine komfortable Suchfunktion?	☐
Welche Zahlungsarten werden angeboten?	☐
Ist eine Bestätigungs-E-Mail vorkonfiguriert und editierbar?	☐
Welche Erweiterungen und Schnittstellen gibt es?	☐
Kann man Artikel als eBay-Angebot einstellen?	☐
Gibt es eine Bilderverwaltung für eBay-Angebote?	☐
Gibt es zeitgesteuertes Einstellen, Sofortkauf und Festpreis bei eBay?	☐

Checkliste Agenturauswahl			
verbindlich	☐	kreativ	☐
perfekt	☐	kostenbewusst	☐
initiativ	☐	pünktlich	☐
professionell geführt	☐	schnell reagierend	☐
strategisch denkend	☐	kennt unseren Markt	☐
immer erreichbar	☐	preisgünstig	☐
in der Nähe	☐	Chefbetreuung	☐
Kreativpreise	☐	international	☐
Umsatzgröße	☐	flexibel	☐
lösungsorientiert	☐	sympathisch	☐
kompetent	☐	stilvoll	☐
seriös	☐	zuverlässig	☐
alteingesessen	☐		

Glossar

Accessibility
Ist die allgemeine Zugänglichkeit der Webseite durch die Verwendung von einfachem HTML. Der Begriff ist synonym zu Barrierefreiheit bzw. Barrierearmut.

Google Ads
Das Programm zum Schalten von Textanzeigen bei der Suchmaschine Google.

Affiliate-Marketing
Die Provisionierung von Partnern beim Zustandekommen eines Kaufs über deren Website.

AJAX
Die Abkürzung für Asynchronous JavaScript and XML. Das ist eine einfache Programmiersprache, bei der Funktionen von Webseiten schneller sind, weil sie auf dem Rechner des Empfängers laufen.

B2B
Business-to-Business bezeichnet alle Geschäftsbeziehungen zwischen zwei oder mehreren Unternehmen.

B2C
Business-to-Consumer bezeichnet alle geschäftlichen und kommunikativen Beziehungen zwischen Unternehmen und Verbrauchern/Privatpersonen.

Balanced Scorecard
Ein Messsystem für Unternehmensaktivitäten.

Below-the-Line-Marketing
Alle nicht-klassischen Werbemaßnahmen.

Blog
Auch Weblog. Es ist eine Art Online-Tagebuch, in dem (mindestens) ein Blogger seine persönliche Sicht der Dinge darstellt und kontinuierlich um Notizen oder Kommentare erweitert.

Blogroll
Die meisten Blogs haben eine Liste befreundeter Blogs. Diese sind als gegenseitige Hyperlinks realisiert.

Brandingkampagne
Eine Werbekampagne, die zum Ziel hat, das Image oder den Bekanntheitsgrad der eigenen Marke zu verbessern.

Bundling
Mehrere Produkte werden in einem Gesamtpaket verkauft.

Click-Fraud
Beim Klickbetrug werden bezahlte Klicks nur vorgetäuscht. Bei Suchmaschinenanzeigen werden solche Klicks automatisch erkannt und nicht abgerechnet.

Cloaking
Verbotene Optimierungsmethode, bei der Suchmaschinen eine andere Webseite angezeigt bekommen als normale Besucher.

CMS
Ein Content-Management-System erstellt und verwaltet die Inhalte einer Website.

Contextual Advertising
Auch als Targeting bezeichnete Technik, bei der die Inhalte einer Website analysiert und dann dazu passende Anzeigen angeblendet werden.

Cookies
Sie senden Informationen vom Browser an einen Webserver. So kann ein zurückkehrender Besucher »wiedererkannt« werden.

Corporate Design
Einheitliches optisches Erscheinungsbild eines Unternehmens.

Corporate Identity
Die Persönlichkeit eines Unternehmens – die Gemeinsamkeiten im Sein und Tun.

Corporate Publishing
Kundenzeitschriften und andere Medien der journalistischen Unternehmenskommunikation.

Cost per Click
Anzeigen müssen nur dann bezahlt werden, wenn jemand draufklickt.

CRM
Customer-Relationship-Management bezeichnet die Gestaltung der Beziehung zu Kunden.

Crossmedia

Die Verknüpfung verschiedener Medien bei einer Werbekampagne.

Cross-Selling

Das Anbieten weiterer Produkte, die zum bereits Gekauften passen.

Direktmarketing

Die direkte Ansprache von Kunden oder Interessenten mit dem Ziel einer Reaktion (Respons). Auch als Dialogmarketing bezeichnet.

Domain-Marketing

Der Einsatz von Internetadressen (Domains) als Marketinginstrument.

E-Mail-Response-Management

Die strukturierte und oft teilautomatisierte Beantwortung von E-Mail-Anfragen.

ERP

Enterprise Resource Planning ist die Einsatzplanung der in einem Unternehmen vorhandenen Software.

Ethno-Marketing

Werbung, die sich an spezielle Volksgruppen richtet.

Expandable Ads

Besondere Form dynamischer Werbebanner.

FAQ

Häufig gestellte Fragen der Besucher einer Website.

Geo-Marketing

Raumbezogene Marketingaktivitäten.

Guerilla Marketing

Ungewöhnliche Marketingaktionen, die oft wenig kosten und/oder am Rande der Legalität und sehr aufmerksamkeitsstark sind.

Hosting

Hosting bedeutet das Beherbergen einer Webseite auf einem Webserver, respektive das Bereitstellen von Speicherplatz (Webspace) für die Veröffentlichung von Websites.

HTML

Hypertext Markup Language ist die Standard-Programmiersprache für Webseiten.

Hyperlink
Eine Verknüpfung zwischen zwei Webseiten.

Ingame-Advertising
Einblenden von Werbung in Computerspiele.

IP-Adresse
Hinter jedem Domainnamen steht auch eine Nummer, die besagt, auf welchem Webserver diese Homepage läuft. IP steht für Internet Protocol.

Key-Account-Management
Spezielle Behandlung besonders guter Kunden.

Keyword-Advertising
Suchwortanzeigen werden nur dann eingeblendet, wenn jemand genau nach diesem oder einem ähnlichen Stichwort gesucht hat.

Konversionsrate
Anteil der Besucher, die auch kaufen.

Landingpage
Spezielle Webseite, auf der jemand »landet«, nachdem er ein Werbemittel angeklickt hat.

Layer-Ads
Spezielle Werbebanner.

Logfile
Automatisiertes Protokoll aller Aktivitäten eines Servers.

Offpage
Suchmaschinen-Optimierung außerhalb der eigenen Webseiten.

Onpage
Suchmaschinen-Optimierung innerhalb der eigenen Webseiten.

Open-Source-Software
Quelloffene Software im Gegensatz zu lizenzgebundener Software.

Open-Source-Shop
Quelloffene Online-Shop-Software im Gegensatz zu lizenzgebundener Software.

Pageimpression
Aufrufe einer Webseite, vor allem interessant für Werbemaßnahmen.

PageRank
Verfahren zur Berechnung der Relevanz von Webseiten.

Paid Inclusion
Bezahlte Aufnahme in ein Verzeichnis.

Performance-Marketing
Erfolgsbasierte Abrechnungsmodelle für Werbung.

Permission Marketing
Werbung mit ausdrücklichem Einverständnis des Empfängers.

Phishing-Mail
Betrügerische und meist gefälschte E-Mails.

Proximity Marketing
Werbung, die Bezug nimmt auf den momentanen Standort eines Empfängers.

Pop-under-Banner
Werbebanner, der sich unter eine Website legt.

Pop-up-Banner
Werbebanner, der sich über eine Website legt.

Ranking
Die Reihenfolge der Anzeige von Suchtreffern einer Suchmaschine.

RSS-Feed
Vergleichbar mit dem Informationsfluss eines Newstickers.

Skyscraper
Werbebanner im Hochkantformat am rechten oder linken Rand einer Webseite.

Social Bookmarking
Das gemeinsame Verwalten der Adressen beliebter Webseiten.

Social Commerce
Der Informationsaustausch von Kunden untereinander bezüglich Online-Shopping.

Targeted Advertising
Zielgruppenspezifische Online-Werbung.

Traffic
Besucherverkehr auf einer Webseite.

Usability
Die Benutzerfreundlichkeit einer Webseite.

Web-Mining
Auswertung von Informationen aus der Analyse von Webseiten.

Zählpixel
Pixelgroße Grafiken, die als Messfühler auf Webseiten verwendet werden.

Stichwortverzeichnis

Die Autoren

 Dr. Torsten Schwarz ist Inhaber von absolit Dr. Schwarz Consulting sowie als Fachautor, Trainer und Berater tätig. Als einer der führenden Experten für Online-Marketing in Deutschland entwickelt er für Unternehmen Strategien zur Integration von Online-Marketing in den klassischen Marketing-Mix.

Er ist Autor mehrerer Bücher, mehrfacher Lehrbeauftragter und gehört laut der Zeitschrift »acquisa« zu den Vordenkern in Marketing und Vertrieb. Schwarz ist Herausgeber des Fachinformationsdienstes Online-Marketing-Experts und des Dienstleisterverzeichnisses marketing-boerse.de. Der Online-Pionier war Marketingleiter eines Softwareherstellers und berät heute internationale Unternehmen.

 Danylo Vakhnenko, Research Director bei absolit Dr. Schwarz Consulting, ist Autor der jährlichen E-Mail- & Digital Marketing Benchmarks. Dafür analysiert er die digitale Kundenkommunikation der 5.000 wichtigsten Unternehmen im DACH-Raum. Darüber hinaus unterstützt er Unternehmen bei der Optimierung der eigenen E-Mail-Kommunikation.

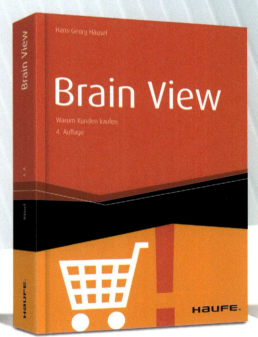